Remerciements

Derrière un livre, il y a souvent plus de personnes qu'on ne le pense ! Un énorme merci à mon é ditrice, Laurence, pour m'avoir proposé ce projet un peu fou mais tellement passionnant. Des mercis sans fin à mes parents qui m'ont apporté leur aide et soutenue incroyablement pendant la réalisation de ce livre ; sans vous je n'y serais jamais arrivée. Et des tonnes de mercis aux meilleurs copains du monde, toujours prêts à goûter mes recettes, à me filer un coup de main pour les photos, me donner leur avis, me prêter des trucs et surtout pour leur soutien infaillible en toutes circonstances : Flo, Hervé, Anael, Emma, Wahiba, Laura, Sébastien.

Pour être tenu au courant de nos publications, envoyez vos coordonnées à :

Éditions La Plage – 60, rue Monsieur-le-Prince – 75006 Paris
edition@laplage.fr – www.laplage.fr

ISBN : 978-2-84221-366-4

Conception graphique : Olivia Design
Préparation de copie : Clémentine Bougrat
Mise en page : Transparence
Illustrations : Myrtille Couten (avec l'aide de Quitterie Roger)

FSC MIXTE Papier FSC® C112206

Imprimé sur du papier issu de forêts gérées durablement, à Barcelone, sur les presses de Beta (ES), imprimeur labellisé pour ses pratiques respectueuses de l'environnement.

vegan

Textes et photographies de

Marie Laforêt

Avec la participation du
Docteur Jérôme Bernard-Pellet

SOMMAIRE

Rapide Facile Économique

INTRODUCTION

Vegan. Un mot presque inconnu du grand public il y a encore quelques années et que l'on rencontre aujourd'hui régulièrement au détour d'un magazine, d'une émission de télé ou sur les étiquettes de nos produits alimentaires et cosmétiques. Présenté tour à tour comme une nouvelle tendance ou un extrémisme dangereux, le mode de vie vegan, ou véganisme, s'il fait désormais partie du paysage, reste très mal connu. La cuisine vegan l'est malheureusement tout autant. Insipide pour certains, pleine d'ingrédients pas naturels et de « faux » aliments pour d'autres, peu nutritive, pas du tout gourmande : les idées reçues ne manquent pas. Pourtant la cuisine vegan est d'une richesse et d'une créativité sans pareilles et les nombreux chefs très inspirés qui la font évoluer à travers le monde nous le prouvent chaque jour. Le végétal est même « la » tendance dans la gastronomie traditionnelle depuis quelques années. Un chef triplement étoilé, Jean-Georges Vongerichten, a annoncé en 2013 qu'il allait ouvrir un restaurant 100 % cru et végétalien à New York. Il y a quelques années, la gagnante de la fameuse émission de pâtisserie américaine Cupcake Wars était une jeune chef pâtissière vegan qui a prouvé que non seulement la cuisine vegan peut être aussi bonne que la cuisine traditionnelle, mais qu'elle peut même être meilleure. Une chose est sûre, vous n'avez pas fini d'entendre parler de cuisine vegan.

Mais au fait, comment cuisine-t-on vegan ? Est-ce qu'on est obligé de manger du tofu ? Comment faire des gâteaux sans œufs ? Et pour les barbecues entre amis, comment faire ? Pas de panique ! Ce livre vous propose un parcours progressif pour découvrir la cuisine vegan. Comment cuisiner les protéines végétales, remplacer les œufs, les produits laitiers, cuisiner les légumes et recevoir autour de recettes gourmandes, classiques ou plus originales. Vous apprendrez même à confectionner vos propres fromages végétaux fermentés, à créer des desserts de fête bluffants, et vous serez capable de préparer presque tous les classiques de la cuisine en version 100 % végétale. Que vous soyez novice en cuisine ou amateur éclairé, pressé ou économe, vous trouverez des recettes adaptées à vos exigences pour vous régaler en toute saison et toute situation.

L'auteure

Passionnée par le végétal et engagée pour une cuisine éthique, saine et gourmande, Marie Laforêt partage ses découvertes et expérimentations culinaires sur son blog « 100 % végétal ».
Également photographe, elle illustre ses recettes et s'implique dans la promotion d'une alimentation responsable à travers de nombreux projets associatifs.
Elle est l'auteure aux éditons La Plage de *Desserts gourmands sans œufs ni lait* et de *Coco*.

Petit lexique pour comprendre le véganisme

Végétarien : ne mange pas de chair animale (viande, poisson, crustacés) ni, en théorie, de sous-produits ayant entraîné la mort d'animaux (gélatine, présure de certains fromages).

Végétalien : ne mange aucun produit d'origine animale (donc pas de produits laitiers, d'œufs, de miel, etc.).

Vegan : ne consomme aucun produit issu de l'exploitation animale. Les vegans ne portent par exemple pas de fourrure ni de cuir, n'achètent pas de produits cosmétiques ou ménagers contenant des matières animales ou ayant été testés sur les animaux, et ne se rendent pas à des spectacles exploitant les animaux comme la corrida ni au zoo ou au cirque avec animaux.

Antispéciste : l'antiracisme et l'antisexisme sont des concepts aujourd'hui tout à fait intégrés. L'antispécisme fonctionne d'après le même raisonnement logique implacable : l'espèce à laquelle nous appartenons ne nous donne aucun droit, aucune supériorité sur les autres espèces, tout comme notre sexe ou notre origine ethnique ne nous rend pas supérieur aux autres.

Abolitionniste : ce mot vous est probablement familier car les abolitionnistes du XVIIIe siècle ont lutté pour l'abolition de l'esclavage. On parle aussi d'« abolitionnisme » contre la peine de mort, la torture ou même la prostitution. Chez les défenseurs des droits des animaux, les abolitionnistes sont ceux qui militent pour l'abolition de l'exploitation des animaux. Ils sont souvent opposés aux welfaristes (*welfare* signifie « bien-être » en anglais) qui militent, eux, pour de meilleures conditions de vie des animaux, mais ne sont pas forcément opposés à leur exploitation s'ils sont bien traités.

Qu'est-ce qu'être vegan ?

Être vegan, c'est refuser l'exploitation des animaux. C'est un mode de vie global qui va plus loin que le végétarisme et le végétalisme, puisqu'il va au-delà de l'alimentation. Cela se traduit par une manière de consommer différente, engagée et éthique, qui exclut les produits issus de l'exploitation animale.

Origine et définition du mot « vegan »

Ce terme anglais a été inventé en 1944, à partir du mot *vegetarian*, par Donald Watson, cofondateur de la Vegan Society, dans l'intention de se démarquer de l'ovo-lacto-végétarisme. Dès 1951, la Vegan Society définissait le véganisme comme le fait de vivre sans exploiter les animaux. En anglais, vegan désigne à la fois le régime alimentaire et le mode de vie (on parle de *dietary vegan* et d'*ethical vegan*). En français, le mot «végétalien» ne concerne que l'aspect alimentaire et n'est donc pas une traduction exacte, complète, du mot vegan. On rencontre en français plusieurs orthographes : vegan, directement emprunté à l'anglais, végan et végane. Tous ces mots se prononcent de la même façon. J'ai moi-même été ouvertement en faveur d'une francisation du mot il y a quelques années, parce qu'il est tout à fait cohérent de faire entrer un mot dans notre langue pour mieux s'en approprier le sens et en véhiculer le concept. Pourtant, je n'ai jamais réussi à m'habituer à utiliser l'orthographe «végane», l'emploi du mot anglais restant le plus courant (sur le Net, dans la presse ou dans les rares livres où le mot apparaît). J'ai donc finalement continué à m'en tenir à ce dernier. C'est celui vers lequel je vais naturellement et qu'une bonne majorité des vegans francophones utilise également, mais il n'y a pas de consensus au sein de la communauté vegan sur ce point.

Le véganisme dans le monde

Le véganisme s'est développé naturellement dans tous les pays du monde. Ses valeurs sont partagées par des personnes de tous âges, toutes cultures et toutes classes sociales. On oppose souvent aux vegans que ce mode de vie serait réservé à une élite, mais c'est faux car les lentilles ou le tofu sont une source de protéines nettement plus économique que la viande, et de nombreux vegans vivent dans des pays qui n'ont pas notre niveau de vie. Il y a des vegans partout dans le monde, en Europe bien sûr et sur tout le continent américain, mais aussi en Afrique, en Inde, en Asie et notamment en Chine où l'on compte 50 millions de végétariens (végétaliens et vegans confondus). Le nombre de vegans aux États-Unis aurait doublé entre 2009 et 2011 et s'élèverait aujourd'hui à environ 7,5 millions de personnes. En France, 2 à 3 % de la population serait végétarienne (végétaliens et vegans confondus), une proportion plus modeste que chez nos voisins européens, mais à voir la progression des commerces vegan ces deux dernières années, il est évident que le véganisme séduit de plus en plus de personnes chez nous aussi.

Pourquoi devient-on vegan ?

Un choix éthique

Si on peut devenir végétarien ou végétalien pour la santé ou l'écologie, le choix de devenir vegan est un positionnement éthique, moral, politique même. C'est le refus de l'exploitation animale, d'oppresser les animaux, de nous considérer comme des êtres supérieurs qui auraient tous les droits sur les êtres vivants avec lesquels nous partageons la planète. Le point de vue des vegans est très simple : les animaux ne nous appartiennent pas, leur vie appartient à eux seuls, et si nous avons la possibilité de vivre sans les exploiter, alors nous n'avons aucune justification pour disposer de leur vie comme nous le faisons actuellement. Le véganisme est une évolution majeure de notre manière de considérer le monde qui nous entoure et les animaux. Tout comme l'abolition de l'esclavage et des colonies et comme, plus récemment dans les pays occidentaux, les droits des femmes ont été une évolution sociétale majeure qui nous semble évidente aujourd'hui, reconnaître aux animaux le droit de vivre, de ne pas être exploités, est une évolution des mentalités qui est en marche dans le monde entier. C'est un progrès logique que nos techniques agricoles et industrielles, nos connaissances scientifiques et médicales nous permettent aujourd'hui. Puisque nous avons la possibilité de pourvoir à tous nos besoins et même à nos loisirs sans exploiter les animaux, pourquoi ne pas le faire ?

Un mode de vie bien plus écologique

L'élevage, surtout s'il est intensif (ce qui est le cas pour la majorité des élevages), est une véritable catastrophe écologique. Il accapare la majorité des terres cultivables, pollue les sols et les rivières. Les élevages produisent à l'échelle mondiale des millions de litres d'excréments (généralement bourrés d'antibiotiques, de résidus de pesticides, de métaux lourds...) qui ne sont pas traités mais rejetés directement dans la nature et qui infiltrent les nappes phréatiques, empoisonnant littéralement nos réserves en eau potable. Puisqu'il faut nourrir les animaux d'élevage, il faut cultiver leur nourriture. Puisqu'on élève toujours plus d'animaux pour les manger, on a de plus en plus besoin de terres pour produire cette nourriture. C'est donc ainsi qu'on en arrive à déboiser la forêt amazonienne pour y planter du soja OGM et créer des élevages. Ce soja OGM transformé en tourteaux est, comme l'a démontré Fabrice Nicolino dans son livre Bidoche, l'industrie de la viande menace le monde, importé en France pour nourrir les animaux d'élevage (bovins, porcs et poulets). Manger un steak ou un poulet français contribue donc à la déforestation de la forêt vierge amazonienne, dont la valeur est inestimable et dont la surface est dramatiquement amputée chaque année : l'équivalent d'un terrain de football de forêt disparaît toutes les 7 secondes.

Quelques chiffres à propos de l'élevage

- 18 % des gaz à effet de serre sont produits par l'élevage ; c'est plus que ceux rejetés par tous les transports du monde réunis.
- Selon la FAO, l'élevage est responsable de 64 % des émissions d'ammoniac, qui contribuent aux pluies acides.
- Environ 70 % des terres cultivables sont accaparées par l'élevage ou des cultures destinées à nourrir le bétail.

Pour plus d'infos sur les conséquences de l'élevage : viande.info et vegplanete.com.

Des économies et une plus juste répartition des ressources

Une alimentation vegan requiert environ 1 000 l d'eau par jour, contre 15 000 l pour une alimentation avec des produits animaux. Il faut en moyenne 15 500 l d'eau pour produire 1 kg de viande de bœuf, contre 1 300 l pour 1 kg de céréales. Pour obtenir 1 calorie de nourriture animale (produits laitiers compris), il faut entre 4 et 17 calories de nourriture végétale. Nous pourrions nourrir toute la planète si nous faisions le choix d'une alimentation végétale. La viande n'est pas rentable d'un point de vue global, et il apparaît évident que le modèle alimentaire actuel est criminel à l'échelle de l'humanité qui compte près de 1 milliard de malnourris. La malnutrition n'est pas liée à la pauvreté, mais à une distribution inégale des ressources alimentaires. Aujourd'hui, on cultive dans des pays «pauvres» de la nourriture pour le bétail de nos pays «riches», car il nous est matériellement impossible de produire sur nos sols toute la nourriture végétale dont nous avons besoin pour nourrir les animaux que nous mangeons. De nombreux experts l'affirment : si nous voulons nourrir la planète, nous allons devoir nous tourner vers une alimentation très majoritairement végétale. C'est une évidence, une simple question de survie pour l'humanité. De nombreuses entreprises sont déjà en train de se pencher sur la question et l'offre de produits végétariens et vegan est en pleine expansion. Aux États-Unis, Bill Gates a investi dans l'entreprise de «viande vegan» américaine Beyond Meat. Récemment, en France, Laurent Spanghero, dont la famille, à la tête du groupe industriel du même nom, est considérée comme un poids lourd de la filière viande en France, a créé la surprise en changeant de cap pour lancer une entreprise spécialisée dans l'élaboration d'une gamme de produits bio à base de protéines végétales. Le changement est déjà en marche.

Une alimentation plus saine

Non seulement une alimentation vegan est possible, mais elle serait même bénéfique pour notre santé. Réduction des risques d'obésité, de diabète, d'hypertension artérielle, taux de cholestérol moins élevé et réduction des risques de contracter certains types de cancers : voilà globalement à quoi vous vous exposez en optant pour une alimentation vegan équilibrée. Sans oublier quelques années d'espérance de vie supplémentaires. En France, l'industrie agroalimentaire fait pression sur nos dirigeants pour que sa santé financière passe avant la santé des citoyens. Non seulement on n'informe pas le public sur la viabilité de l'alimentation vegan afin que chacun puisse faire des choix éclairés en matière d'alimentation, mais on conseille de consommer chaque jour des protéines animales et des produits laitiers en quantité importante, malgré le fait que nos connaissances scientifiques actuelles nous permettent d'affirmer qu'il serait plus sage de diminuer drastiquement leur consommation. Heureusement d'autres pays, peut-être en avance sur ce sujet, ont une politique très différente vis-à-vis des recommandations concernant l'alimentation vegan. En 2011, les bénéfices de l'alimentation vegan pour les animaux mais aussi sur la santé humaine et l'environnement ont été évoqués devant le Parlement britannique. En 2013, le gouvernement australien a reconnu non seulement que l'alimentation vegan est adaptée à tous les âges (y compris aux bébés, enfants, femmes enceintes et seniors), mais qu'elle présente également de nombreux bénéfices pour la santé. Au Royaume-Uni, une compagnie d'assurance propose même une assurance vie moins chère (de 25 %) pour les végétariens et vegans, considérant qu'ils sont en meilleure santé et ont une espérance de vie plus longue.

Devenir vegan : chacun sa recette

On peut tout à fait devenir vegan du jour au lendemain, mais pour certains cela demande un peu de préparation, un temps d'adaptation ou une période de transition. Alors comment s'y prendre, est-ce qu'il y a des étapes à franchir dans l'ordre ou un guide pour devenir vegan en 10 points ? Cela dépend en fait beaucoup de vous. De votre personnalité, de vos motivations, de vos habitudes. Mais si c'est à vous seul de définir votre rythme et vos objectifs, voici quelques pistes pour y arriver sereinement.

Se renseigner

Sur tout ce que vous pouvez ! Le magasin proposant des produits vegan le plus proche de chez vous, comment mettre en place une alimentation vegan équilibrée au quotidien, où manger vegan à l'extérieur dans votre coin, où trouver de la vitamine B12... De nombreux sites proposent des «kits du vegan débutant» avec plein d'informations utiles. Le site de l'Association végétarienne de France met à disposition de nombreuses fiches sur la nutrition très utiles. Les sites www.happycow.net et www.restovege.fr vous aideront à trouver un restaurant où manger vegan n'importe où en France et dans le monde. Pour les vegans parisiens, le site vg-zone.net est «la» référence pour trouver restaurants, boutiques et produits vegan dans la capitale, avec tests à l'appui. Bien qu'ils soient difficiles à voir, certains documentaires ou vidéos en caméra cachée sur l'exploitation animale, comme ceux réalisés par Peta, *L214* ou *Animal Equality*, permettent de se confronter à la réalité de l'élevage. *Earthlings* (*Terriens* en français) est un documentaire sur l'exploitation animale qui a convaincu de nombreuses personnes de devenir vegan. Ce qu'il révèle sur l'exploitation animale est bouleversant et malgré la dureté des images, je ne peux que le conseiller à tous ceux qui veulent se faire un avis sur la question.

Avancer à son rythme

Un pas à la fois, c'est encore la meilleure manière d'avancer. Si tout changer d'un coup vous fait peur, allez-y petit à petit. Remplacez d'abord ce qui vous pose le moins de problème, la viande, le lait, le beurre, et une fois cette étape franchie, passez à la suivante, le fromage ou les chaussures en cuir, etc. Ou commencez par un repas vegan par jour, ou par une journée 100 % vegan par semaine, puis deux, etc. Une astuce pratique : remplacez les aliments et produits non vegan par des substituts à mesure que vous les terminez ; vous échelonnerez aussi vos dépenses au passage. Mais si vous décidez de vous séparer d'un seul coup de tout ce qui n'est pas vegan dans vos placards, il n'y a évidemment aucune contre-indication, foncez ! L'évolution « végétarien, végétalien, vegan » est souvent une progression logique, mais n'est en aucun cas un chemin obligatoire. La période de transition vers un mode de vie vegan a une durée très différente d'une personne à l'autre, de quelques jours à quelques années parfois. À vous de faire le point sur vos motivations et vos objectifs, et de trouver comment mettre en place ce nouveau mode de vie sereinement et durablement. Et si vous avez peur d'avoir du mal à vivre ces changements, sachez que j'en ai discuté avec de nombreux vegans et que tous s'accordent sur le fait que non seulement c'est beaucoup plus facile que cela en a l'air, mais que devenir vegan est probablement une des meilleures décisions de leur vie.

Rencontrer d'autres vegans

N'hésitez pas à vous inscrire sur un forum, un groupe de rencontres vegan ou végétarien dans votre région. On en trouve de nombreux sur les réseaux sociaux, qui proposent régulièrement des rencontres, des covoiturages pour des actions militantes ou des repas au restaurant. Les occasions de rencontrer près de chez vous des personnes avec qui partager vos expériences ou nouer une amitié ne manquent pas. En France, un réseau social végétarien, Vegedia, a même vu le jour il y a quelques années. Être isolé dans sa démarche peut être parfois difficile à vivre, c'est pourquoi pouvoir vous retrouver avec des personnes qui partagent vos choix et à qui vous pourrez poser de nombreuses questions, demander conseil, est à ne pas négliger. Et pourquoi ne pas vous inscrire à un atelier de cuisine vegan pour rencontrer des personnes tout en apprenant à confectionner de délicieuses recettes ?

S'impliquer

En prenant conscience de l'exploitation animale, on a souvent envie de faire plus que de changer sa manière de consommer. Être actif dans le milieu associatif ou bénévole dans un refuge, ou bien offrir un soutien financier est une manière d'agir à son niveau. Le travail des associations est primordial, ce sont bien souvent elles qui permettent de faire avancer les choses au plan législatif pour le droit des animaux et leur protection, ou qui mettent en place des pétitions ou des actions décisives qui ont un vrai impact sur les marques et les poussent à abandonner l'utilisation de matières animales comme la fourrure ou l'angora par exemple. Participer à votre manière, à votre niveau, à la promotion du véganisme aura un impact sur d'autres personnes et sur les animaux. C'est peut-être ce qui est le plus motivant lorsqu'on devient vegan : savoir que nos actes ont un impact direct. Un vegan épargnerait la vie de près de 200 animaux chaque année rien qu'à travers son alimentation.

Qu'est-ce que la cuisine vegan ?

En dehors du fait qu'elle n'inclut aucun produit d'origine animale, il est assez difficile de définir ce qu'est précisément la cuisine vegan. Elle est aussi multiple et variée que la cuisine en général, puisque toutes les recettes du monde peuvent potentiellement être « véganisées ». Il n'y a en fait non pas une, mais des cuisines vegan, différentes selon les cultures culinaires qui nous ont bercés, selon nos goûts, nos envies, mais aussi notre conception de l'alimentation.

Lorsqu'on entend ou qu'on lit le mot « vegan », on est souvent traversé par l'image d'une cuisine plutôt saine, riche en légumes et biologique. Bien que ce ne soit pas forcément le cas de tous les vegans, nombreux sont ceux qui se tournent effectivement vers une alimentation majoritairement bio, plus respectueuse de l'environnement, plus sûre pour notre santé, vers une cuisine plus saine, faite maison et riche en fruits et légumes frais. C'est vers ce choix d'alimentation que je me suis aussi tournée il y a des années et c'est donc tout naturellement que je vous propose des recettes qui vont dans ce sens : des plats qui s'adaptent aux saisons, font la part belle aux légumes et aux ingrédients bio.

Pour ce livre, nous avons souhaité proposer un éventail très large de recettes. Des plus basiques aux plus élaborées, des plats classiques aux créations originales, des pistes pour utiliser les différentes céréales et légumineuses dans la cuisine de tous les jours, mais aussi des recettes pour recevoir, pour se faire plaisir en toute circonstance et surtout pour partager. Une bonne cuisine n'est-elle pas avant tout une cuisine qui se partage ? En devenant vegan, je me suis rendu compte que la cuisine pouvait diviser, mettre à l'écart, ou même être le point de départ de conflits. J'espère que ce livre pourra au contraire offrir des recettes qui rassemblent, qui plaisent à tous, des pistes pour que les réunions familiales ne soient plus un casse-tête ni une angoisse, mais redeviennent pour tous un moment où l'on peut déguster le même plat. Je suis persuadée que de nouvelles traditions peuvent voir le jour, qu'une quiche aux poireaux peut devenir fameuse et qu'un rôti de seitan aux marrons peut être un plat de Noël qu'on nous redemandera de préparer l'année suivante.

Écrire un livre sur la cuisine vegan m'a amenée à me poser plus sérieusement cette question qui oppose certains vegans : « Doit-on imiter la viande ? » Il ne s'agit pas pour moi d'une véritable question éthique ou philosophique, mais d'une question de goût... et de dégoût. Une question personnelle, à laquelle il n'y a in fine pas de « bonne » réponse. En tant que vegans, nous n'avons aucune obligation morale de bannir les substituts qui ressembleraient un peu trop à de la viande et par extension à tous les produits animaux, car si on va par là, pourquoi boire du lait végétal ou manger du fromage vegan ? Il est parfaitement compréhensible d'être écœuré à l'idée de manger quelque chose qui a l'aspect, la texture ou même le goût de la viande et de ne pas avoir envie de ce type de produits ou de plats. Mais remplacer la viande par une préparation végétale qui lui ressemble ne fait pas pour autant de nous des « viandards » mal repentis, coupables de vouloir se délecter de chair animale par produits de substitution. Personnellement, je n'ai jamais vraiment aimé la viande, enfant c'était ma hantise et en grandissant je l'évitais autant que possible. Aujourd'hui, quand je mange du chorizo de seitan, du hachis Parmentier ou un burger, ce n'est certainement pas l'impression de manger de la viande que je recherche, mais plutôt l'esprit d'un plat, le goût d'une sauce, une sensation réconfortante, et à vrai dire je mange beaucoup plus de burgers, de nuggets et de rôtis depuis que je suis vegan ! Cette question de l'imitation est aussi souvent soulevée par ceux qui mangent de la viande. « Si vous ne voulez pas manger de viande ni de fromage, pourquoi les imiter, les recréer ? » J'aime répondre que je n'ai absolument rien contre la tartiflette, la blanquette ou les saucisses, tant qu'elles ne sont pas issues de l'exploitation des animaux. Et que je ne vois pas pourquoi, sous prétexte que je refuse les produits issus de cette exploitation, je devrais me priver de certains plats si je peux les préparer ou en trouver une version vegan. Pourtant ces plats imitant la viande ne sont pas ceux que je cuisine le plus au quotidien. Si « véganiser » des recettes traditionnelles en remplaçant la viande ou le fromage est très chouette, il est tout aussi agréable d'inventer des plats, d'expérimenter, de créer une cuisine plus personnelle, originale et différente de celle que nous connaissons déjà, d'explorer de nouveaux horizons. De créer des plats autour des légumes plutôt que de continuer à donner un rôle central aux protéines. Ces deux approches de la cuisine vegan ne sont pour moi absolument pas contradictoires, mais complémentaires.

C'est cette diversité des approches de la cuisine vegan qui la rend aussi riche et intéressante et qui, j'en suis sûre, va dans les années à venir contribuer à séduire de plus en plus de personnes. Notamment celles qui la voient encore comme une cuisine limitée, une cuisine « sans », diminuée, triste, qui ne serait intéressante que pour ceux qui l'adoptent par choix éthique mais jamais par goût. La cuisine vegan n'est pas qu'une cuisine pour les vegans, c'est une cuisine pour tous, qui convient d'ailleurs aux différentes sensibilités spirituelles et à de nombreux allergiques, ce qui en fait une cuisine de prédilection pour des repas ou de grandes réceptions où chacun pourrait manger de tout sans inquiétude. C'est en quelque sorte une cuisine universelle.

Zoom sur les produits vegan

Bonne nouvelle, on trouve de plus en plus de produits vegan. Certains sont de marque 100 % vegan, éventuellement labellisés, d'autres sont bio... comment s'y retrouver ?

Le bio

Si l'agriculture biologique n'est pas directement liée au mode de vie vegan, elle en est la continuité ou l'amorce logique. Ne pas nuire aux plus petites formes de vie, ne pas polluer les sols, les rivières, ne pas nuire à la biodiversité, aux habitats naturels des animaux et au passage ne pas s'empoisonner avec des pesticides relève du simple bon sens. D'un point de vue purement vegan, une alimentation biologique, plus saine, c'est à long terme l'assurance d'une meilleure santé, donc d'un moindre recours à des médicaments et traitements pour lesquels l'industrie pharmaceutique torture de nombreux animaux.

Les labels

Plusieurs organismes proposent une certification vegan, le label le plus connu en Europe étant celui de la Vegan Society. Comme pour tout label, c'est la marque qui fait la démarche de certifier son produit, et labelliser un produit a un coût. Un produit sans label, mais dont la composition ne comprend aucun produit d'origine animale, ou qui porte la mention «vegan» ou «convient aux végétaliens» peut donc tout aussi bien être vegan qu'un produit certifié. Mais comme pour le bio, avec un label, on a l'assurance que c'est vraiment le cas, que le produit et sa chaîne de production ont été contrôlés par un organisme certificateur au cahier des charges strict.

Le cas de l'huile de palme

Comme c'est souligné plus loin dans le livre, des produits vegan utilisant de l'huile de palme non bio, dont la production est très inquiétante pour la survie des animaux sauvages et leur habitat naturel, peuvent être incohérents. Faire pression sur les marques proposant des produits destinés aux vegans et leur demander d'utiliser uniquement de l'huile de palme issue de l'agriculture biologique, voire même pas d'huile de palme du tout quand c'est possible, est un moyen direct d'agir sur ce problème et de faire pencher la balance de notre côté. En tant que consommateurs nous avons un pouvoir, n'hésitons pas à nous en servir.

Les vegans mangent-ils de «faux» aliments ?

«Faux-mages», «faux gras», «similicarnés» : vous êtes peut-être déjà tombé sur ces mots étranges. On ne compte plus les recettes à base de «faux poulet» et en cherchant bien, on peut même réussir à croiser du «faucisson». Alors, les vegans mangent-ils «pour de vrai»? Pour certains vegans, le fait d'utiliser des mots comme «fromage» ou «saucisse» est problématique, car ils renvoient directement au produit animal et entretiennent l'idée qu'il est acceptable en tant qu'aliment. D'où cette avalanche de néologismes farfelus pour signifier clairement qu'on ne mange pas vraiment de fromage ou de saucisse et ne laisser aucune ambiguïté. Personnellement, j'ai un problème avec ces néologismes (et je ne suis pas la seule, d'autres vegans partagent ce point de vue), car beaucoup d'entre eux utilisent le mot «faux». Non seulement il me semble étrange d'associer ce mot à un produit alimentaire, mais cela va en plus dans le sens des clichés véhiculés sur les vegans et leur cuisine. Ce genre d'appellation ne me semble pas propice à rendre la cuisine et les produits vegan très populaires auprès des non-vegans. Il me semble préférable d'utiliser des formules plus simples et parfaitement compréhensibles par tous, comme «fromage végétal» ou «saucisse vegan», et même plus spécifiques, comme «chorizo de seitan» ou «fromage de cajou». Ces expressions composées sont en outre parfaitement françaises. Le mot «fromage», dérivé du français ancien «formage», est issu du latin *formaticus* qui signifie «ce qui est fait dans une forme». Il n'est donc pas incorrect de parler de «fromage végétal» ou «vegan». Le mot «saucisse», lui, est dérivé du latin *salsicius* qui signifie «salé», et le mot «viande» est issu du latin *vivanda* qui signifie «ce qui sert à la vie» ; son sens s'appliquait originellement à toutes sortes de nourritures et pas uniquement celles d'origine carnée. Se réapproprier ces mots c'est aussi, en termes de communication, montrer que d'autres possibilités existent, que le saucisson et le fromage ne sont pas forcément d'origine animale et que le consommateur peut avoir le choix d'un produit d'origine animale ou végétale plutôt qu'entre un aliment et un «faux» aliment. L'utilisation d'adjectifs simples comme «végétal» ou «vegan» a le mérite d'expliquer clairement de quoi il s'agit.

Les produits utilisés dans ce livre

Pour ce livre, j'ai choisi de ne pas utiliser de produits vegan transformés de type fromages, saucisses, hachés, etc., que l'on peut trouver en magasins, mais des ingrédients de base plus simples à trouver et plus économiques, avec lesquels je vous propose de créer vos propres fromages végétaux, chorizos ou rôtis de seitan, burgers, etc. Évidemment, je n'ai rien contre ces produits et vous êtes libre de les utiliser pour confectionner les recettes si vous le désirez. Ils vous feront parfois gagner un temps précieux.

Bon à savoir : les produits animaux cachés

Certains produits ont une fâcheuse tendance à se faufiler un peu partout et surtout là où on ne les attend pas. Voici une liste non exhaustive des pièges les plus courants à éviter.

Les additifs et colorants alimentaires

E120 et E471 pour ne citer qu'eux sont typiquement le genre d'additifs dont on se passerait bien. Le premier est un colorant tout à fait naturel que l'on trouve aussi sous le nom d'«acide carminique» ou «carmin»... mais qui est obtenu à partir d'insectes écrasés, les cochenilles. Le second est plus sournois : c'est un émulsifiant largement utilisé dans les produits industriels et notamment les pains, que l'on retrouve sous l'appellation « mono- et diglycérides d'acides gras » et qui est parfois vegan, parfois pas du tout.

De nombreux additifs au nom étrange ou se cachant derrière des E... ne sont pas vegan ni même végétariens, alors comment s'y retrouver?

- On trouve facilement sur Internet des listes identifiant les additifs vegan et non vegan.
- La meilleure façon d'obtenir un renseignement étant encore de poser la question, n'hésitez pas à envoyer un e-mail au service consommateurs des marques pour lui poser la question. Un tour sur un forum vegan vous apportera cependant souvent la réponse obtenue par quelqu'un ayant posé la même question avant vous.
- Optez pour des produits bio! Eh oui, les normes du bio autorisent bien moins d'additifs que dans les produits industriels classiques, et de nombreux produits transformés bio sont vegan.
- Privilégiez les produits bruts et les recettes maison quand c'est possible : une bonne manière d'être sûr de ce que vous mangez est encore de le préparer vous-même.
- Optez pour des produits labellisés « vegan » ou portant l'indication « convient au végétaliens », qui sont de plus en plus nombreux.

Méfiez-vous des mentions de type « végétal »

Elles sont généralement apposées en gras sur les emballages pour nous attirer (le végétal est rassurant et vendeur), alors que les produits contiennent quand même des ingrédients animaux. Des steaks « végétaux » ou du haché « végétal » peuvent ainsi contenir de l'œuf. Certaines marques ne se gênent pas pour utiliser le mot « végétal » à tort. De même, le miel est souvent considéré comme un produit végétal. Méfiez-vous aussi des noms de sous-produits animaux qui ne sont pas toujours clairement identifiables, de type « albumine », « caséine » ou « lactosérum ».

Les boissons

Les jus de fruits et les alcools sont fréquemment clarifiés avec des matières animales comme de la gélatine, de la caséine (protéine de lait) ou du blanc d'œuf (albumine). La plupart du temps, il est impossible de le savoir en lisant l'étiquette. Pour vous y retrouver, optez pour des jus « 100 % pur jus » et évitez ceux à base de concentré. Préférez un jus de pomme bio bien trouble qui n'a pas été clarifié ou des bières artisanales de type bière d'abbaye. Faites un tour sur www.barnivore.com ou sur veggiewines.co.uk pour savoir si un alcool est vegan ou non.

Le vin

Les vins sont très fréquemment clarifiés avec des matières animales, y compris les vins bio. Depuis 2013, les vignerons doivent indiquer la présence de tout intrant allergène de type œuf ou lait sur leurs bouteilles, mais la gélatine n'étant pas un allergène, nous n'avons aucun moyen de savoir si le vin a été clarifié avec en lisant l'étiquette. Heureusement, plusieurs solutions s'offrent à vous pour trouver des vins vegan : contactez les producteurs pour leur poser la question directement ; achetez des « vins naturels », dont le cahier des charges est bien plus strict que celui des vins bio (les vins naturels sont eux aussi biologiques) et exclut les produits d'origine animale, comme les vins Ampelidae qui sont labellisés par la Vegan Society. Certains sites proposent des vins vegan, notamment meilleursvinsbio.com qui possède une catégorie « vins végétaliens », et nous pouvons évidemment compter sur nos amis anglais pour ce qui est de dénicher des produits vegan : on peut commander différentes sortes de vins vegan sur le site veganwinesonline.co.uk.

Conseils et précisions pour cuisiner

La cuisine peut être simple mais elle requiert parfois du matériel spécifique, des quantités exactes et des temps de cuisson qui ne laissent pas de place à l'imprécision. Voici mes conseils pour réussir toutes les recettes de ce livre.

Cuisson

Sauf indication contraire, les cuissons au four se font à chaleur tournante. Si votre four ne le permet pas, le temps de cuisson sera un peu plus long et variera d'un four à l'autre : vous n'aurez alors pas d'autre choix que de surveiller la fin de cuisson et de noter le temps de cuisson idéal avec votre four. Les recettes ont été élaborées sur des plaques vitrocéramiques. Les plaques à induction et les feux au gaz chauffent plus rapidement. Il convient généralement de surveiller la cuisson et si vous sentez qu'il faut ajuster la puissance du feu ou le temps de cuisson par rapport à la recette, suivez votre instinct de cuisinier!

Portions

Vous remarquerez que les portions indiquées sont souvent pour 2 à 4 personnes. Les recettes peuvent être préparées comme accompagnement ou entrée pour quatre, mais faire également un plat principal pour deux.

Proportions

Les cuillerées à café et à soupe sont toujours mesurées à ras, dans des cuillères à mesurer. Les cuillères de service ont très souvent une contenance variable d'un service à l'autre et ne sont pas fiables pour mesurer des quantités précises comme par exemple ¼ de c. à c. Je vous conseille fortement l'achat d'un jeu de cuillères à mesurer, qui ne coûtent rien et vous seront plus qu'utiles. Pour info, 1 c. à c. = 5 ml et 1 c. à s. = 15 ml.

Le matériel indispensable

En plus d'un jeu de cuillères à mesurer, d'un bon couteau et d'une planche en bois, voici le matériel utilisé tout au long du livre dont vous aurez fréquemment besoin.

- Un mixeur plongeant, peu coûteux et très pratique. Je réalise la plupart de mes recettes avec : il est bien plus pratique qu'un blender pour les petites quantités ou les textures un peu épaisses.
- Un verre doseur.
- Une balance de cuisine.
- Quelques moules de base : moules à cake, à tarte, à charnière et à muffins.
- Casseroles, poêles et plats pour le four.

Le matériel expert

Pas indispensable pour une cuisine de tous les jours ou des recettes simples, mais plutôt chouette à avoir dans le placard pour réaliser des recettes plus élaborées.

- Des cercles à pâtisserie en métal.
- Des moules à bâtonnets glacés.
- Un minihachoir.
- Un robot ménager
  (le robot tout simple avec la fameuse lame en S).
- Un moule à gaufres.
- Un laminoir pour faire ses pâtes fraîches.
- Un chalumeau, indispensable pour les crèmes brûlées (on en trouve à petit prix).
- Une presse à tofu.
- Un siphon.
- Une gouttière à bûches.
- Un batteur électrique.
- Une poêle à crêpes.
- Un plat à tajine.

Les matériaux à privilégier

Plus saines, plus écolo, plus solides et durables, voici les matières qui ont « tout bon » et qui présentent un excellent rapport qualité-prix.

- Le bois : planches à découper et cuillères pour cuisiner (fuyez le plastique pour ces deux usages).
- Le verre, la terre cuite et la céramique : plats, cocottes, moules à cakes. Non seulement ils assurent une cuisson homogène, mais ils sont aussi très résistants et faciles à entretenir. Le seul bémol : ils peuvent se casser.
- L'acier, le fer blanc, la fonte, l'Inox : pour les poêles, les moules à gâteaux, les casseroles. Évitez les revêtements antiadhésifs de type PFTE et PFOA et jetez sans hésiter vos plats, poêles et casseroles s'ils sont rayés : c'est là qu'ils deviennent dangereux, les composés toxiques passant alors dans la nourriture. L'acier émaillé fait son grand retour : profitez-en pour vous équiper en plats de cuisson, ils sont inusables et tellement jolis.

À éviter autant que possible : le silicone et les plastiques contenant du BPA.

Les indispensables de la cuisine vegan

Ma petite liste de produits à avoir toujours sous la main, des plus basiques aux moins connus. Ils sont utilisés tout au long du livre et deviendront bientôt vos meilleurs alliés pour cuisiner !

Le tofu. C'est l'ingrédient polyvalent par excellence, rien ne lui est impossible. On le trouve sous deux formes : soyeux ou ferme. Le soyeux est ce tofu tout mou qu'on utilise pour des mousses et entremets, pour remplacer les œufs. Le tofu ferme, lui, se trouve en version nature ou aromatisée (fumé, aux herbes, au curry...). On l'utilise souvent coupé en dés et poêlé, mais aussi laqué, grillé, en quiche, pour confectionner des fromages végétaux, des cheesecakes. Un conseil : fuyez les tofus « longue conservation » des rayons bio des supermarchés, qui ne sont pas frais. Et testez plusieurs marques pour trouver celle qui vous convient le mieux. Les tofus sont comme des fromages : d'une variété à l'autre, le goût, l'aspect et la texture sont extrêmement différents. Certains sont très fermes, d'autres très souples.
Où le trouver ? En magasins bio.

Les crèmes végétales. Les crèmes de soja, d'avoine, de riz, d'amande ou même la crème épaisse lactofermentée remplacent la crème fraîche et la crème liquide, mais aussi les œufs dans les gâteaux, et se glissent dans de nombreuses préparations. Pour remplacer une crème épaisse, il faut porter son choix sur le soja, et si vous voulez préparer une crème fraîche maison, la recette vous attend dans ce livre (voir p. 145) !
Où les trouver ? En magasins et rayons bio.

Les purées d'oléagineux. Véritables « beurres » végétaux, elles se déclinent sous forme « blanche » ou « complète », voire même « toastée ». Les purées d'amande et de sésame sont les plus connues en cuisine bio, mais le beurre de cacahuète, la purée de noisette ou de sésame noir sont aussi à explorer pour des découvertes gourmandes intenses. Ma préférée : la purée de noix de cajou ; son léger goût fromager la rend parfaite pour les préparations salées, les fromages végétaux, les sauces, les soupes, les risottos.
Où les trouver ? En magasins et rayons bio.

L'agar-agar. C'est un ingrédient magique qui remplace la gélatine. Contrairement à elle, il doit être préparé à chaud. C'est une algue que l'on trouve le plus souvent sous forme de poudre. Il permet d'obtenir une panna cotta tremblotante ou un entremets qui se tient, mais également de préparer des gelées bien fermes ou des fromages végétaux. C'est son dosage qui fait toute la différence en termes de texture. On le trouve en sachets ou en pot. Optez plutôt pour un pot, plus économique, simple à doser et qui vous épargnera de garder des demi-sachets perdus au fond du placard.
Où le trouver ? En magasins et rayons bio.

Les fécules. Les fécules de maïs et de pomme de terre ainsi que l'arrow-root épaississent les sauces, créent des textures crémeuses et légères. Ils remplacent même les œufs dans les gâteaux et les crêpes, se glissent dans les burgers, les boulettes...
Où les trouver ? En magasins et rayons bio.

Les noix de cajou blanches (non grillées). Rien à voir avec leurs cousines grillées qu'on mange à l'apéritif. Une fois trempées quelques heures et mixées, elles se transforment en crème, mascarpone et même fromage végétal. Elles sont également parfaites en tartinade, en pesto, et aident à confectionner un fabuleux parmesan vegan.
Où les trouver ? En magasins bio.

Les graines de lin et de chia. Les graines de lin (préférez le lin doré, qui ne colorera pas vos préparations) et de chia (pas de panique, ça se prononce « tchia ») ont une particularité : ce sont des graines à mucilage. Lorsqu'on les mélange avec un liquide, elles libèrent une substance gélatineuse et collante. Elles remplacent donc parfaitement les œufs dans certaines recettes, principalement en agglomérant les préparations. Petit plus : elles sont très riches en oméga-3. Les graines de lin ont en revanche besoin d'être moulues ou broyées pour être digérées. On prépare de délicieux puddings ou porridges crus avec les graines de chia.
Où les trouver ? En magasins bio.

Le liquid smoke. Littéralement, « fumée liquide » : il s'agit d'un arôme naturel élaboré à partir de fumée de feu de bois condensée et mélangée avec de l'eau. On l'utilise pour donner un goût fumé à des préparations, faire du tofu fumé maison, du seitan fumé, une sauce barbecue, ou pour corser un plat. Quelques gouttes suffisent. On ne le trouve pas facilement en magasins en France, vous devrez donc probablement en commander sur Internet, mais son prix est vraiment tout doux et il serait dommage de s'en passer.
Où le trouver ? En boutiques vegan et sur Internet.

Les protéines de soja texturées. On les trouve sous différentes formes : taille « haché », « bouchées », petits ou gros morceaux, « médaillons », lamelles, et même en version brune pour remplacer le bœuf de manière bluffante. La règle d'or : bien les réhydrater dans un liquide parfumé (voire même corsé) pour leur donner du goût avant de les cuisiner. Attention, d'une marque à l'autre la qualité est très différente.
Où les trouver ? En magasins bio et boutiques vegan (préférez les marques des boutiques vegan, généralement meilleures et pas plus chères).

Tamari, shoyu et miso. Bien connus des fans de cuisine bio, macrobiotique ou japonaise, les différentes sauces soja et les miso sont largement utilisés tout au long de ce livre pour saler, parfumer ou relever les plats, préparer des marinades, des sauces et des bouillons en remplacement d'un fond de viande. J'ai en permanence du miso blanc (shiro miso) et du miso brun d'orge au réfrigérateur. Ils se conservent très longtemps et permettent de préparer de délicieuses soupes ou sauces en quelques minutes.
Où les trouver ? En magasins bio ou dans les épiceries asiatiques (préférez les marques bio, certaines sont même produites en France !).

Tofu

Crèmes végétales

Purées d'oléagineux

Agar-agar

Fécules

Noix de cajou

Graines de lin et chia

Protéines de soja texturées

Tamari, shoyu et miso

CONSEILS NUTRITIONNELS POUR UN RÉGIME ALIMENTAIRE VEGAN ÉQUILIBRÉ

Dr Jérôme Bernard-Pellet

Les motivations d'un régime végétalien

Améliorer sa santé et prévenir des fléaux de santé publique comme les maladies cardio-vasculaires ou le cancer sont une motivation forte pour devenir vegan. C'est l'objet principal de ce chapitre.

Incontestablement, le véganisme est le mode alimentaire qui préserve le plus les ressources de la planète Terre et qui pollue le moins. En effet, il faut en moyenne 10 g de protéines végétales pour obtenir un seul gramme de protéines animales. Consommer des protéines animales conduit donc à un énorme gaspillage des ressources, car il faut utiliser nettement plus d'eau, d'électricité et de pétrole notamment pour produire la même quantité de nourriture. En d'autres termes, l'alimentation végétalienne est celle qui permet de produire le plus de nourriture pour une quantité de ressources donnée. Ce phénomène peut être illustré par cette anecdote très significative. L'Agence spatiale européenne a communiqué en juin 2005 sur la façon d'alimenter six cosmonautes qui devraient aller sur Mars en utilisant des moyens de propulsion conventionnels. Il faudrait transporter 30 t de nourriture, ce qui serait impossible avec les techniques de propulsion classiques. D'où l'idée de produire la nourriture dans le vaisseau spatial lui-même et de recycler les matières organiques générées. Dans cette hypothèse, les ressources pour produire de la nourriture à bord seraient évidemment très limitées ; nous sommes dans un cas de figure où il faut éviter le moindre gaspillage. Dans ce cadre, la seule façon rationnelle de s'alimenter est une alimentation strictement végétalienne. C'est précisément des menus 100% végétaux que la société Française de Gastronomie a mis au point pour le compte de l'Agence spatiale européenne. Pourquoi ce qui est bon pour des spationautes, qui ont besoin d'être au top de leurs performances physiques et intellectuelles, serait mauvais pour la population générale ?

Une autre raison de promouvoir l'alimentation végétalienne et son efficience énergétique est la volonté de lutter contre la faim dans le monde. En mangeant de la viande et d'autres produits d'origine animale, nous gaspillons une grande partie des céréales et des légumineuses qui pourraient être mangées directement par les êtres humains. Par le biais de cette consommation carnée, nous contribuons donc à raréfier et renchérir l'offre alimentaire mondiale, ce qui a pour conséquence d'affamer les populations les plus fragiles.

Enfin, l'une des raisons les plus fréquentes d'être vegan est la volonté de ne pas faire endurer de grandes souffrances aux animaux. Les gens sont maintenus dans l'ignorance des réelles pratiques de l'industrie de la viande et beaucoup arrêteraient d'en manger s'ils savaient à quel point les conditions d'élevage, de transport et d'abattage sont indignes d'une société qui se prétend civilisée. Castration à vif des porcelets et ébouillantage des poulets vivants font partie des tristes réalités que très peu de personnes connaissent.

L'augmentation de l'espérance de vie ou la preuve des bénéfices d'une alimentation vegan

L'année 2013 a été un tournant dans l'histoire de l'étude des alimentations végétaliennes. Pour la première fois, nous avons obtenu la preuve irréfutable qu'une alimentation végétalienne bien menée fait baisser la mortalité globale toutes causes confondues[1]. Plusieurs études l'avaient montré chez des ovo-lacto-végétariens[2], mais les effectifs des vegans étaient insuffisants dans les études précédentes pour mettre en évidence quoi que ce soit chez cette dernière population. L'étude publiée en 2013 par le Dr Michael J. Orlich est la première au monde à être parvenue à inclure un nombre aussi élevé de végétaliens : 5 548 vegans sur 73 308 participants qui incluaient aussi des omnivores, des semi-végétariens et des ovo-lacto-végétariens. Le principal critère de jugement de cette étude est la mortalité globale toutes causes confondues. Ce critère est le plus difficile à étudier en médecine car il nécessite de déployer des moyens importants sur les plans financier et humain. C'est l'un des plus fiables car il apporte une vision globale de la santé en se fondant sur un facteur concret : le décès ou la survie d'un individu. En effet, un comportement alimentaire peut être bon dans le cadre d'une maladie et mauvais avec une autre et il est difficile de savoir s'il fait plus de bien que de mal, d'où l'intérêt majeur d'étudier la mortalité globale toutes causes confondues. Cette étude a montré que sur une période de 6 ans, le risque de décéder était moindre de 15 % chez les vegans que chez les omnivores et moindre de 9 % chez les ovo-lacto-végétariens que chez les omnivores. C'est la démonstration qu'une alimentation vegan est meilleure pour la santé qu'une alimentation végétarienne, elle-même meilleure pour la santé qu'une alimentation omnivore. En d'autres termes, une alimentation végétalienne augmente l'espérance de vie.

1- Orlich, M. J., *et al.*, *Vegetarian Dietary Patterns and Mortality in Adventist Health Study 2*, *JAMA Internal Medicine*, 2013, vol. 173, n° 13, p. 1230-1238.

2- Appleby, P. N., *et al.*, *The Oxford Vegetarian Study: An Overview*, *The American Journal of Clinical Nutrition*, 1999, vol. 70, n° 3, p. 525S-531S ; Key, T. J., *et al.*, *Mortality in Vegetarians and Nonvegetarians: Detailed Findings from a Collaborative Analysis of 5 Prospective Studies*, *The American Journal of Clinical Nutrition*, 1999, vol. 70, n° 3, p. 516S-524S ; Key, T. J., *et al.*, *Mortality in British Vegetarians: Review and Preliminary Results from EPIC-Oxford*, *The American Journal of Clinical Nutrition*, 2003, vol. 78, n° 3, p. 533S-538S.

Les autres bienfaits d'une alimentation végétalienne

Les bénéfices pour la santé d'une alimentation végétalienne sont nombreux. L'augmentation de l'espérance de vie n'est que le reflet de l'effet préventif sur de nombreux fléaux de santé publique : maladies cardio-vasculaires dont les cardiopathies ischémiques, cancers du côlon et de la prostate, diabète de type 2. Par ailleurs, l'alimentation végétalienne agit positivement sur de nombreux facteurs de risques : hypercholestérolémie, hypertension artérielle et obésité. Ces bénéfices sont décrits dans un document de référence international publié dans une revue à comité de lecture ; il s'agit de la position officielle de l'Association américaine de diététique (rebaptisée Académie de nutrition et de diététique)[3].

D'autres découvertes novatrices ont été faites après la dernière mise à jour de ce document de référence. Nous savons depuis l'année 2011 qu'une alimentation strictement végétalienne protège de la cataracte[4]. Il y a en effet 40 % de risques de cataracte en moins chez les vegans que chez les gros mangeurs de viande. Les végétariens présentent un risque de cataracte réduit de 30 %. C'est un autre cas de figure où le véganisme fait mieux que le végétarisme sur la santé.

Comment composer et équilibrer une alimentation végétalienne ?

Il est facile d'équilibrer une alimentation végétalienne en utilisant essentiellement six groupes alimentaires majeurs : légumes, fruits entiers, céréales complètes, légumineuses (à savoir lentilles, haricots secs, soja, pois, pois chiches, fèves, etc.), fruits oléagineux (noix, amandes, noisettes, noix de cajou, pistaches, etc.) et graines germées ou non (graines de lin moulues, graines de sésame, de tournesol, etc.). Ces groupes alimentaires ont fait leurs preuves pour prévenir un certain nombre de maladies très fréquentes citées plus haut. Par exemple, les fruits oléagineux, notamment les noix, sont connus pour faire baisser la

3- Craig, W. J., et Mangels, A. R., *Position of the American Dietetic Association: Vegetarian Diets*, *Journal of the American Dietetic Association*, 2009, vol. 109, n° 7, p. 1266-1282.

4- Appleby, P. N., Allen, N. E., et Key, T. J., *Diet, Vegetarianism, and Cataract Risk*, *The American Journal of Clinical Nutrition*, 2011, vol. 93, n° 5, p. 1128-1135.

mortalité cardio-vasculaire[5]. Les légumineuses, à ne pas confondre avec les légumes, sont actuellement délaissées alors qu'elles devraient tenir une place prédominante dans notre alimentation, comme c'était d'ailleurs le cas avant la seconde guerre mondiale. En effet, les légumineuses sont très riches en protéines mais sont aussi une source appréciable de fer, de zinc, de calcium et de fibres alimentaires. De plus, elles ont un pouvoir de prévention du diabète de type 2 supérieur à celui des céréales, même complètes[6]. Les légumineuses ont été presque abandonnées au profit des céréales sous l'impulsion des politiques agricoles publiques. *A posteriori*, c'est une grande erreur. Elles devraient constituer la colonne vertébrale d'une alimentation végétalienne et même de toute alimentation omnivore. En sus, les légumineuses ont des avantages agronomiques. Vu que ces végétaux sont capables de fixer l'azote de l'air, ils n'ont pas besoin d'engrais.

Même si cela peut étonner au premier abord, l'étude de la composition des menus de végétaliens peu éduqués en diététique que l'on compare à ceux d'omnivores (également peu éduqués en diététique, il faut le reconnaître) met en évidence l'intéressant phénomène suivant : les menus végétaliens sont en moyenne plus proches des recommandations officielles que leurs équivalents omnivores. La ration de glucides complexes et celle de lipides polyinsaturés sont par exemple en moyenne plus proches des recommandations officielles chez les végétaliens. C'est l'une des raisons pour lesquelles les personnes qui souhaitent diminuer la viande, le lait et les œufs ou les arrêter complètement ne doivent pas s'inquiéter outre mesure. Les quelques conseils simples proposés dans ce chapitre vous permettront d'équilibrer facilement une alimentation vegan. Les omnivores ont autant besoin que les végétariens d'être informés et éduqués en nutrition. En effet, il faut garder à l'esprit que l'alimentation des Occidentaux est de médiocre qualité et qu'elle constitue un contre-exemple de ce qu'il faut faire. Tout le monde devrait se préoccuper de son équilibre alimentaire et pas seulement les vegans. Les grands principes édictés dans ce chapitre sont largement suffisants pour faire au moins aussi bien que des omnivores prêtant attention à leur santé. Si vous souhaitez approfondir vos connaissances sur l'équilibre nutritionnel du végétalien, nous vous invitons à vous procurer un exemplaire du *Guide du végétarien débutant* édité par l'Association végétarienne de France, qui, malgré son nom, aborde essentiellement les aspects pratiques de l'alimentation végétalienne et presque pas ceux d'une alimentation ovo-lacto-végétarienne. Pour plus de détails sur les bénéfices pour la santé, vous pouvez également lire la traduction en français de la position officielle de l'Association américaine de diététique disponible sur le site de l'APSARes.

L'auteur

Le Dr Jérôme Bernard-Pellet est un médecin nutritionniste formé à la faculté de médecine Paris-V. Il fait des recherches sur la nutrition végétarienne et végétalienne depuis plus de 10 ans. Titulaire d'une maîtrise en biostatistique et en recherche clinique, il est passionné par la médecine fondée sur les niveaux de preuve, médecine de qualité qui s'appuie sur les meilleures données scientifiques disponibles actuellement. Il est également cofondateur de l'APSARes, Association de professionnels de santé pour une alimentation responsable, qui fait la promotion d'une alimentation meilleure pour la santé et ayant l'empreinte écologique le plus faible possible.

Où trouver les protéines ?

Les trois principales sources de protéines végétales sont les légumineuses (à ne pas confondre avec les légumes qui contiennent très peu de protéines), les céréales ainsi que les oléagineux. Parmi ces trois sources, la consommation de légumineuses ainsi que de fruits oléagineux doit être particulièrement encouragée en raison des bénéfices particuliers pour la santé qu'ils apportent. Parmi les légumineuses, le soja a des caractéristiques particulières, ce qui en fait un aliment un peu à part. Sa composition en acides aminés essentiels est tellement similaire à celle

---

5- Bao, Y., *et al.*, *Association of Nut Consumption with Total and Cause-Specific Mortality*, *The New England Journal of Medicine*, 2013, vol. 369, n° 21, p. 2001-2011 ; Fraser, G. E., *Associations Between Diet and Cancer, Ischemic Heart Disease, and All-Cause Mortality in Non-Hispanic White California Seventh-Day Adventists*, *The American Journal of Clinical Nutrition*, 1999, vol. 70, n° 3, p. 532S-538S.

6- Jenkins, D. J., *et al.*, *Effect of Legumes as Part of a Low Glycemic Index Diet on Glycemic Control and Cardiovascular Risk Factors in Type 2 Diabetes Mellitus: A Randomized Controlled Trial*, *Archives of Internal Medicine*, 2012, vol. 172, n° 21, p. 1653-1660.

Bases scientifiques

La plupart des informations contenues dans ce chapitre ne sont pas issues de sources secondaires comme des sites Internet, des livres, des opinions d'experts diverses, des recommandations officielles gouvernementales ou autres. Elles sont issues de sources dites « primaires », à savoir des articles scientifiques publiés dans des revues médicales internationales à comité de lecture. C'est de là que part l'information. À partir de ces revues, l'information est vulgarisée et d'autres auteurs écrivent des livres, rédigent des articles dans les journaux grand public et s'expriment dans les médias radiophoniques ou télévisuels. Plus on s'éloigne de la source d'information initiale, plus le message risque d'être déformé ; il est effectivement déformé dans la pratique. Des recherches bibliographiques dans des bases de données médicales comme MEDLINE ont été menées pour écrire ce chapitre. La méthodologie pour réaliser ce travail est inspirée de l'ouvrage *How to Read a Paper*: The Basics of Evidence-Based Medicine de Trisha Greenhalgh et des outils de travail utilisés par la revue française *Prescrire*.

de la viande qu'il en est considéré à juste titre comme un substitut parfait. Nous pouvons dire la même chose du quinoa.

L'Organisation mondiale de la santé (OMS) évalue les besoins de l'être humain en protéines à environ 0,6 g/kg/jour. Si vous pesez 50 kg, cela signifie que vous avez besoin d'environ 30 g de protéines par jour. Il suffit de manger à sa faim et ce chiffre est très vite atteint. Ceux qui n'ont pas de problèmes de santé et qui ne sont pas anorexiques n'ont presque aucun risque de manquer de protéines ; le problème le plus fréquent est leur excès et non leur manque, y compris chez les végétaliens. Si votre consommation en protéines est insuffisante, vous constaterez une fonte musculaire particulièrement visible à la racine des bras et des cuisses. En effet, l'organisme utilise ses propres muscles comme source d'acides aminés dans les rares cas où l'apport alimentaire est insuffisant. Ce phénomène est réversible si vous revenez à un apport adéquat, mais il y a fort peu de risques que vous observiez ce phénomène.

Est-il vrai que les protéines animales sont de meilleure qualité ?

Tout dépend de ce qu'on entend par « qualité » des protéines. Si l'on entend que les protéines animales permettent d'être en meilleure santé que les protéines végétales, cette affirmation est fausse. Les études épidémiologiques citées plus haut montrent qu'il est bénéfique pour la santé de s'alimenter essentiellement de protéines végétales. Si l'on entend que les protéines animales ont en général une proportion en acides aminés essentiels plus proche de l'optimum théorique, c'est en revanche le plus souvent vrai.

Toutes les protéines, qu'elles soient animales ou végétales, sont un assemblage de briques constituées par les 20 acides aminés élémentaires. Les protéines contiennent toutes les 9 acides aminés essentiels qui permettent de synthétiser au besoin les 11 acides aminés non essentiels. En fait, nous n'avons pas besoin de protéines au sens propre, mais des acides aminés qu'elles contiennent. Le processus de digestion conduit à découper les protéines provenant de notre alimentation en acides aminés. Nous avons besoin de suffisamment de chacun des 9 acides aminés essentiels, mais pas directement de protéines, que nous sommes incapables d'utiliser telles quelles. La proportion des acides aminés essentiels varie selon la nature de la protéine. En revanche, les acides aminés sont exactement les mêmes dans toutes les protéines, qu'elles soient végétales ou animales. La protéine issue de la viande rouge n'aura pas la même proportion en différents acides aminés que celle de blé ou de lentille par exemple. C'est pour cette raison que nous avons longtemps conseillé d'associer les légumineuses et les céréales. Ce conseil est judicieux, mais il n'est pas nécessaire de le faire au cours du même repas. De plus, même si c'est déconseillé, il serait possible d'assurer ses apports en acides aminés essentiels en ne mangeant que des céréales par exemple, connues pour être limitées en un acide aminé essentiel, la lysine. Il suffirait d'augmenter d'environ 30 % la ration théorique de protéines issues des céréales et la lysine serait apportée en quantité suffisante. Ce n'est pas conseillé car les légumineuses sont supérieures aux céréales sur de nombreux plans et l'utilisation exclusive de ces dernières n'aurait un sens que dans une situation de survie par exemple. Dans la pratique, la plupart des Occidentaux mangent trop de tout et ont des apports excessifs en tous les acides aminés essentiels. Au total, l'excès de protéines doit plus vous inquiéter que cette notion de « qualité » des protéines, qui n'est pas d'un grand intérêt en pratique. En effet, à ce jour, contrairement à une idée très répandue, il n'existe aucune preuve d'une quelconque supériorité des protéines animales sur les protéines végétales, comme l'a démontré le Dr Young[7], chercheur spécialisé dans les protéines de renommée internationale.

Bien au contraire, les protéines végétales ont des propriétés particulières que les protéines animales n'ont pas. Par exemple, leur richesse en arginine, un acide aminé non essentiel, permet à l'organisme de synthétiser du monoxyde d'azote, un composé essentiel à la bonne santé cardio-vasculaire et au bon fonctionnement du système immunitaire. De plus, les lipides associés aux protéines végétales sont le plus souvent moins riches en graisses saturées que ceux associés aux protéines animales. En effet, nous mangeons rarement des protéines isolées, mais des aliments entiers contenant de nombreux nutriments. Ces propriétés spéciales des protéines végétales expliquent en partie la moindre fréquence des maladies cardio-vasculaires chez les végétariens. Au total, il est tout à fait légitime de dire que les protéines végétales sont globalement de meilleure qualité que les protéines animales et ceux qui prétendent le contraire sont bien incapables de produire des études scientifiques qui le prouvent.

Où trouver le fer ?

Vous trouverez très facilement du fer dans les sources alimentaires qui sont aussi des sources de protéines citées ci-dessus, à savoir les céréales complètes, les légumineuses et les fruits oléagineux. Les lentilles et les haricots secs par exemple sont d'excellentes sources de fer. De plus, il existe des quantités significatives de fer dans certains fruits comme les abricots, les figues, les prunes, et dans beaucoup de légumes comme le persil, le brocoli, les haricots verts, le chou vert frisé ou le chou chinois. Cette liste est loin d'être exhaustive et en pratique, le fer pose rarement problème. En effet, les études épidémiologiques montrent qu'il n'y a pas plus d'anémies par carence en fer chez les végétaliens que chez les omnivores[8]. Les carences en fer sont fréquentes chez les femmes, puisque 20 % d'entre elles ont été, sont ou seront confrontées à ce problème au cours de leur vie. En revanche, ce n'est pas un problème spécifique au végétalisme.

Est-il vrai que le fer contenu dans la viande est mieux absorbé que celui des végétaux ?

Oui, c'est exact. La biodisponibilité du fer héminique (celui contenu dans la viande rouge, la viande blanche et le poisson) est plus importante que celle du fer non héminique contenu dans les végétaux. Mais là encore, comme pour les protéines, cela ne conduit pas à être en meilleure santé, ce qui est le but d'une nutrition optimale. La moindre absorption du fer non héminique est compensée par le fait qu'il est très abondant dans les végétaux. Ensuite, le fer héminique pose des problèmes pour la santé. En effet, nous avons constaté que le cancer du côlon est moins fréquent chez les végétaliens que chez les omnivores. Nous avons des raisons de penser que cette différence est due en partie au fait que le fer héminique a un pouvoir oxydant qui favorise le cancer du côlon. Pour cette raison, le fer héminique issu de la viande n'est probablement pas le plus recommandable et promouvoir cette source de fer n'est pas pertinent sur le plan médical. Par ailleurs, il faut noter que la vitamine C favorise l'absorption du fer non héminique et qu'il est bon d'encourager sa consommation.

Doit-on craindre des carences en certains nutriments ?

Quelques nutriments sont plus difficiles à trouver dans les végétaux que dans les produits d'origine animale. Alors que les protéines et le fer sont de faux problèmes dans les alimentations végétaliennes, d'autres nutriments constituent des préoccupations légitimes. Néanmoins, il faut relativiser le risque de carences. Il existe en effet des nutriments plus faciles à trouver dans une alimentation 100 % vegan,

7- Young, V. R., et Pellett, P. L., *Plant Proteins in Relation to Human Protein and Amino Acid Nutrition*, *The American Journal of Clinical Nutrition*, 1994, vol. 59, n° 5, p. 1203S-1212S.

8- Ball, M. J., et Bartlett, M. A., *Dietary Intake and Iron Status of Australian Vegetarian Women*, *The American Journal of Clinical Nutrition*, 1999, vol. 70, n° 3, p. 353-358.

comme la vitamine B9, la vitamine C ou les fibres alimentaires. Pour prendre un seul exemple, il y a environ 30 % de carences en vitamine C et 10 % de carences en vitamine B9 dans la population générale, qui n'est pas végétalienne. Ces carences sont beaucoup plus rares chez les végétaliens, qui consomment plus de fruits et légumes. En fait, la crainte des carences est une préoccupation qui pourrait tous nous concerner, omnivores, végétariens et végétaliens. Cette peur vient essentiellement du fait que le végétalisme est une alimentation très minoritaire, représentant au maximum 0,1 % de la population française. Le fait d'appartenir à une majorité donne l'impression que nous n'avons pas à nous poser cette question. Il n'est pas légitime de « craindre » plus l'alimentation végétalienne que l'alimentation omnivore, étant donné que l'espérance de vie des végétaliens est plus importante. Avec des connaissances modestes en nutrition, il est très facile de se nourrir aussi bien voire mieux que la majorité des omnivores. Si nos connaissances sont plus développées, cela peut encore améliorer notre santé.

Erreurs à ne pas commettre

La principale erreur à ne pas commettre est de se suralimenter en pensant pallier un éventuel risque de carences en protéines ou en fer. En faisant cela, vous allez consommer trop de calories et trop de protéines. L'excès de protéines augmente le travail devant être fourni par le foie et les reins, favorisant ainsi l'insuffisance rénale à long terme. Il favorise en outre l'ostéoporose en générant une acidose. Peu de gens savent que même les végétaliens mangent trop de protéines en moyenne, bien qu'il y ait d'énormes variations entre individus.

L'autre écueil est d'être excessivement anxieux lorsqu'on devient vegan. Il faut reconnaître que l'inconnu peut parfois être anxiogène. D'ailleurs, les professionnels de santé eux-mêmes peuvent être très anxieux sur le sujet, car ce sont des êtres humains qui ont peur de l'inconnu comme nous tous. C'est l'inconnu pour les médecins car il n'existe aucun enseignement de qualité et honnête sur l'alimentation végétalienne en France. Les rares informations facilement disponibles sont peu fiables et anxiogènes. Le véganisme est un art de vivre qui nécessite juste quelques connaissances pour être appréhendé. Cette quête de connaissances ne doit pas tourner à l'obsession. L'un des buts de ce chapitre est justement de vous apporter les informations qui vous épargneront de vous inquiéter de façon excessive.

Une autre erreur est de penser que le fait d'être vegan consiste à ne manger que des légumes. Il faut bien sûr faire appel aux autres groupes alimentaires comme les légumineuses ou les oléagineux pour assurer des apports suffisants en trois macronutriments essentiels à la vie que sont les protéines, les glucides et les lipides. Les légumes en sont pauvres et s'en nourrir exclusivement est déraisonnable dans l'état actuel des connaissances.

En fait, la seule erreur majeure à ne pas commettre en étant vegan est d'omettre de se complémenter en vitamine B12. Cette complémentation est vitale chez la femme enceinte ou allaitante. Souvent, les gens y sont réticents, mais une carence en vitamine B12 expose à une anémie, à des troubles neurologiques, à des pertes de mémoire voire à une dépression.

La vitamine B12

Il est très difficile de trouver la vitamine B12 dans le règne végétal. Beaucoup d'informations fausses circulent sur le sujet sur Internet et génèrent une énorme confusion. La vitamine B12 est nécessaire pour fabriquer les globules rouges, les plaquettes et les globules blancs, ainsi que pour maintenir en bonne santé le système nerveux. Elle est également impliquée dans de nombreux autres processus métaboliques.

Les animaux ne sont pas capables de fabriquer eux-mêmes la vitamine B12. Dans la nature, elle est produite par des bactéries. Trop difficile à synthétiser, elle est fabriquée en usine par des processus de fermentation mettant en présence des bactéries et des végétaux, reproduisant ainsi ce qui existe dans la nature. Plus de 90 % de la vitamine B12 produite dans ces usines est destinée à l'alimentation du bétail. En effet, l'alimentation contemporaine du bétail est fortement carencée en vitamine B12, ce qui n'était pas le cas lorsque les élevages intensifs n'existaient pas et qu'une nourriture de qualité non carencée en cobalt était offerte aux animaux. Le cobalt entre dans la composition de la vitamine B12. Lorsque nous mangeons de la viande ou des produits d'origine animale, l'animal sert d'intermédiaire entre les usines à vitamine B12 et nous. Les végétaliens choisissent de consommer directement cette dernière sous forme de suppléments ou d'aliments enrichis en vitamine B12, comme certaines céréales pour petit déjeuner. Les animaux vivant dans la nature ou dans des élevages traditionnels n'ont pas besoin d'être supplémentés en vitamine B12.

Concrètement, une supplémentation en vitamine B12 est actuellement indispensable chez les végétaliens. Nous trouverons peut-être dans le futur une source végétale permettant d'en couvrir les apports, mais pour l'instant, la recherche n'est pas suffisamment avancée pour proposer une source végétale fiable et disponible facilement. Les végétaliens peuvent prendre une ampoule de 1 000 µg de vitamine B12 par semaine (Gerda, Delagrange ou Aguettant) ou 10 µg par jour (quelques spécialités vendues sur Internet ou dans des boutiques bio proposent ce dosage, comme VEG 1 que l'on trouve sur www.unmondevegan.com). Ces produits peuvent s'acheter sans ordonnance. Vous remarquerez que la dose que l'on doit prendre en une seule fois par semaine est beaucoup plus élevée que sept fois la dose à prendre une fois par jour. Ce n'est pas une erreur de l'auteur : c'est lié à la capacité quotidienne maximale d'absorption active de la vitamine B12 au niveau de la muqueuse des intestins. Au-delà d'une certaine dose, la vitamine B12 est absorbée par diffusion passive à travers la paroi intestinale, ce qui est beaucoup moins efficace que le mécanisme actif d'absorption. Ce phénomène oblige à prendre une dose massive si on ne le fait pas tous les jours.

La vitamine D

La carence en vitamine D est un problème de santé publique majeur affectant aussi bien les omnivores que les vegans. Nous estimons qu'entre 70 et 90 % de la population française est carencée en vitamine D en hiver. Cette vitamine est indispensable pour que les intestins puissent absorber le calcium alimentaire, puis pour que les os puissent le fixer une fois qu'il est passé dans le sang. Elle joue également un rôle majeur dans l'immunité et a probablement une action préventive contre les cancers du sein, du côlon et de la prostate. Des taux optimaux de vitamine D permettent de limiter les risques de contracter la grippe l'hiver. Il est possible également qu'une carence en vitamine D favorise la dépression[9]. Il faut se préoccuper d'avoir des apports optimaux en vitamine D avant ceux en calcium, puisque c'est la condition pour pouvoir utiliser efficacement le calcium que nous mangeons. Nous fabriquons dans notre peau un précurseur de la vitamine D qui est transformé en vitamine D sous l'action des rayons ultraviolets de type B (UVB) du soleil. L'alimentation fournit peu de vitamine D et la très grande majorité des apports se fait sous l'action du soleil. Dans la pratique, peu de personnes s'y exposent suffisamment et je conseille de prendre entre 3 000 et 5 000 UI de vitamine D par jour. Même si ces doses paraissent très élevées par rapport aux recommandations officielles de 200 UI par jour chez l'adulte, les doses officielles sont insuffisantes pour atteindre des taux sanguins optimaux. Il existe de nombreuses spécialités contenant de la vitamine D. Certaines nécessitent une ordonnance, d'autres pas. Pour des raisons pratiques, je fournis ici le nom d'une spécialité disponible dans toutes les pharmacies et ne nécessitant pas d'ordonnance : Stérogyl solution buvable en gouttes (10 gouttes par jour correspondent à un apport quotidien de 4 000 UI). Notez que la vitamine D2 est toujours d'origine végétale alors que la vitamine D3 est presque toujours d'origine animale. Les végétaliens auront donc tendance à privilégier la vitamine D2. Il existe néanmoins quelques rares spécialités contenant de la vitamine D3 d'origine végétale. Dans cette catégorie, l'excellent complément Vitashine D3 a l'énorme avantage de contenir 2 500 UI de vitamine D3 dans un seul comprimé, ce qui en fait une solution particulièrement novatrice et pratique (on la trouve sur le site www.vitashine-d3.com).

Le calcium

Même s'il faut se soucier d'abord de la vitamine D comme exposé plus haut, les apports en calcium sont une préoccupation légitime et peuvent parfois être insuffisants chez les végétaliens. Ce n'est pas un faux problème comme cela peut l'être avec les protéines et le fer. Il existe de très nombreuses sources végétales de calcium. Citons le lait de soja enrichi en calcium, le tofu, les haricots secs, les amandes, les graines de sésame, les figues, les oranges, le chou chinois, le chou cavalier ainsi que le brocoli. Insistons particulièrement sur les qualités nutritionnelles du brocoli, qui en plus d'être une excellente source de calcium, est également riche en antioxydants ayant une action anticancer, ce qui n'est pas le cas des produits laitiers. L'eau contient également du calcium. On peut connaître la teneur en calcium de l'eau du robinet en se renseignant auprès de sa mairie. Si on préfère boire de l'eau minérale, sa teneur en calcium est indiquée sur l'étiquette. En Occident, les besoins en calcium sont volontairement surestimés en raison de la puissance de l'industrie laitière, qui fait partie de la quasi-totalité des organes de décision en matière de nutrition. L'OMS considère que 550 mg de calcium

---

9- Murphy, P. K., et Wagner, C. L., *Vitamin D and Mood Disorders Among Women: An Integrative Review, Journal of Midwifery & Women's Health*, 2008, vol. 53, n° 5, p. 440-446.

par jour sont suffisants pour couvrir les besoins dans la plupart des cas. Si nous entrons plus dans les détails, les besoins en calcium dépendent de la consommation de sel et de protéines. Plus on en consomme et plus les besoins en calcium augmentent. Par conséquent, limiter sa consommation de sel et manger une quantité optimale de protéines est une excellente stratégie pour assurer des apports optimaux en calcium.

Les acides gras oméga-3

Les acides gras oméga-3 sont un type particulier de lipides. La carence en oméga-3 est très fréquente et commune aux omnivores et aux végétaliens, ce qui montre une nouvelle fois l'importance de l'éducation nutritionnelle pour tous. Nous avons tendance à surconsommer les oméga-6 et à ne pas consommer suffisamment d'oméga-3. On trouve beaucoup d'oméga-6 dans les plats industriels ainsi que dans les huiles de tournesol, de pépin de raisin et d'autres huiles courantes du commerce (hormis celles citées plus loin). D'excellentes sources d'oméga-3 à chaîne courte sont les noix et les graines de lin. Leur consommation, peu courante y compris chez certains vegans, devrait être promue. D'autres bonnes sources en oméga-3 à chaîne courte sont le tofu, les huiles de colza, de lin, de soja et de noix. Les oméga-3 à chaîne courte (ALA) peuvent être convertis en oméga-3 à chaîne longue (EPA et DHA) par l'organisme. Cette conversion est très variable suivant les personnes et parfois, elle aboutit à des taux sanguins trop faibles en oméga-3 à chaîne longue. Les végétaliens, qui par définition ne mangent pas de poisson, peuvent consommer des sources directes d'oméga-3 à chaîne longue sous forme de capsules fabriquées à partir de microalgues très riches en DHA et en EPA (spécialités du commerce comme Opti3, Nuique ou Dr Fuhrman's DHA Purity). Le complément Opti3, qu'on trouve sur le site www.opti3omega.com, semble être le plus intéressant à l'heure actuelle. Il n'y a pas de preuves absolues de l'utilité de se supplémenter en oméga-3 à chaîne longue, mais le bénéfice est très probable. Une telle supplémentation est fortement conseillée pour les femmes enceintes et allaitantes, qu'elles soient vegan ou omnivores, car le cerveau du bébé utilise beaucoup de DHA pour croître. Chez l'adulte, les oméga-3 en général ont un effet bénéfique sur le système cardio-vasculaire et sur le système nerveux central. Il existe des arguments pour penser que des apports optimisés en oméga-3 protègent de la maladie d'Alzheimer. Notons que certains poissons gras sont également de bonnes sources d'oméga-3 à chaîne longue. Ils sont en fait incapables de les fabriquer eux-mêmes, mais ils les obtiennent en mangeant des microalgues (pour les poissons végétariens), d'autres poissons (pour les carnivores) ou des suppléments à base de microalgues (pour ceux élevés dans les fermes aquacoles). Les poissons, qu'ils soient sauvages ou d'élevage, ont l'inconvénient d'être fréquemment contaminés par des métaux lourds comme le mercure ou d'autres toxiques comme les dioxines ou les PCB. La surpêche conduit par ailleurs à un épuisement de la ressource halieutique qui remet en cause sur le long terme la consommation de poisson comme source possible d'EPA et de DHA. Les microalgues, aussi appelées « algues microscopiques », n'ont pas tous ces inconvénients et sont donc une source très intéressante d'oméga-3 à chaîne longue, d'autant plus que leur coût est très faible comparé à celui d'une consommation quotidienne de poisson. La culture d'algues microscopiques pour les oméga-3 à chaîne longue est donc une solution d'avenir.

Le cas des femmes enceintes

Les femmes enceintes peuvent tout à fait être végétaliennes pendant toute leur grossesse. Une étude montre que la toxémie gravidique, une maladie spécifique à la femme enceinte se traduisant par une hypertension, est moins fréquente chez les végétaliennes que chez les omnivores[10]. Le poids et la taille des enfants à la naissance sont comparables à ceux de leurs homologues omnivores. Les femmes enceintes doivent tout particulièrement se préoccuper de la vitamine B12, de la vitamine D, du calcium et des oméga-3 à chaîne longue. Je conseille aux végétaliennes d'optimiser leur nutrition dès qu'elles désirent tomber enceintes et non d'attendre de l'être déjà, dans l'intérêt de l'enfant à naître. L'enfant commence à s'habituer à différentes saveurs en déglutissant le liquide amniotique. Le goût commence ainsi à se former très tôt dans la vie, d'où l'intérêt de faire un effort particulier sur la qualité de son alimentation pendant la grossesse. L'enfant aura ainsi plus de facilité à aimer des aliments bons pour la santé plus tard. Les conseils que l'on donne aux femmes enceintes omnivores sont valables pour celles végétaliennes. Seules des adaptations mineures sont à faire pour prendre en compte les spécificités du végétalisme. S'il ne fallait en retenir qu'une, insistons sur la très

10- Carter, J. P., Furman, T., et Hutcheson, H. R., *Preeclampsia and Reproductive Performance in a Community of Vegans, Southern Medical Journal*, 1987, vol. 80, n° 6, p. 692-697.

grande importance d'une complémentation quotidienne par 10 µg de vitamine B12 ou plus chez la femme enceinte vegan. On peut prendre un complément ne contenant que de la vitamine B12, ou un complément contenant de multiples nutriments prévus pour la femme enceinte comme *Vegan Prenatal Multivitamin & Mineral* du fabriquant Deva.

Le cas des enfants

Les études publiées dans la littérature scientifique[11], dont la plus importante en effectif est l'étude Farm[12], montrent que la croissance des enfants végétaliens de naissance n'est pas significativement différente de celle des enfants omnivores. Leur développement psychomoteur est normal. Ils sont la preuve vivante qu'il est possible pour les enfants d'avoir une croissance satisfaisante en ne consommant aucune viande et aucun produit d'origine animale. L'idée que les enfants ne pourraient pas être végétaliens est un mythe qui n'est pas soutenu par les articles médicaux publiés dans des revues internationales à comité de lecture.

Le cas des seniors

L'âge avancé ne contre-indique pas non plus le végétalisme. Nous retrouvons les mêmes risques de carences en vitamine B12 et en vitamine D chez les personnes âgées omnivores que chez celles végétaliennes. En effet, la production de vitamine D par la peau sous l'action du soleil décroît avec l'âge. De plus, les personnes âgées omnivores peuvent avoir des difficultés à absorber la vitamine B12 que contient la viande à cause de fréquentes gastrites atrophiques. Elles risquent de manquer de vitamine B12 par manque d'absorption, alors que les personnes âgées vegan risquent d'en manquer par carence d'apports. Les personnes âgées omnivores comme végétaliennes ont donc intérêt à se supplémenter en vitamine B12 et en vitamine D.

Par ailleurs, le vieillissement de l'appareil digestif fait que les besoins en protéines augmentent car les acides aminés sont moins bien absorbés par le tube digestif et ce dernier en utilise plus pour sa consommation propre. Les personnes âgées ont intérêt à augmenter leurs apports en protéines à environ 1 g/kg/jour. Ainsi, une personne âgée qui pèse 50 kg devrait en consommer environ 50 g par jour. Une alimentation végétalienne est tout à fait à même d'apporter facilement une telle quantité de protéines. Si les légumineuses non transformées, les céréales et les oléagineux ne suffisent pas, il ne faut pas hésiter à consommer de la « viande » végétale à base de soja (tofu) ou de blé (seitan), qui peut être plus appétente pour la personne âgée présentant des troubles de l'appétit.

Conclusion

L'alimentation végétalienne est promise à un bel avenir. C'est sans conteste la façon la plus écologique de s'alimenter. Elle est facile à équilibrer en faisant appel aux légumes, aux légumineuses, aux céréales complètes, aux fruits entiers, aux fruits oléagineux et aux graines. Elle présente d'indéniables avantages pour la santé conduisant à un allongement de l'espérance de vie, mais aussi à une amélioration de la qualité de vie en prévenant de nombreuses maladies chroniques. Ce livre de cuisine vous montrera qu'elle est également un véritable art de vivre permettant de ravir les papilles des petits comme des grands, tout en réduisant son empreinte écologique et en épargnant les animaux.

11- Sanders, T. A., *Growth and Development of British Vegan Children*, *The American Journal of Clinical Nutrition*, 1988, vol. 48, n° 3, p. 822-825 ; Sanders, T. A., et Reddy, S., *Vegetarian Diets and Children*, *The American Journal of Clinical Nutrition*, 1994, vol. 59, n° 5, p. 1176S-1181S.

12- O'Connell, J. M., *et al.*, *Growth of Vegetarian Children: The Farm Study*, *Pediatrics*, 1989, vol. 84, n° 3, p. 475-481.

DÉCOUVRIR LES PROTÉINES VÉGÉTALES

-- CÉRÉALES ET LÉGUMINEUSES --

-- LE SOJA, UN ALLIÉ MILLÉNAIRE --

-- LE SEITAN --

-- SAVEURS MARINES --

PÂTÉS VÉGÉTAUX ET TARTINADES

Tartinade *caliente*

Pour 4 personnes

450 g de haricots rouges cuits
2 à 3 c. à c. de mélange d'épices chili
1 gousse d'ail
½ oignon rouge
3 tomates séchées à l'huile
1 c. à c. de tamari
Sauce pimentée
½ poivron rouge
½ piment frais

Dans le bol d'un mixeur, placer les haricots, les épices, l'ail, l'oignon, les tomates séchées coupées en petits morceaux et le tamari. Mixer pour obtenir une purée épaisse. Assaisonner avec de la sauce pimentée au goût et ajouter le poivron rouge coupé en dés. Émincer le piment frais et l'ajouter, en adaptant la quantité au goût.

Servir avec des chips de maïs ou des toasts.

Crème de haricots blancs à la coriandre et au citron

Pour 2 personnes

300 g de haricots blancs cuits
2 c. à s. de jus de citron frais
1 c. à s. d'huile d'olive
½ c. à c. de sel
2 c. à s. de coriandre ciselée
Poivre

Dans le bol d'un mixeur, placer les haricots, le jus de citron, l'huile d'olive, le sel et du poivre au goût. Mixer pour obtenir une crème lisse. Transvaser dans un bol et incorporer la coriandre ciselée. Garder au frais.

Pâté de lentilles d'hiver

Pour 4 personnes

150 g de lentilles vertes
1 gros poireau
1 gros oignon
2 gousses d'ail
3 c. à s. d'huile d'olive
1 c. à s. de purée de noisette
3 c. à s. de tamari
200 ml de lait végétal
2 c. à c. d'agar-agar
1 c. à s. de persil haché
Poivre

Cuire les lentilles à l'eau 30 minutes environ. Émincer le poireau, l'oignon et l'ail puis les faire revenir à feu moyen dans 2 c. à s. d'huile d'olive pendant que les lentilles cuisent. Ils doivent être bien dorés et fondants. Égoutter les lentilles, les placer dans le bol d'un robot avec les légumes cuits, ajouter la purée de noisette, 1 c. à s. d'huile d'olive et le tamari, puis mixer grossièrement. Dans une petite casserole, mélanger au fouet le lait végétal et l'agar-agar, porter à ébullition pour 1 minute, puis verser dans le bol du robot. Mixer l'ensemble pour obtenir une pâte épaisse et granuleuse, mais pas trop afin de garder quelques morceaux. Assaisonner de persil et de poivre au goût. Verser dans des bocaux ou une petite terrine. Laisser refroidir et placer au frais pour 12 heures avant de consommer.

Pâté aux olives noires

Pour 2 à 4 personnes

125 g de tofu ferme
80 g d'olives noires à la grecque dénoyautées
50 g de graines de tournesol
2 c. à s. de jus de citron
1 c. à s. d'huile d'olive
Sel, poivre

Mettre tous les ingrédients dans le bol d'un mixeur et mixer pour obtenir un pâté épais. Assaisonner au goût, puis verser dans un bol ou un bocal. Se conserve plusieurs jours au frais.

Crème de haricots blancs, tartinade caliente et pâté aux olives noires

Black beans houmous

Pour 1 bol

300 g de haricots noirs cuits
4 c. à s. de crème de sésame noir
3 c. à s. d'huile d'olive
1 gousse d'ail
½ c. à c. de sel
6 c. à s. de jus de citron

Mixer les haricots noirs avec la crème de sésame et l'huile d'olive. Ajouter l'ail et le sel, puis incorporer progressivement le jus de citron en mixant pour bien émulsionner et obtenir une texture crémeuse.

Décorer avec des graines de sésame noir et servir accompagné de quartiers de tomates et de citrons.

Pâté au potimarron et tofu

Pour 2 à 4 personnes

250 g de potimarron
2 gousses d'ail
2 c. à s. d'huile d'olive
½ c. à c. de curry moulu
½ c. à c. de sauge séchée
½ c. à c. de basilic séché
125 g de tofu fumé
10 cerneaux de noix
1 c. à c. de tamari

Couper le potimarron en petits dés (laisser la peau) et émincer l'ail. Faire revenir dans une poêle, avec l'huile d'olive, à feu moyen. Ajouter le curry et les herbes séchées, et cuire en remuant de temps en temps pendant 10 minutes. Ajouter le tofu émietté, les noix grossièrement concassées et le tamari. Bien mélanger. Transvaser dans le bol d'un mixeur et mixer grossièrement (avec quelques petits morceaux, le pâté sera encore meilleur). Bien tasser dans une petite terrine, un bocal ou un bol, laisser refroidir et garder au frais.

Tartinade italienne

Pour 2 à 4 personnes

5 tomates séchées à l'huile et aux aromates
230 g de gros haricots blancs
ou borlotti bien cuits
2 gousses d'ail
2 c. à s. de pignons de pin
2 c. à s. d'huile d'olive
2 c. à s. de jus de citron
1 c. à c. d'origan séché
½ c. à c. de sel
Poivre
1 c. à s. de basilic haché

Couper les tomates séchées en petits morceaux. Mélanger tous les ingrédients sauf le basilic dans le bol d'un mixeur, puis mixer pour obtenir une crème bien lisse. Verser dans un bol. Ajouter le basilic et mélanger. Réserver au frais.

Crème de lentilles corail

Pour 2 personnes

100 g de lentilles corail cuites
4 c. à s. de lait de coco
2 c. à c. de tahin
1 c. à c. de jus de citron
½ c. à c. de cardamome moulue
Sauce pimentée
Sel, poivre

Verser tous les ingrédients dans le bol d'un mixeur et mixer pour obtenir une crème lisse. Assaisonner de sel et de poivre, ajouter quelques gouttes de sauce pimentée pour relever selon le goût. Se conserve 48 heures au frais.

Tartinade crémeuse aux pois cassés

Pour 1 bol

100 g de pois cassés
3 c. à s. de jus de citron frais
2 c. à s. de purée de noix de cajou
2 c. à s. de menthe hachée
1 c. à s. d'huile d'olive
Sel, poivre

Faire tremper les pois cassés pendant 1 heure, puis les cuire 45 minutes à feu moyen dans 2,5 fois leur volume d'eau. Égoutter. Mixer les pois cassés avec les autres ingrédients et assaisonner. Garder au frais avant de consommer.

Houmous au zaatar et tomates séchées

Pour 2 à 4 personnes

200 g de pois chiches cuits
4 à 5 tomates séchées en petits morceaux
1 gousse d'ail
3 c. à s. d'eau
2 c. à s. de purée de sésame blanc
2 c. à s. de jus de citron
1 c. à s. d'huile d'olive
1 c. à s. de zaatar
Sel, poivre

Placer tous les ingrédients dans le bol d'un mixeur et mixer jusqu'à obtenir une texture lisse et épaisse.

Servir avec un filet d'huile d'olive, une pincée de zaatar, quelques quartiers de citron et des toasts ou du pain libanais.

Black beans houmous

Indian burgers

GALETTES, BURGERS ET COMPAGNIE

Burgers de seitan

Pour 6 burgers

500 g de *red seitan* (voir p. 101)
2 c. à s. d'oignon séché
1 c. à s. de graines de lin moulues
1 c. à s. de farine de caroube
1 c. à s. de persil haché
1 c. à s. de ciboulette hachée
2 c. à c. de sauce de piment chipotle
1 c. à c. d'ail moulu
1 c. à c. de coriandre moulue
100 g de farine de pois chiche
Poivre, sel

Hacher le seitan au robot, puis le mélanger avec tous les ingrédients sauf la farine de pois chiche dans un saladier. Ajouter la farine de pois chiche et pétrir avec les mains. La pâte est très collante. Fariner les mains propres avec de la farine de pois chiche et former 6 boules puis les aplatir, toujours entre les mains bien farinées. Cuire dans une poêle huilée, à feu vif, quelques minutes de chaque côté.

Parfait pour un burger classique avec une feuille de laitue, des tranches de fromage vegan, une fine rondelle de tomate, des cornichons et du ketchup.

Indian burgers

Pour 4 à 6 burgers

250 g de lentilles corail
30 g de farine de pois chiche
3 c. à s. de gluten
3 c. à s. de noix de coco râpée
2 c. à s. de fécule de maïs
1 c. à s. de basilic haché
1/4 de c. à c. d'ail moulu
1/4 de c. à c. de cardamome moulue
Huile végétale pour la cuisson
Crème fromagère à tout faire (voir p. 133)
Buns (voir p. 37)
Feuilles de salade
Chutney de tomates cerise (voir p. 220)

Cuire les lentilles corail dans 500 ml d'eau bouillante pendant 5 minutes. Rincer à l'eau froide et égoutter. Dans un saladier, mélanger tous les ingrédients des burgers, puis les façonner entre les mains. Cuire quelques minutes dans une poêle bien chaude, avec un fond d'huile, en faisant dorer de chaque côté, puis placer sur une assiette couverte de papier absorbant pour éliminer l'éventuel excédent d'huile. Étaler de la crème fromagère sur la moitié inférieure de chaque bun, déposer quelques feuilles de salade, puis les burgers, couvrir de chutney de tomates cerise et refermer les pains.

***Astuce :** pour des burgers bien chauds, passer les buns quelques minutes au four avant de les garnir.*

Burgers de pois chiches

Pour 6 burgers

500 g de pois chiches cuits
100 g de chapelure
2 gousses d'ail
2 c. à s. de persil haché
2 c. à s. de ciboulette hachée
4 c. à s. d'eau
Sel, poivre
Huile végétale pour la cuisson

Mixer grossièrement les pois chiches au robot ou à l'aide d'un mixeur plongeant. Dans un saladier, les mélanger à la fourchette avec la chapelure, l'ail en purée et les herbes. Assaisonner. Ajouter l'eau et pétrir avec les mains pour obtenir une pâte bien compacte. Former des burgers et les cuire à feu moyen-vif, 5 minutes de chaque côté, dans une poêle légèrement huilée.

***Idée :** laissez-vous tenter par un burger d'inspiration orientale ! Garnir des buns avec du caviar végétal (voir p. 295), quelques feuilles de salade, des burgers de pois chiches, une rondelle de tomate, une fine rondelle d'oignon cru, des feuilles de menthe et un peu d'houmous (voir p. 33).*

Galettes d'azukis et riz complet

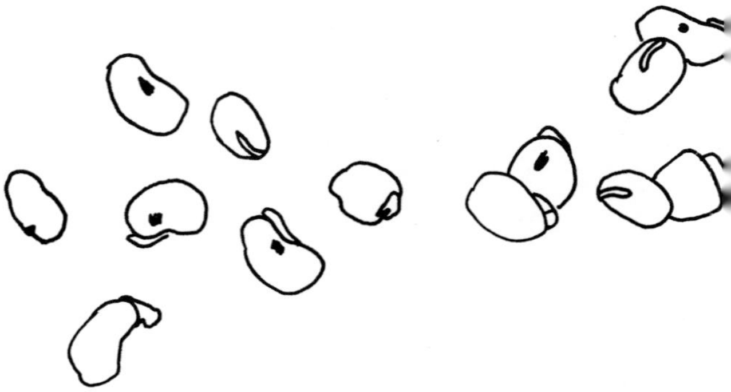

Pour 4 à 6 galettes

150 g de haricots azuki
100 g de riz complet
2 c. à s. de coriandre ciselée
2 c. à s. de sauce Worcester vegan
2 c. à c. d'ail des ours séché
2 c. à c. de coriandre moulue
1 c. à c. de cumin moulu
Sel, poivre
Huile d'olive

Faire tremper les haricots 1 nuit, puis les cuire dans l'eau pendant 1 heure à 1 h 30. Égoutter. Cuire le riz à l'eau et égoutter. Dans un petit saladier, mélanger le riz et les haricots en écrasant bien à la fourchette pour former une pâte collante. Ajouter tous les aromates et assaisonner. Avec les mains mouillées, former 4 à 6 galettes. Les cuire dans une poêle avec un peu d'huile d'olive.

Palets de polenta aux petits pois

Pour 6 à 8 palets

400 ml de lait de soja
½ c. à c. de sel
½ c. à c. d'herbes de Provence
½ c. à c. de basilic séché
¼ de c. à c. d'ail moulu
100 g de polenta précuite
75 g de petits pois frais ou surgelés
Poivre du moulin

Dans une casserole, faire bouillir le lait de soja avec le sel et les aromates. Ajouter la polenta en pluie, baisser à feu moyen et remuer. Ajouter les petits pois et cuire 5 minutes en remuant. Couvrir une plaque de papier cuisson, puis y déposer 3 cercles à pâtisserie huilés, y verser la polenta et bien tasser. Laisser refroidir et faire prendre 1 heure minimum au frais. Décercler et découper des palets d'1,5 cm d'épaisseur.

À poêler et manger tel quel ou comme un burger, avec une salade...

Quinoa burgers aux herbes

Pour 6 burgers

125 g de quinoa rouge
75 g de pommes de terre épluchées
1 petit oignon
1 gousse d'ail
3 c. à s. de farine de pois chiche
1 c. à s. de persil haché
1 c. à s. de coriandre hachée
½ c. à c. de sel
Poivre
Huile végétale pour la cuisson

Cuire le quinoa environ 15 minutes à l'eau. Couper les pommes de terre en dés et les cuire à l'eau. Émincer l'oignon et l'ail, puis les faire revenir quelques minutes à la poêle. Placer le quinoa bien égoutté dans un saladier. Écraser les pommes de terre et les ajouter, ainsi que l'ail et l'oignon, la farine de pois chiche, les herbes, le sel et du poivre. Bien mélanger à la fourchette. Former des boulettes entre les mains et les aplatir pour former des burgers. Cuire 5 minutes de chaque côté dans une grande poêle bien huilée, puis 10 minutes au four à 180 °C (th. 6) sur une plaque couverte de papier cuisson.

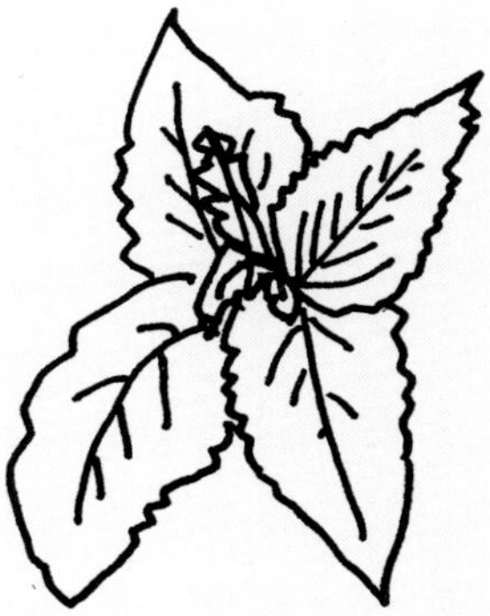

Buns

Pour 8 buns

1 sachet de levure de boulanger déshydratée
75 ml de lait de soja + un peu pour dorer
200 ml d'eau
500 g de farine de blé
2 c. à s. de sucre de canne blond
1 c. à c. de sel
3 c. à s. d'huile végétale au choix (olive, colza, tournesol, pépin de raisin, carthame…)
Graines de sésame blond

Dans un verre doseur, mélanger la levure avec le lait et l'eau tièdes. Laisser reposer 5 minutes. Dans un saladier, mélanger la farine avec le sucre et le sel. Verser le mélange à la levure, mélanger à la cuillère puis pétrir pour former une boule de pâte. Ajouter l'huile et pétrir à nouveau. Si la pâte est trop collante, rajouter un peu de farine : elle doit être souple et douce. Pétrir quelques minutes sur un plan de travail en repliant la pâte sur elle-même. La placer dans un saladier, couvrir d'un torchon propre et laisser lever pendant 1 h 30 à 2 heures à 25 °C minimum (un four préchauffé à 30 à 40 °C, puis éteint sera parfait). Pétrir quelques secondes, puis former 8 boules, les déposer sur une plaque couverte de papier cuisson et laisser lever à nouveau 1 heure sous un torchon. Badigeonner les buns de lait de soja et parsemer de graines de sésame. Cuire 15 minutes environ à 180 °C (th. 6). Laisser refroidir avant d'utiliser.

***Astuce :** pour des burgers encore plus gourmands, toaster les buns quelques minutes au four avant de les garnir.*

Boulettes de haricots blancs tomate-basilic

Pour une dizaine de boulettes

1 gousse d'ail
1 petit oignon
Huile d'olive
225 g de haricots blancs cuits
50 g de mie de pain
1 c. à s. de miso blanc
5 tomates séchées aux aromates
2 c. à s. de chapelure
1 c. à s. de basilic haché
Sel, poivre

Émincer l'ail et l'oignon, puis les faire revenir quelques minutes à la poêle, avec un peu d'huile d'olive. Dans le bol d'un robot, placer les haricots, la mie de pain émiettée, le miso, les tomates séchées coupées en petits morceaux, la chapelure, l'ail, l'oignon et le basilic. Mixer et assaisonner au goût. Former une dizaine de boulettes. Faire chauffer 2 c. à s. d'huile d'olive dans une grande poêle. Y placer les boulettes, les faire rouler en remuant la poêle et cuire à feu vif, en remuant presque constamment pour que les boulettes dorent de manière homogène et ne s'aplatissent pas. Quand elles sont bien dorées et légèrement croustillantes, les placer dans un plat couvert de papier cuisson et cuire 10 minutes au four à 160 °C (th. 5-6).

Minigalettes de petits pois à la menthe

Pour 10 minigalettes

200 g de petits pois frais ou surgelés
200 ml de crème végétale
5 c. à s. de farine de blé
3 c. à s. d'arrow-root
3 c. à s. de menthe hachée
Huile végétale pour la cuisson
Sel, poivre

Mélanger tous les ingrédients dans un grand bol. Faire chauffer une poêle sur feu vif puis cuire des minigalettes quelques minutes de chaque côté, avec un peu d'huile.

***Variante :** pour plus de saveur, utiliser du lait de coco à la place de la crème végétale.*

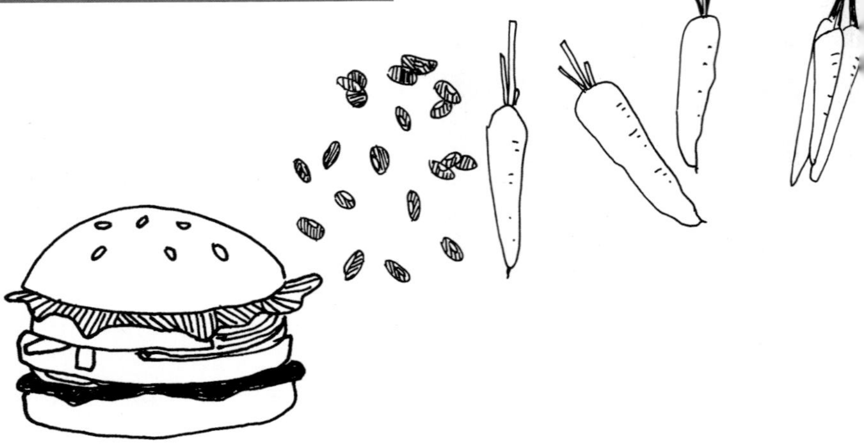

Burgers d'automne

Pour 4 burgers

40 g de protéines de soja texturées
3 c. à s. de tamari
1 c. à s. de sauce Worcester vegan
100 g de potimarron ou de champignons
1 c. à c. d'huile d'olive
300 g de marrons au naturel
1 c. à s. de persil haché
1 c. à s. de ciboulette hachée
2 c. à s. de graines de chia
Huile végétale pour la cuisson

Dans un bol, mélanger les protéines de soja avec 2 c. à s. de tamari et la sauce Worcester, puis couvrir d'eau bouillante et laisser se réhydrater 30 minutes. Couper le potimarron ou les champignons en petits dés et les faire poêler dans l'huile d'olive jusqu'à ce qu'ils soient fondants. Dans un saladier, mélanger les protéines de soja avec le potimarron ou les champignons, les marrons et les herbes. Mixer brièvement au mixeur plongeant, ajouter les graines de chia et mélanger à la fourchette. Former 4 boules et les aplatir. Cuire les burgers à la poêle sur feu vif, quelques minutes de chaque côté, avec un peu d'huile.

Burgers tex-mex

Pour 4 burgers

1 oignon
2 gousses d'ail
1 c. à s. d'huile d'olive
500 g de haricots rouges cuits
1 c. à s. de coriandre ciselée
2 c. à c. de cumin moulu
1 à 2 c. à c. de sauce de piment chipotle
1 c. à c. de paprika
1 c. à c. d'origan
1 c. à s. de farine de maïs
½ c. à c. de sel
Poivre

Émincer l'oignon et l'ail, puis les faire dorer dans une poêle sur feu vif, avec l'huile d'olive. Dans un petit saladier, écraser les haricots rouges à la main ou à la fourchette, puis ajouter l'ail et l'oignon dorés, les aromates et la farine de maïs, assaisonner et bien mélanger. Former 4 boules entre les mains et les aplatir. Cuire quelques minutes de chaque côté dans une poêle huilée.

Tofu burgers à la carotte

Pour 2 burgers

125 g de tofu ferme
50 g de carotte râpée
1 pincée de cumin moulu
1 c. à c. de coriandre hachée
½ c. à c. de coriandre moulue
20 g de farine de maïs
1 c. à s. d'arrow-root
1 c. à s. de lait végétal
Sel, poivre
Huile d'olive

Dans le bol d'un mixeur, mélanger le tofu émietté et la carotte râpée, puis mixer grossièrement pour qu'il reste quelques morceaux. Verser ce mélange dans un grand bol et y incorporer le cumin, la coriandre hachée et la coriandre moulue. Ajouter la farine et l'arrow-root, mélanger, puis verser le lait végétal, assaisonner et bien mélanger avec les mains. Former 2 boules et les aplatir doucement entre les mains jusqu'à former 2 burgers. Les faire cuire dans une poêle sur feu vif, avec un peu d'huile d'olive, quelques minutes de chaque côté pour qu'ils soient bien dorés.

Parfait avec de la roquette, du ketchup rose à la betterave (voir p. 275), de fines tranches de cornichon et quelques tranches de fromage à râper (voir p. 135).

Burgers d'automne

Galettes de semoule au cumin et à la menthe

Pour 4 à 8 personnes

2 verres de semoule moyenne
80 ml d'huile d'olive
2 c. à s. de menthe hachée
1 c. à c. de cumin moulu
1 c. à c. de sel
250 ml d'eau
½ verre de farine

Dans un saladier, mélanger à la main la semoule avec l'huile d'olive. Ajouter la menthe, le cumin, le sel et un tiers de l'eau, puis mélanger à la main quelques minutes. Ajouter la farine, pétrir et verser le reste de l'eau. Pétrir quelques minutes pour obtenir une pâte. Former 2 boules, puis les étaler au rouleau sur du papier cuisson et travailler les bords pour façonner des galettes bien rondes. Découper le papier cuisson sous les galettes. Dans une poêle sur feu vif, placer une galette sur son papier cuisson. Cuire environ 5 minutes, puis retourner la galette (enlever le papier cuisson) et cuire quelques minutes sur l'autre face. Déposer la galette sur une assiette et la couper en quatre. Cuire la deuxième galette de la même façon.

Croquettes de lentilles vertes à l'oignon et curry

Pour environ 15 croquettes

125 g de lentilles vertes
1 gros oignon
Huile d'olive
5 c. à s. de farine de blé
1 verre d'eau
1 c. à c. de curry moulu
½ c. à c. de sel
Huile végétale pour la cuisson

Cuire les lentilles à l'eau. Dans une poêle, faire dorer l'oignon émincé dans un peu d'huile d'olive. Égoutter les lentilles et les remettre dans leur casserole, avec la farine, l'eau, le curry, le sel et l'oignon. Porter à feu vif et cuire en remuant constamment jusqu'à ce que le mélange devienne épais et collant. La texture est très importante : si ce n'est pas assez épais, les croquettes ne tiendront pas. Ôter du feu et laisser tiédir. Faire chauffer un peu d'huile dans une poêle, puis former des boulettes de pâte, les aplatir dans la poêle et les faire revenir 1 à 2 minutes de chaque côté. Attention, ne pas mettre trop d'huile, sinon les croquettes s'en imbiberont et ne seront pas croustillantes. Laisser reposer sur du papier absorbant.

Falafels aux fèves

Pour 10 à 12 falafels

350 g de fèves épluchées
2 gousses d'ail
2 c. à s. de persil haché
2 c. à s. de ciboulette hachée
2 c. à s. de coriandre hachée
1 c. à c. de coriandre moulue
¼ de c. à c. de noix de muscade moulue
¼ de c. à c. de cannelle moulue
Sel, poivre
Huile végétale pour la cuisson

Au robot, mixer brièvement les fèves avec les gousses d'ail et les herbes. (Ne pas trop mixer, il faut éviter d'obtenir une purée.) Ajouter les épices, mélanger à la fourchette dans un bol et assaisonner. Former 10 à 12 boulettes, puis les aplatir légèrement et les faire cuire dans une poêle sur feu vif, avec un fond d'huile, ou à la friteuse. Une fois les falafels cuits, les disposer sur du papier absorbant pour en ôter l'excédent d'huile.

Falafels aux fèves, galettes de semoule et croquettes de lentilles vertes

Couscous à l'indienne

CUISINER LES CÉRÉALES

Couscous à l'indienne

Pour 6 personnes

1 gros oignon
4 gousses d'ail
3 carottes
2 navets
4 pommes de terre
2 courgettes
3 c. à s. d'huile d'olive
4 c. à c. de curry moulu
1 l d'eau
1 c. à c. de pâte de curry vindaloo
200 g de pois chiches cuits
125 g de tofu au curry
600 g de semoule de blé moyenne
Coriandre fraîche
Sel, poivre

Émincer l'oignon et l'ail. Éplucher puis couper les carottes, les navets et les pommes de terre en morceaux de taille moyenne. Couper les courgettes en dés. Dans une cocotte ou un faitout, faire chauffer l'huile d'olive à feu vif, puis ajouter le curry moulu, l'oignon, l'ail, les carottes et les navets. Cuire quelques minutes à feu vif, en mélangeant. Baisser à feu moyen, ajouter les pommes de terre et les courgettes, mélanger et cuire 5 bonnes minutes. Ajouter l'eau et la pâte de curry vindaloo pour relever. Assaisonner et cuire 20 minutes. Ajouter les pois chiches et le tofu, cuire encore 5 minutes. Servir avec la semoule cuite à la vapeur et des feuilles de coriandre ciselées.

Risotto à la courgette et coco

Pour 2 personnes

2 c. à s. d'huile d'olive
½ oignon
2 gousses d'ail
1 grosse courgette
2 c. à c. de coriandre moulue
3 c. à c. de cardamome moulue
1,5 c. à s. d'huile de coco
200 g de riz arborio
½ verre de vin blanc
600 ml de bouillon de légumes
½ verre de lait de coco

Dans une petite poêle, faire revenir dans l'huile d'olive l'oignon et l'ail émincés avec la courgette en petits dés, à feu vif, pendant quelques minutes. Baisser à feu moyen, ajouter 1 c. à c. de coriandre et 1 c. à c. de cardamome, et cuire 5 minutes. Dans une grande casserole, faire chauffer l'huile de coco à feu moyen-vif, puis y verser le riz et mélanger. Laisser le riz devenir transparent. Verser le vin blanc, laisser absorber. Couvrir de bouillon et laisser absorber en mélangeant régulièrement. Renouveler l'opération jusqu'à finir le bouillon. Ajouter la garniture et le lait de coco, bien mélanger. Ajouter les épices restantes. Mélanger, cuire 1 ou 2 minutes pour que le risotto soit bien crémeux et servir sans attendre.

Petit épeautre grillé à l'aubergine

Pour 2 à 4 personnes

1 verre de petit épeautre décortiqué
2 verres d'eau
1 aubergine moyenne
1 oignon
3 c. à s. d'huile d'olive
2 gousses d'ail
Sel aux herbes, poivre

Laver le petit épeautre et le cuire avec l'eau, à feu moyen, jusqu'à ce que l'eau soit absorbée (environ 40 minutes). Laver l'aubergine et la couper en dés. Couper l'oignon en gros dés. Faire chauffer à feu vif 2 c. à s. d'huile d'olive dans une poêle, puis y faire revenir l'oignon et l'aubergine quelques minutes. Poivrer généreusement. Émincer l'ail. Baisser à feu moyen, ajouter l'ail et 1 c. à s. d'huile d'olive, puis laisser cuire en remuant régulièrement jusqu'à ce que l'aubergine soit fondante (compter environ 30 minutes). Égoutter le petit épeautre, l'ajouter dans la poêle, saler et poivrer selon le goût, et porter à feu vif. Laisser griller pendant 5 minutes en remuant régulièrement. Déguster chaud ou froid, en salade, avec un filet de jus de citron.

Galettes à la provençale

Pour 4 galettes

100 g de flocons de riz
200 ml d'eau
30 g de farine de lupin
20 g de farine d'amarante
4 c. à s. de coulis de tomates
1 c. à c. d'arrow-root
1 c. à c. d'herbes de Provence
1 gousse d'ail écrasée
Sel, poivre
Huile d'olive

Dans une casserole, mélanger tous les ingrédients. Cuire à feu moyen, en remuant sans arrêt, jusqu'à ce que le mélange forme une bouillie très épaisse. Ôter du feu et laisser tiédir quelques instants. Fariner les mains avec de la farine de lupin et former 4 grosses boulettes. Les fariner également et les aplatir. Cuire les galettes à feu moyen, avec un peu d'huile d'olive, en les aplatissant bien dans la poêle avec une spatule. Les retourner régulièrement jusqu'à ce qu'elles soient dorées des deux côtés.

Crackers aux olives et graines de courge

Pour 35 à 40 crackers environ

170 g de farine d'épeautre
¼ de c. à c. de sel
½ c. à c. d'origan séché
30 g de graines de courge
30 g d'olives noires à la grecque dénoyautées
2 c. à s. d'huile d'olive
75 ml d'eau
Poivre

Placer la farine dans un saladier. Mélanger avec le sel et l'origan séché, poivrer. Hacher les graines de courge ainsi que les olives au couteau et les ajouter dans le saladier. Verser l'huile et mélanger à la cuillère. Ajouter l'eau et pétrir quelques minutes. Étaler finement la pâte entre deux feuilles de papier cuisson. Découper en carrés, en losanges ou en triangles et cuire 15 à 20 minutes à 170 °C (th. 5-6), sur une plaque couverte de papier cuisson.

Porridge choco-noisette à la cannelle

Pour 1 grand bol ou 2 petits

350 ml de lait de châtaigne-noisette
1 verre de petits flocons d'avoine
2 c. à s. de sucre de canne
1 c. à s. de chocolat en poudre
¼ de c. à c. de cannelle moulue
1 poignée de noisettes
1 c. à s. de pépites de chocolat noir

Dans une casserole moyenne, verser le lait, les flocons d'avoine, le sucre, le chocolat et la cannelle. Bien mélanger, porter à feu vif, bien mélanger à nouveau quand les flocons commencent à épaissir et cuire quelques minutes. Ôter du feu. Concasser grossièrement les noisettes, puis les ajouter au porridge avec les pépites de chocolat. Bien mélanger et servir.

Salade d'orge perlé aux choux de Bruxelles poêlés

Pour 4 personnes

185 g d'orge perlé
750 ml d'eau
3 c. à s. d'huile d'olive
200 g de choux de Bruxelles
¼ de c. à c. de curcuma moulu
1 gousse d'ail
Sel, poivre
1 bol de crème de sésame (voir p. 144) ou 1 citron

Mettre l'orge perlé avec l'eau dans une casserole, porter à ébullition et baisser à feu doux. Cuire environ 1 heure. Vérifier la cuisson au bout de 45 minutes : ôter du feu quand les grains sont tendres. Rincer sous l'eau froide et égoutter. Dans une grande poêle, faire chauffer 2 c. à s. d'huile d'olive, puis y poêler les choux de Bruxelles coupés en quatre pendant 5 bonnes minutes, à feu vif. Baisser à feu moyen et ajouter l'orge, 1 c. à s. d'huile d'olive, le curcuma, l'ail réduit en purée, du sel et du poivre. Cuire 5 minutes pour que les saveurs se mélangent bien. Transvaser dans un saladier ou un plat et laisser refroidir. Servir avec de la crème de sésame ou des quartiers de citron à presser.

Crackers aux olives et graines de courge

Cookies d'amarante aux raisins secs

Pour environ 12 cookies

125 g d'amarante
250 ml d'eau bouillante
75 ml d'huile végétale neutre
50 g de sucre de canne blond
60 g de farine de maïs
1 c. à s. de farine de caroube
½ c. à c. de mélange d'épices pour pain d'épices
40 g de raisins secs
2 c. à s. de farine de soja précuit

Dans un bol, mélanger l'amarante et l'eau bouillante, puis couvrir et laisser gonfler 25 minutes. Égoutter dans une passoire très fine. Dans un saladier, mélanger l'huile et le sucre. Incorporer la farine de maïs et la farine de caroube. Ajouter l'amarante et mélanger. Ajouter le mélange d'épices, les raisins et la farine de soja précuit, bien mélanger à la fourchette. Couvrir une plaque de papier cuisson. Former une petite boule de pâte entre les mains et la presser pour obtenir un cookie bien compact. Déposer délicatement sur le papier cuisson. Renouveler l'opération avec le reste de la pâte. Attention, elle est très friable. Cuire 30 minutes au four à 180 °C (th. 6).

Taboulé vert au millet

Pour 2 à 4 personnes

150 g de millet cuit
½ concombre
½ poivron vert
100 g de persil plat
20 feuilles de menthe
2 c. à s. d'huile d'olive
1 citron
Sel, poivre

Dans un saladier, mélanger le millet avec le concombre et le poivron coupés en petits dés. Hacher le persil et la menthe au couteau ou au minihachoir, puis les ajouter dans le saladier, avec l'huile d'olive et le jus du citron. Assaisonner. Garder au frais avant de servir.

Boulgour sauté façon libanaise

Pour 2 personnes

150 g de boulgour de petit épeautre
5 c. à s. d'huile d'olive
4 petites gousses d'ail
1 oignon
1 aubergine
½ c. à c. de cumin moulu
½ c. à c. de cannelle moulue
¼ de c. à c. de noix de muscade moulue
¼ de c. à c. de piment en poudre
½ c. à c. de sel
3 c. à s. de coulis de tomates
Quelques branches de menthe
1 citron
Poivre noir

Cuire le boulgour 10 minutes dans 2 fois son volume d'eau. Dans une grande poêle ou une sauteuse, faire chauffer 3 c. à s. d'huile d'olive, puis y faire revenir à feu vif l'ail et l'oignon émincés. Éplucher l'aubergine et la râper directement au-dessus de la poêle avec une grosse râpe. Ajouter le boulgour bien égoutté, 2 c. à s. d'huile d'olive et les épices. Cuire quelques minutes en mélangeant régulièrement. Baisser à feu moyen, ajouter le coulis de tomates, mélanger et laisser cuire quelques minutes. Servir sur un plat, parsemé de feuilles de menthe ciselées et de quartiers de citron. Peut se manger chaud ou froid.

***Idée :** pour recevoir, composer un mezzé vegan original pour 6 à 8 personnes en accompagnant ce plat de falafels aux fèves (voir p. 40), d'houmous à la coriandre (voir p. 262), de caviar végétal (voir p. 295) et de taboulé cru de chou-fleur (voir p. 210). Servir avec du pain libanais.*

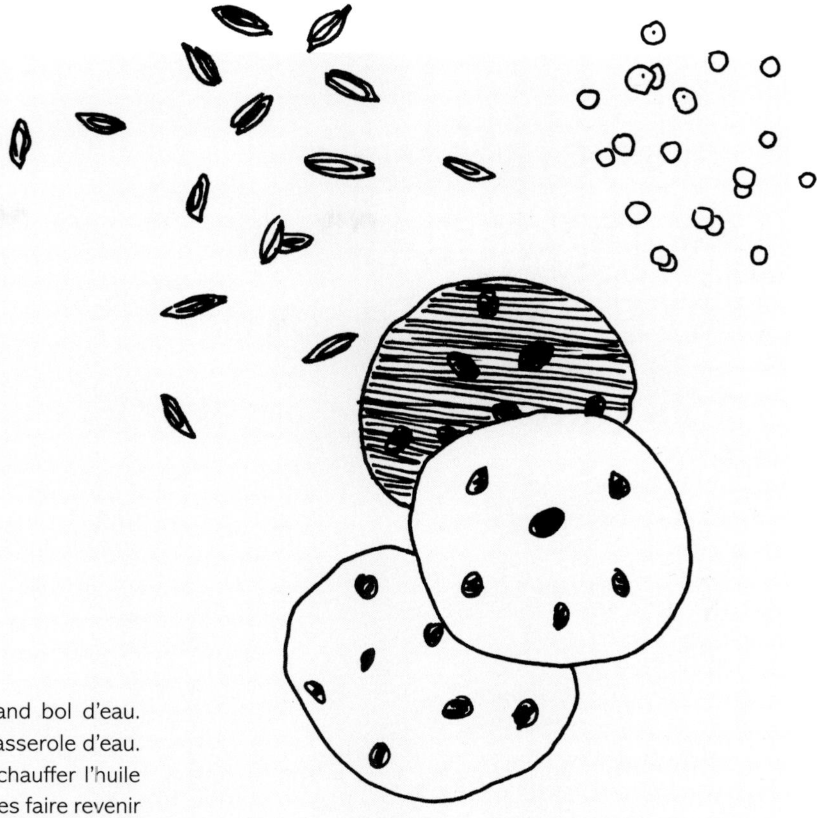

Gruau d'avoine aux petits pois

Pour 4 personnes

250 g de gruau d'avoine
2 c. à s. d'huile d'olive
1 oignon
1 gousse d'ail
80 g de petits pois frais ou surgelés
1 c. à s. de tamari
Sel, poivre

La veille, faire tremper l'avoine dans un grand bol d'eau. Cuire l'avoine 45 minutes dans une grande casserole d'eau. Égoutter et réserver. Dans une poêle, faire chauffer l'huile d'olive à feu vif. Émincer l'oignon et l'ail, puis les faire revenir dans l'huile. Ajouter l'avoine et les petits pois, baisser un peu le feu et cuire 5 minutes. Ajouter le tamari, ajuster l'assaisonnement et servir.

Le gruau d'avoine est le grain entier, à ne pas confondre avec les flocons d'avoine avec lesquels on prépare un porridge parfois aussi appelé « gruau ».

Purée de polenta à la tomate

Pour 2 petites portions

500 ml d'eau
1 cube de bouillon de légumes
2 c. à c. de shoyu
125 g de polenta précuite
200 ml de coulis de tomates
2 c. à c. de levure maltée
2 c. à c. de basilic ciselé

Dans une casserole, verser l'eau, ajouter le cube de bouillon et porter à ébullition. Verser le shoyu et la polenta en pluie. Baisser à feu moyen, mélanger énergiquement, ajouter le coulis de tomates et cuire 5 minutes, toujours en mélangeant. Ajouter la levure maltée et le basilic, bien mélanger puis ôter du feu et servir immédiatement.

Orge au fenouil poêlé et menthe

Pour 2 personnes

1,5 verre d'orge perlé
4,5 verres d'eau
2 petits bulbes de fenouil
1 gousse d'ail
1 petit oignon
1 c. à s. d'huile d'olive
1 poignée de feuilles de menthe
Sel, poivre

Placer l'orge et l'eau dans une casserole, porter à ébullition et cuire à feu doux pendant 1 heure environ. Rincer l'orge à l'eau froide et égoutter. Émincer le fenouil, l'ail et l'oignon. Dans une poêle, faire chauffer l'huile puis ajouter l'orge, le fenouil, l'ail, l'oignon, poivrer généreusement et faire revenir à feu vif pendant 15 minutes environ, en mélangeant régulièrement, jusqu'à ce que l'ensemble commence à bien dorer. Ajouter alors la menthe ciselée et saler au goût.

RÉUSSIR UN PLAT DE PÂTES ORIGINAL

Pâtes fraîches

Pour 4 personnes

150 g de farine de blé
150 g de semoule fine de blé dur
½ c. à c. de sel
150 ml d'eau

Mélanger la farine et la semoule, ajouter le sel puis l'eau et pétrir pour former une pâte bien épaisse et sèche. La texture de la pâte est très importante : elle ne doit être ni trop sèche (rajouter alors un peu d'eau) ni trop humide (rajouter alors un peu de farine). Former 2 boules et découper chacune en 4 pâtons. Les conserver sous un torchon le temps de confectionner les pâtes. Fixer un laminoir au plan de travail, régler les rouleaux sur l'écartement maximal et y passer un premier pâton. Le fariner ensuite légèrement, le plier en deux et le repasser au laminoir. Resserrer les rouleaux au cran suivant et passer à nouveau le pâton au laminoir. Enfin, resserrer suffisamment les rouleaux pour obtenir une pâte bien fine. La déposer sur un torchon sec. Renouveler l'opération avec les autres pâtons. Découper ensuite des pâtes de la forme souhaitée (lasagnes, spaghettis, tagliatelles…) grâce à l'accessoire prévu à cet effet. Ou encore, confectionner des raviolis.

Conchiglionis gratinés

Pour 4 personnes

200 g de conchiglionis
300 g de farce au seitan (voir p. 102)
3 c. à s. d'huile d'olive
1 oignon
1 gousse d'ail
2 c. à s. de persil plat haché
2 c. à s. de basilic ciselé
1 c. à s. de ciboulette ciselée
600 ml de coulis de tomates
250 ml de crème de soja
200 ml de lait d'amande
2 c. à s. de levure maltée
Chapelure
Huile d'olive ou margarine
Sel, poivre

Farcir les conchiglionis crus de farce au seitan, puis les déposer bien serrés dans un plat. Faire chauffer l'huile d'olive dans une casserole moyenne sur feu vif. Y faire revenir l'oignon et l'ail émincés. Ajouter les herbes et le coulis de tomates, assaisonner et cuire quelques minutes. Verser sur les conchiglionis farcis. Dans un bol, mélanger la crème de soja avec le lait d'amande et la levure maltée, assaisonner. Verser doucement dans le plat pour créer une couche séparée et éviter que les sauces ne se mélangent. Saupoudrer de chapelure, arroser d'un filet d'huile d'olive ou répartir des petites noix de margarine, puis cuire à 180 °C (th. 6) pendant 30 minutes.

Tagliatelles façon carbonara

Pour 2 personnes

250 g de tagliatelles sans œufs ou faites maison (voir ci-dessus)
1 c. à s. d'huile d'olive + un peu pour la cuisson des pâtes
125 g de tofu fumé
200 ml de crème de soja (ou d'une autre crème végétale)
1 c. à s. de purée de noix de cajou
4 c. à s. de parmesan végétal (voir p. 136)
Sel, poivre

Cuire les tagliatelles à l'eau avec un filet d'huile d'olive et 1 pincée de sel. Tailler le tofu fumé en lamelles, puis les faire revenir quelques minutes dans l'huile d'olive. Égoutter les pâtes, les ajouter dans la poêle, verser la crème de soja et la purée de noix de cajou, assaisonner et bien mélanger. Servir immédiatement, saupoudré de parmesan végétal.

Gnocchis aux herbes

Pour 2 à 4 personnes

500 g de pommes de terre à chair ferme
175 g de farine d'épeautre T70
2 c. à s. de ciboulette ciselée
1 c. à s. de basilic ciselé
Sel

Éplucher les pommes de terre, puis les couper en morceaux de même taille et les cuire à la vapeur. Passer au presse-purée et laisser tiédir. Sur un plan de travail, mélanger à la main la purée et la moitié de la farine. Incorporer ensuite la moitié de la farine restante. Ajouter enfin le reste de la farine, les herbes et du sel, puis bien pétrir la pâte. Ajouter de la farine si elle est trop collante. Prélever un peu de pâte, former un fin boudin entre les mains et le découper en gnocchis. Les rouler contre le dos d'une fourchette pour les strier, puis les déposer sur un torchon. Laisser 15 à 30 minutes à l'air libre. Déposer délicatement les gnocchis dans une grande casserole d'eau bouillante salée. Les prélever avec une écumoire quand ils remontent à la surface.

À accompagner d'une sauce tomate ou à poêler avec un peu d'huile d'olive.

Gnocchis à la butternut

Pour 6 personnes

650 g de pommes de terre épluchées
200 g de courge butternut épluchée
500 g de farine de blé
+ un peu pour le plan de travail
1 c. à c. de sel

Couper les pommes de terre en dés et les cuire à la vapeur. Couper la courge butternut en dés et les cuire à l'eau. Passer le tout au presse-purée et laisser tiédir. Ajouter la moitié de la farine et le sel, puis pétrir avec les mains. Ajouter le reste de la farine et pétrir à nouveau. Former 4 boules et les fariner. Sur un plan de travail légèrement fariné, former des pâtons. Les couper en petits tronçons et les façonner en gnocchis. Les strier à l'aide d'une fourchette, puis les déposer sur un torchon et laisser sécher 30 minutes à l'air libre. Cuire ensuite dans une grande casserole d'eau bouillante salée. Prélever les gnocchis à l'aide d'une écumoire quand ils remontent à la surface.

Servir avec un filet d'huile d'olive, du poivre et une pincée de sauge séchée, ou une sauce au choix.

Raviolis du soleil au tofu

Pour 4 personnes

50 g de poivron rouge
100 g de tofu ferme
5 tomates séchées
2 c. à c. d'huile d'olive
1 c. à s. de basilic ciselé
Sel, poivre
Bandes de pâtes fraîches pour 4 personnes
(voir p. 48)

Hacher finement le poivron. Émietter le tofu. Hacher les tomates séchées. Faire revenir le tout à l'huile dans une petite poêle, avec le basilic, assaisonner, puis cuire à feu vif jusqu'à ce que le poivron soit tendre. Laisser refroidir. Déposer des tas d'environ 1 c. à c. de farce sur une bande de pâte, en les espaçant bien de façon à pouvoir découper des raviolis. Couvrir d'une autre bande de pâte, puis découper des raviolis à l'aide d'un emporte-pièce. Répéter l'opération avec le reste des ingrédients. Cuire les raviolis environ 3 minutes dans une grande gamelle d'eau bouillante salée.

Servir avec un filet d'huile d'olive ou une sauce tomate.

Lasagnes aux légumes du soleil, ricotta et pesto

Pour 4 à 6 personnes

2 aubergines
1 grosse courgette
2 petits poivrons rouges
4 gousses d'ail
4 c. à s. d'huile d'olive
3 c. à c. d'herbes de Provence
200 ml de coulis de tomates
400 g de tomates concassées
2 bols de ricotta de soja (voir p. 128)
9 à 12 feuilles de lasagnes d'épeautre
Sel, poivre

Pour le pesto
2 bouquets de basilic
65 ml d'huile d'olive
2 poignées de noix de cajou
Sel

Couper les aubergines, la courgette et les poivrons en petits dés. Émincer l'ail. Faire chauffer l'huile d'olive dans une sauteuse et y faire revenir les légumes avec les herbes de Provence pendant 10 à 15 minutes pour qu'ils soient bien fondants. Ajouter le coulis et les tomates concassées, assaisonner. Cuire encore 5 bonnes minutes. Préparer le pesto : mixer les feuilles de basilic avec l'huile d'olive et les noix de cajou, saler. Mélanger le pesto avec la ricotta. Dans un plat, verser la moitié de la sauce aux légumes. Couvrir de feuilles de lasagnes, puis verser la moitié de la ricotta au pesto. Alterner à nouveau lasagnes, sauce aux légumes, lasagnes et enfin ricotta au pesto. Enfourner à 180 °C (th. 6) pour 30 minutes.

Cannellonis ricotta-épinards

Pour 3 à 4 personnes

10 à 12 cannellonis à farcir
Pour la farce
70 à 80 g de pousses d'épinards
2 gousses d'ail
1 c. à c. d'huile d'olive
1 bol de ricotta de soja (voir p. 128)

Pour la béchamel express
300 ml de crème de soja
1 c. à s. de fécule de maïs
Sel, poivre
Noix de muscade moulue

Pour la sauce
1 c. à s. d'huile d'olive
2 échalotes
2 gousses d'ail
300 ml de coulis de tomates
½ bouquet de basilic
Sel, poivre

Préparer la farce : faire sauter les épinards avec l'ail émincé pendant quelques minutes dans l'huile d'olive, puis mélanger avec la ricotta. Préparer la béchamel express : dans une petite casserole, mélanger la crème avec la fécule. Assaisonner de sel, poivre et noix de muscade. Porter à feu vif et mélanger constamment pendant 3 minutes pour que la crème épaississe. Verser la moitié de la béchamel dans le fond d'un plat. Farcir les cannellonis et les aligner sur la crème. Préparer la sauce : faire chauffer l'huile d'olive dans une sauteuse, puis y faire revenir quelques minutes les échalotes et l'ail émincés. Ajouter le coulis de tomates et le basilic ciselé, assaisonner et cuire 5 minutes en mélangeant. Verser sur les cannellonis. Verser le reste de la béchamel par-dessus. Cuire 20 à 30 minutes au four à 180 °C (th. 6).

Pad thaï

Pour 2 personnes

125 g de nouilles ou vermicelles de riz
2 c. à s. d'huile végétale neutre
1 échalote émincée
4 gousses d'ail hachées
1 c. à c. de gingembre haché
½ piment rouge frais ou séché, au goût
125 g de tofu ferme
100 g de pousses de haricots mungo

Pour la sauce
60 ml de bouillon de légumes
2 c. à s. de tamari
2 c. à s. de jus de citron vert
2 c. à s. de sirop d'agave
1 c. à s. de beurre de cacahuète
1 c. à c. de purée de piments
Poivre

Pour la garniture
1 citron vert
1 petite botte de coriandre
1 poignée de cacahuètes ou de noix de cajou

Dans un saladier, couvrir les nouilles de riz d'eau bouillante. Égoutter au bout de 5 minutes. Préparer la sauce en mélangeant à la fourchette tous les ingrédients dans un bol. Faire chauffer l'huile dans un wok ou une sauteuse, puis y faire revenir quelques minutes à feu vif l'échalote, l'ail, le gingembre et le piment finement haché. Ajouter le tofu émietté et cuire quelques minutes en mélangeant bien, juste pour faire dorer. Ajouter les nouilles de riz et la sauce, mélanger doucement (pour ne pas casser les nouilles). Ajouter les deux tiers des pousses de haricots mungo et mélanger. Répartir dans 2 bols ou 2 assiettes puis garnir de quartiers de citron vert, de coriandre hachée et de pousses de haricots mungo. Concasser les cacahuètes et en parsemer le plat. Déguster sans attendre.

Info : les pousses de haricots mungo sont vendues à tort sous le nom de « pousses de soja ». On peut facilement les préparer soi-même en achetant des haricots mungo séchés et en les faisant germer quelques jours.

Penne au seitan, épinards et coulis de poivron

Pour 2 à 3 personnes

150 g de *penne rigate*
1 c. à s. d'huile d'olive + un peu pour la cuisson des pâtes
100 g de pousses d'épinards
150 g de seitan gourmet
1 c. à s. de persil haché
1 c. à s. de ciboulette ciselée
1 c. à s. de pignons de pin
Sel, poivre

Pour le coulis
1 gros poivron rouge
2 c. à s. d'huile d'olive
2 gousses d'ail
75 ml d'eau
1 c. à s. de sucre de canne
Sel, poivre

Cuire les penne dans une casserole d'eau bouillante, avec un filet d'huile d'olive et 1 pincée de sel. Préparer le coulis : couper le poivron en petits morceaux, puis les faire revenir à l'huile d'olive dans une petite casserole, avec l'ail émincé. Saler, poivrer et cuire à feu moyen pendant 5 minutes, jusqu'à ce que le poivron soit fondant. Mixer avec l'eau et le sucre. Dans une grande poêle, faire chauffer 1 c. à s. d'huile d'olive, puis y faire revenir 2 minutes les pousses d'épinards. Ajouter les pâtes, le seitan coupé en morceaux, les herbes et les pignons. Assaisonner. Faire sauter 5 minutes et servir avec le coulis.

Pad thaï

Oignons farcis au mille

APPRIVOISER LES CÉRÉALES SANS GLUTEN

Millet au lait d'amande et fleur d'oranger

Pour 4 personnes

150 g de millet décortiqué
700 ml de lait d'amande
100 g de sucre de canne blond
¼ de c. à c. de vanille
1,5 c. à s. d'eau de fleur d'oranger
Pistaches concassées
Fruits frais au choix

Dans une casserole, cuire le millet avec le lait, le sucre et la vanille à feu moyen, en mélangeant régulièrement, pendant 20 à 30 minutes. Ajouter l'eau de fleur d'oranger, mélanger et répartir dans 4 ramequins. Parsemer de pistaches concassées et de petits morceaux de fruits frais.

Parfait avec des abricots, des framboises, des pêches...

Pain sans gluten

Pour 1 pain

140 g de farine de maïs
120 g de farine de riz complet
50 g de farine de soja
30 g de farine de sarrasin
½ c. à c. de sel
1 c. à c. de poudre à lever sans gluten
500 ml d'eau tiède
2 c. à c. de levure de boulanger
2 c. à s. de sirop d'agave
3 c. à s. d'huile végétale

Mélanger les farines avec le sel et la poudre à lever dans un saladier. Mélanger l'eau avec la levure et le sirop d'agave, puis verser dans le saladier. Mélanger au fouet, puis incorporer l'huile. Chemiser un moule à cake de papier cuisson et y verser la pâte. Cuire à 210 °C (th. 7) pendant 30 minutes. Laisser refroidir, démouler et trancher au fur et à mesure.

Pain de maïs à l'origan

Pour 4 à 6 personnes

450 ml de lait de soja
1 c. à s. de vinaigre de cidre
4 c. à s. d'huile d'olive
125 g de farine de maïs
125 g de farine de blé
100 g de semoule de maïs (ou de polenta)
1 sachet (7 g) de poudre à lever
2 c. à c. d'origan séché
½ c. à c. de sel
Poivre

Dans un saladier, mélanger au fouet les ingrédients humides jusqu'à ce que la préparation devienne mousseuse. Mélanger tous les ingrédients secs et les incorporer à la préparation humide. Huiler un plat rectangulaire ou le chemiser de papier cuisson et y verser la préparation. Cuire à 180 °C (th. 6) pendant 35 à 40 minutes. Laisser refroidir, puis couper des petites parts carrées.

À consommer comme du pain.

Oignons farcis au millet

Pour 3 à 4 personnes

150 g de millet
2 gousses d'ail
3 c. à s. d'huile d'olive
1 c. à c. de cumin moulu
1 c. à c. de coriandre moulue
Noix de muscade
2 c. à s. de ciboulette
2 c. à s. de tamari
6 gros oignons
Poivre

Cuire le millet dans 2 fois son volume d'eau. Émincer l'ail, puis le faire revenir à l'huile dans une poêle avec le millet cuit. Ajouter les épices et la ciboulette, cuire pendant 5 minutes, verser le tamari et poivrer. Couper le haut des oignons et les évider à l'aide d'une cuillère parisienne. Bien tasser le millet dans les oignons, remettre les chapeaux et placer dans un plat. Cuire 20 à 30 minutes au four à 220 °C (th. 7-8). Éplucher les oignons avant de les manger.

Parfait avec de la sauce tomate et du tofu aux herbes.

Croquettes aux flocons de quinoa et légumes

Pour 12 croquettes

150 g de flocons de quinoa
50 g de farine de riz complet
50 g de légumes crus râpés (carotte, courgette, patate douce, potimarron...)
400 ml de lait végétal
1 c. à s. d'huile de sésame
1 c. à s. de ciboulette hachée
1 c. à c. d'ail des ours séché
Sel, poivre
Chapelure sans gluten
Huile végétale pour la cuisson

Mélanger les flocons, la farine, les légumes râpés, le lait, l'huile de sésame et les aromates dans une casserole. Porter à feu vif et cuire en mélangeant sans arrêt, jusqu'à ce que la pâte devienne très épaisse et soit difficile à mélanger. Ôter du feu. Préparer une assiette de chapelure. Prélever un peu de pâte et la rouler entre les mains pour former un petit pâton. Aplatir les extrémités, rouler à nouveau puis passer dans la chapelure. Une fois les croquettes préparées, les faire dorer dans une poêle, avec un fond d'huile, à feu vif. Les déposer sur du papier absorbant pour ôter l'excédent d'huile.

***Astuce** : pour confectionner de la chapelure sans gluten, passer au mixeur ou au robot des tartines craquantes sans gluten (sarrasin, maïs, châtaigne...).*

Taboulé d'amarante aux poivrons grillés

Pour 4 personnes

300 g d'amarante
600 ml d'eau
Huile d'olive
2 poivrons rouges
300 g de concombre
4 tomates
2 poignées de feuilles de menthe
1 poignée de feuilles de persil plat
1 citron
Sel, poivre

Mettre les graines d'amarante et l'eau dans une grande casserole, porter à ébullition puis baisser à feu moyen et cuire 10 minutes en remuant régulièrement. L'amarante va absorber toute l'eau. Verser dans une passoire fine, puis rincer à l'eau froide jusqu'à ce que l'amarante ait refroidi et ne colle plus. La mélanger avec 2 c. à s. d'huile d'olive dans un saladier. Couper les poivrons en petits dés. Les faire griller à feu vif dans une poêle, avec 1 c. à c. d'huile d'olive. Les laisser refroidir sur une assiette. Couper le concombre et les tomates en petits dés. Hacher finement la menthe et le persil, puis ajouter le tout dans le saladier. Conserver au frais. Assaisonner de sel, de poivre et de jus de citron juste avant de servir.

Frites de polenta à la ciboulette

Pour 2 à 4 personnes

750 ml d'eau
1 cube de bouillon de légumes
150 g de polenta précuite
1 c. à s. de ciboulette hachée
Huile d'olive
Farine de blé
Poivre

Dans une casserole, porter l'eau à ébullition avec le cube de bouillon, puis verser la polenta en pluie et remuer au fouet. Poivrer. Baisser à feu moyen et cuire 10 minutes, en mélangeant constamment au fouet. En fin de cuisson, ajouter la ciboulette. Huiler un plat rectangulaire et y étaler la polenta. Placer au réfrigérateur pour 30 minutes. Démouler la polenta et la couper en grosses frites. Les fariner. Dans une poêle, faire chauffer un fond d'huile d'olive à feu vif, puis faire dorer les frites de polenta quelques minutes sur chaque face. Les déposer sur du papier absorbant pour éliminer l'excès d'huile. Servir rapidement : en refroidissant, les frites seront moins croustillantes.

roquettes aux flocons de quinoa et légumes

Béchamel au riz complet

Pour 2 à 4 personnes

3 c. à s. d'huile végétale neutre
5 c. à s. de farine de riz complet
300 ml de lait de soja
Noix de muscade
Sel, poivre

Dans une petite casserole, faire chauffer l'huile à feu moyen. Y jeter la farine pour former un roux, laisser cuire 1 minute en mélangeant au fouet, puis ajouter progressivement le lait tiédi et bien mélanger au fouet pour éviter les grumeaux. Assaisonner, ajouter de la noix de muscade selon le goût et laisser épaissir quelques instants et fouettant constamment. Si la béchamel épaissit trop ou si des grumeaux se forment, l'ôter du feu, rajouter du lait de soja et fouetter énergiquement. À utiliser immédiatement.

Rochers soufflés au chocolat

Pour environ 20 rochers

200 g de chocolat noir
20 g de quinoa soufflé
25 g de sucre de coco fin
5 c. à s. de purée d'amande blanche

Faire fondre le chocolat au bain-marie. Mélanger le quinoa soufflé et le sucre de coco dans un grand bol. Y ajouter la purée d'amande et mélanger à la cuillère. Former des petites boules en pressant bien et les déposer sur une feuille de papier cuisson, sur le plan de travail. Couvrir une plaque de papier cuisson et la poser à côté. À l'aide d'une cuillère, verser du chocolat fondu sur une boule de quinoa soufflé et la rouler délicatement sur elle-même pour qu'elle soit couverte de chocolat, puis la déposer, toujours très délicatement, sur la plaque. Quand tous les rochers sont ainsi préparés, placer la plaque pour 5 bonnes minutes au congélateur. Déposer ensuite chaque rocher dans une mini-caissette en papier et ranger dans une boîte hermétique.

Tempura de maïs

Pour 2 personnes

⅓ de verre de farine de maïs
⅓ de verre d'eau glacée
1 c. à s. d'arrow-root
1 c. à s. de polenta précuite
½ courgette
½ carotte
Huile végétale pour la cuisson

Mélanger au fouet la farine et l'eau glacée. Ajouter l'arrow-root et la polenta. Si la pâte est trop épaisse, ajouter 1 c. à s. d'eau. Trancher finement les légumes. Faire chauffer l'huile dans une petite casserole ; elle doit atteindre 180°C (th. 6). Pour vérifier la température, y jeter une goutte de pâte : elle doit remonter immédiatement à la surface. Plonger les tranches de légumes une à une dans la pâte puis les cuire deux par deux dans l'huile. Les retourner et les déposer sur du papier absorbant, puis sur une assiette, et servir.

On peut utiliser d'autres légumes au choix.

Pancakes sans gluten

Pour 10 à 12 pancakes

145 g de farine de riz complet
50 g de farine de soja précuit
1 c. à c. d'arrow-root
1 c. à c. de graines de lin doré broyées
1 c. à c. de poudre à lever sans gluten
¼ de c. à c. de vanille moulue
⅛ de c. à c. de cannelle moulue
4 c. à s. de sucre de canne blond
300 ml de lait de soja
2 c. à s. d'huile végétale neutre

Dans un saladier, mélanger tous les ingrédients secs. Ajouter le lait de soja et mélanger au fouet. Incorporer l'huile. Laisser reposer 10 minutes. Cuire les pancakes dans une poêle chaude légèrement huilée. Les retourner quand de petites bulles ont éclaté et que la surface est presque sèche.

Crumble salé aux flocons de riz

Pour 2 à 4 personnes

200 g de flocons de riz
6 c. à s. de poudre d'amande
4 c. à s. d'eau
4 c. à s. d'huile d'olive
2 c. à s. de flocons de levure maltée
1 gousse d'ail réduite en purée
½ c. à c. de sel
Poivre

Mélanger tous les ingrédients, bien tasser et laisser reposer 20 minutes. Cuire à 180 °C (th. 6) pendant 25 minutes.

À parsemer sur un bol de légumes sautés ou cuits à la vapeur, pour une touche croustillante et gourmande.

Crème express riz-coco-amande

Pour 4 personnes

5 c. à s. de farine de riz complet
4 c. à s. de sucre de canne blond
3 c. à s. de noix de coco râpée
500 ml de lait de riz
2 c. à s. de purée d'amande blanche

Dans une casserole de taille moyenne, mélanger la farine de riz avec le sucre et la noix de coco râpée. Ajouter le lait de riz et mélanger au fouet, puis diluer la purée d'amande. Porter à feu vif et mélanger au fouet jusqu'à ce que le mélange épaississe et forme une crème épaisse. Répartir dans des ramequins et laisser refroidir.

***Astuce** : cette crème toute douce est parfaite pour les enfants, mais elle pourra aussi se transformer en une crème pâtissière minute pour garnir un gâteau, des crêpes ou composer des verrines.*

20 g de cerneaux de noix
40 g de noisettes
40 g de noix de cajou
40 ml d'huile végétale neutre
50 ml de sirop d'érable
5 c. à s. de sucre de coco
500 ml d'eau
¼ de c. à c. de vanille
½ c. à c. de cannelle moulue

Mélanger les flocons. Hacher les noix au couteau. Bien mélanger l'ensemble dans un saladier. Dans une petite casserole, faire chauffer tous les autres ingrédients quelques minutes en mélangeant au fouet. Verser sur les flocons, bien mélanger et étaler sur une plaque couverte de papier cuisson. Cuire au four à 180 °C (th. 6) pendant 20 minutes. Le granola doit être bien doré et croustillant. Laisser refroidir et conserver dans un grand bocal ou une boîte hermétique.

Pâte brisée sans gluten

Pour 1 tarte

100 g de polenta précuite
2 c. à s. de graines de lin doré moulues
2 c. à s. d'arrow-root
½ c. à c. de sel
50 g de farine de pois chiche
50 g de farine de soja
4 c. à s. d'huile d'olive
60 ml d'eau
2 c. à s. de sirop d'agave

Dans un saladier, mélanger les ingrédients secs. Ajouter l'huile et mélanger du bout des doigts pour obtenir une texture sablée. Ajouter l'eau et pétrir, puis verser le sirop d'agave et pétrir à nouveau. Étaler la pâte entre deux grandes feuilles de papier cuisson, au rouleau. Déposer dans un moule à tarte et retirer la feuille du dessus. Cuire comme une pâte classique.

Granola sans gluten

LÉGUMINEUSES GOURMANDES

Burritos aux haricots noirs

Pour 4 à 6 burritos

150 g de haricots noirs
2 c. à s. d'huile d'olive
2 échalotes
1 tomate
1 c. à c. de cumin moulu
1 c. à c. d'ail moulu + ½ c. à c.
½ c. à c. de coriandre moulue
½ c. à c. d'origan séché
¼ de c. à c. de paprika
2 c. à c. de sauce de piment chipotle
1 petit bol de crème épaisse de noix de cajou
1 c. à s. de jus de citron vert
1 c. à s. de levure maltée
½ c. à c. d'ail en poudre
4 à 6 tortillas de blé ou de maïs
Feuilles de salade, lamelles de poivron rouge, lamelles d'avocat (facultatif)
Sel, poivre

Cuire les haricots noirs à l'eau pendant environ 1 heure. Dans une poêle, faire chauffer l'huile d'olive, puis faire revenir les échalotes émincées. Ajouter la tomate coupée en dés et les épices, cuire 5 minutes à feu vif et bien assaisonner. Ajouter les haricots. Mélanger la crème de cajou avec le jus de citron, la levure maltée et ½ c. à c. d'ail en poudre. Étaler une cuillerée de crème sur le bas d'une tortilla, ajouter les haricots cuisinés et des légumes crus si on le souhaite. Replier les côtés, puis replier le bas de la tortilla et la rouler sur elle-même.

***Variante** : pour préparer de délicieuses enchiladas, replier simplement la tortilla sur elle-même (sans replier les bords). Placer les tortillas dans un plat, napper d'un peu de sauce tomate épicée maison et de crème végétale, assaisonner, ajouter un peu de fromage à râper (voir p. 135) et passer 10 à 15 minutes au four.*

Purée d'azukis sucrée

Pour 2 pots

200 g de haricots azuki
200 g de sucre de canne blond
1 c. à c. de vanille

La veille, faire tremper les azukis dans de l'eau. Transvaser les azukis et leur eau de trempage dans une casserole, porter à ébullition, jeter l'eau et couvrir d'eau fraîche. Cuire à feu doux pendant 1 h 30 environ ; les azukis doivent être bien tendres et pouvoir facilement être écrasés. Ajouter le sucre et la vanille. Mélanger, cuire quelques minutes et mixer à l'aide d'un mixeur plongeant. Ajouter un peu d'eau si nécessaire pour obtenir une pâte souple. Verser dans des pots à confiture et fermer. Se conserve 1 semaine au frais.

À utiliser comme de la purée de marrons, ou pour préparer de délicieux dorayakis, pancakes fourrés à la japonaise (étaler une couche de purée d'azukis sucrée entre deux pancakes nature).

Salade de pois chiches grillés au curry

Pour 4 personnes

1 oignon
1 gousse d'ail
1 poivron vert
Huile d'olive
3 c. à s. de curry
250 g de pois chiches cuits
3 tomates
1 citron
Sel

Émincer l'oignon et l'ail. Couper le poivron en grosses lamelles. Dans une sauteuse, faire chauffer 2 c. à s. d'huile d'olive avec le curry à feu vif. Ajouter l'oignon, les pois chiches, le poivron et l'ail, et faire sauter 5 à 10 minutes en remuant régulièrement. Saler légèrement. Laisser refroidir sur un plat. Découper les tomates en fins quartiers et les ajouter. Arroser d'un léger filet d'huile d'olive et présenter avec le citron coupé en quatre. Presser un quart de citron dans l'assiette juste avant de déguster.

Burritos aux haricots noirs

Panisse à la tomate

Salade de cornilles comme à Lisbonne

Pour 4 à 6 personnes

400 g de haricots cornille cuits
1 oignon
½ poivron rouge
1 gousse d'ail
1 petit bouquet de persil plat
1 pincée de piment moulu
4 c. à s. d'huile d'olive
1 citron
Sel, poivre

Dans un saladier, mélanger les haricots bien égouttés avec l'oignon, le poivron et l'ail émincés. Hacher finement au couteau ou au minihachoir le persil (sans les tiges), puis l'ajouter à la salade. Assaisonner, pimenter, verser l'huile et placer au frais. Arroser avec le jus du citron au moment de servir.

***Info** : cette délicieuse salade se trouve un peu partout au Portugal, avec des variantes, et il n'est pas rare de tomber sur des versions sans produits animaux, une aubaine pour les vegans qui voyagent ! En Europe comme dans le reste du monde, les légumineuses ont toujours été un ingrédient très apprécié pour composer des plats nourrissants sans viande ni poisson.*

Panisse à la tomate

Pour 2 à 4 personnes

400 ml d'eau
100 ml de coulis de tomates
1 c. à s. d'huile d'olive
1 c. à c. de sel
½ c. à c. d'ail moulu
½ c. à c. d'herbes de Provence
150 g de farine de pois chiche

Dans une casserole, mélanger l'eau avec le coulis de tomates, l'huile d'olive et les aromates, et porter à ébullition. Ajouter la farine de pois chiche petit à petit, en mélangeant au fouet. Continuer de mélanger sur feu vif jusqu'à obtenir une texture bien collante. Verser dans un plat huilé (ou dans 2 cercles en métal posés sur une assiette) et bien tasser à la spatule. Laisser refroidir, puis placer pour 1 à 2 heures au frais. Découper et poêler quelques minutes avant de déguster.

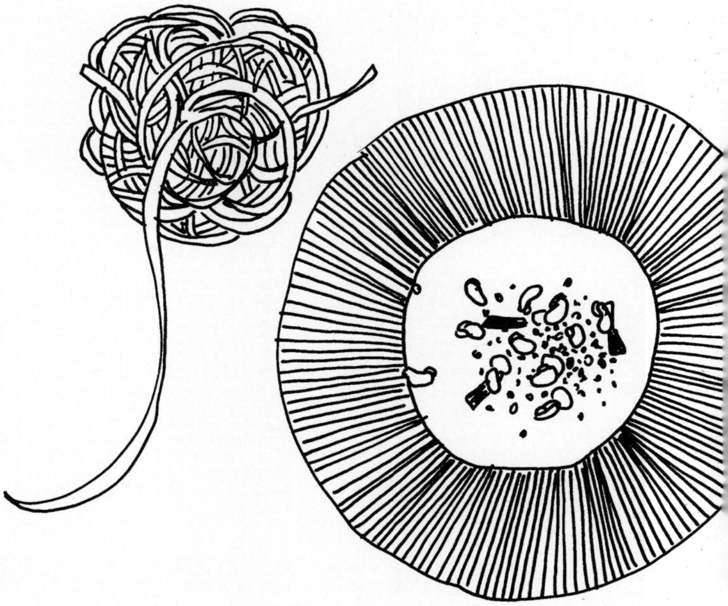

Risotto aux fèves

Pour 2 personnes

100 g de fèves pelées
2 échalotes
2 gousses d'ail
2 c. à s. d'huile d'olive
200 g de riz *arborio*
80 ml de vin blanc
1 l de bouillon de légumes
2 c. à c. de tamari
2 c. à s. de crème de soja
2 c. à c. de purée de noix de cajou
2 c. à c. de coriandre ciselée
1 c. à s. de parmesan végétal (voir p. 136)

Cuire les fèves à la vapeur pendant 5 à 10 minutes. Émincer les échalotes et l'ail. Dans une grande casserole, verser l'huile d'olive puis faire blondir l'ail et les échalotes à feu vif. Ajouter le riz et mélanger. Quand le riz devient transparent, verser le vin blanc et laisser absorber. Couvrir ensuite de bouillon et laisser absorber, en mélangeant de temps en temps. Renouveler l'opération jusqu'à la cuisson complète du riz. Ajouter alors le tamari, la crème de soja et la purée de noix de cajou, mélanger et ôter du feu. Servir sur 2 assiettes, parsemer de coriandre hachée et de parmesan végétal.

Chili sin carne

Pour 6 personnes

50 g de protéines de soja texturées (petits morceaux)
1 cube de bouillon de légumes
1 c. à c. de miso d'orge brun
1,5 c. à c. d'ail moulu
3,5 c. à c. de cumin moulu
3 c. à s. d'huile d'olive
1 oignon
3 gousses d'ail
1 carotte
2 c. à c. de coriandre moulue
1 c. à c. d'origan séché
1,5 c. à c. de paprika
Piment de Cayenne
2 c. à s. de tamari
800 g de tomates concassées
500 g de haricots rouges cuits
100 g de maïs doux

Mélanger les protéines de soja avec le bouillon, le miso, ½ c. à c. d'ail moulu et ½ c. à c. de cumin. Couvrir d'eau et laisser se réhydrater de 15 à 30 minutes. Dans une sauteuse, faire chauffer l'huile à feu vif, puis faire revenir l'oignon et l'ail émincés. Ajouter la carotte coupée en petits dés, le reste des épices, les protéines de soja avec leur jus et le tamari. Bien mélanger et cuire quelques minutes. Ajouter les tomates. Cuire à nouveau quelques minutes. Baisser à feu doux, ajouter les haricots rouges et le maïs, puis cuire à feu doux pendant 20 minutes.

Servir avec des feuilles de coriandre, des tortillas de blé ou de maïs ou du riz nature.

Salade de fèves tièdes, roquette, citron vert et sésame

Pour 4 personnes

200 g de fèves fraîches pelées
100 g de roquette
½ bouquet de coriandre
2 c. à s. de graines de sésame
4 citrons verts
Huile d'olive
Sel, poivre

Cuire les fèves 5 à 10 minutes à la vapeur ; elles doivent être encore fermes. Les mélanger avec la roquette dans un saladier. Hacher la coriandre et l'ajouter, ainsi que les graines de sésame. Ajouter un filet d'huile d'olive, assaisonner et servir avec les citrons verts en quartiers à presser dans l'assiette.

Soupe de pois cassés au lait de coco

Pour 4 personnes

200 g de pois cassés
1 gros oignon
2 c. à s. d'huile d'olive
2 petites pommes de terre
750 ml d'eau
2 c. à s. de miso blanc
200 ml de lait de coco
1 gousse d'ail
Sel, poivre

Faire tremper les pois cassés dans l'eau pendant 1 heure. Émincer l'oignon, puis le faire revenir à feu vif quelques minutes dans l'huile d'olive, avec les pommes de terre épluchée et coupées en dés, dans une grande casserole. Couvrir avec l'eau, délayer le miso et laisser cuire à feu vif 5 minutes, puis baisser à feu moyen. Cuire 25 minutes, puis ajouter le lait de coco et l'ail, et mixer. Si la soupe est trop épaisse, ajouter un peu d'eau jusqu'à obtenir la consistance d'un velouté. Assaisonner au goût.

alade de fèves tièdes, roquette, citron vert et sésame

Rillettes aux deux haricots

Chorba aux lentilles

Pour 4 à 6 personnes

100 g de lentilles vertes
1 oignon
2 pommes de terre moyennes
1 grosse carotte
1 branche de céleri
1 courgette
5 c. à s. d'huile d'olive
½ c. à c. de cumin moulu
½ c. à c. de curcuma moulu
½ c. à c. de paprika
¼ de c. à c. de cannelle moulue
¼ de c. à c. de noix de muscade moulue
¼ de c. à c. de poivre noir moulu
2 c. à c. de coriandre hachi c. à s. de menthe hachée
½ c. à c. de purée de piments
200 g de tomates concassées
1,5 l de bouillon de légumes
30 g de boulgour de blé ou de petit épeautre
1 citron
Sel

Cuire les lentilles dans une casserole, avec 5 fois leur volume d'eau, pendant 30 minutes. Égoutter et réserver. Couper tous les légumes en dés (éplucher la carotte et les pommes de terre). Dans un faitout, faire chauffer l'huile d'olive à feu moyen, puis y verser les épices, bien mélanger et ajouter les légumes en dés. Cuire pendant 5 bonnes minutes, en mélangeant de temps en temps. Ajouter les herbes et le piment, et cuire encore 5 minutes. Ajouter les tomates concassées et cuire à nouveau 5 minutes, en mélangeant de temps en temps. Les légumes ne doivent pas trop dorer ; si c'est le cas, baisser le feu. Ajouter le bouillon de légumes et cuire 20 minutes. Ajuster l'assaisonnement. Ajouter le boulgour et cuire 10 minutes supplémentaires. Enfin, ajouter les lentilles et le jus du citron, et laisser cuire quelques minutes à feu vif avant de servir.

Rillettes aux deux haricots

Pour 4 à 6 personnes

1 petit oignon
2 gousses d'ail
2 c. à s. d'huile d'olive
2 feuilles de laurier
225 g de haricots blancs cuits
225 g de haricots rouges cuits
1 c. à c. de moutarde
3 c. à c. de miso d'orge
2 c. à s. de ciboulette ciselée
Sel, poivre

Émincer l'oignon et l'ail, puis les faire dorer à feu moyen dans une casserole, dans 1 c. à s. d'huile d'olive et avec les feuilles de laurier, pendant 5 minutes. Ajouter les haricots, bien mélanger et cuire 1 minute à feu doux, avec 1 c. à s. d'huile supplémentaire. Retirer les feuilles de laurier. Disposer dans le bol d'un mixeur, ajouter la moutarde et le miso. Mixer grossièrement pour garder des petits morceaux. Saler et poivrer au goût, ajouter la ciboulette et mélanger à la fourchette. Verser dans une terrine et mettre au frais pour 2 heures. Déguster sur des morceaux de baguette de campagne, avec des cornichons.

Pour un goût plus corsé, ajouter quelques gouttes de liquid smoke.

QUINOA ET SARRASIN, ALIMENTS HORS DU COMMUN

Salade de quinoa, tofu grillé, olives et tomates séchées

Pour 4 personnes

150 g de quinoa blanc
200 g de tofu ferme
4 c. à s. d'huile d'olive
1 c. à c. de curry moulu
1 c. à c. d'herbes de Provence
2 c. à c. de shoyu
175 g d'olives kalamata dénoyautées
80 g de tomates séchées à l'huile d'olive
1 citron
Sel, poivre noir

Laver le quinoa, puis le mettre dans une casserole avec 2 fois son volume d'eau. Porter à ébullition, cuire 10 minutes à feu moyen, puis ôter du feu et laisser gonfler jusqu'à absorption complète de l'eau. Rincer à l'eau froide dans une passoire fine. Couper le tofu en dés, puis le faire revenir dans une poêle sur feu vif, avec 1 c. à s. d'huile d'olive, le curry et les herbes de Provence. Quand le tofu est bien doré, éteindre le feu, ajouter le shoyu, mélanger et réserver. Dans un saladier, mélanger le quinoa avec 3 c. à s. d'huile d'olive. Ajouter les olives et les tomates séchées émincées, le tofu grillé, et assaisonner. Cette salade peut se conserver 24 heures au réfrigérateur sans problème. Arroser d'un filet de jus de citron dans l'assiette avant de déguster.

Sopa de quinoa

Pour 4 personnes

1 oignon
½ poivron rouge
2 gousses d'ail
2 c. à s. d'huile d'olive
½ piment rouge frais (au goût)
2 c. à c. de cumin moulu
Poivre
1 pomme de terre moyenne
2 tomates
1,5 l d'eau
100 g de quinoa
2 c. à s. de persil haché
2 c. à s. de coriandre hachée
1 citron vert
Sel, poivre

Dans une grande casserole, faire revenir à feu vif l'oignon, le poivron et l'ail émincés dans l'huile d'olive. Ajouter le piment et les épices, puis la pomme de terre coupée en petits dés et les tomates en petits dés également. Cuire quelques minutes. Ajouter l'eau et assaisonner. Cuire environ 30 minutes à feu doux. Ajouter le quinoa et cuire jusqu'à ce qu'il commence à s'ouvrir et soit bien tendre. Ajouter les herbes et arroser de jus de citron vert au moment de servir.

Inspirée des soupes andines au quinoa, cette recette est un repas complet riche en protéines, en légumes et en saveurs !

alade de quinoa, tofu grillé, olives et tomates séchées

Poivrons farcis au sarrasin, tofu et olives

Pour 4 personnes

125 g de sarrasin décortiqué
2 c. à s. d'huile d'olive
125 g de tofu ferme
1 échalote
40 g d'olives vertes dénoyautées
1 c. à s. de persil haché
1 gousse d'ail
1 pincée de piment d'Espelette
2 gros poivrons rouges
Sel, poivre

Dans une casserole, cuire le sarrasin à feu doux pendant 30 minutes environ ; il doit être cuit juste à point, pas trop fondant. Égoutter et rincer sous l'eau froide. Dans une poêle, faire chauffer l'huile d'olive à feu vif. Y faire revenir le tofu coupé en petits dés, l'échalote émincée, les olives coupées en rondelles, le persil et l'ail émincé. Poivrer généreusement. Faire sauter le tout en mélangeant régulièrement jusqu'à ce que le tofu et les olives soient légèrement dorés. Ajouter le piment et ajuster l'assaisonnement. Laver les poivrons puis les couper en deux, les farcir, les placer dans un plat et cuire 20 minutes au four à 250 °C (th. 8-9), en position « gratin ».

oivrons farcis au sarrasin, tofu et olives

Porridge de quinoa à la noix de coco

Pour 2 personnes

75 g de quinoa
60 g de noix de coco râpée
150 ml de lait végétal
Sirop d'agave

Rincer le quinoa puis le cuire à l'eau pour qu'il soit à peine tendre. Égoutter, rincer et remettre dans la casserole, avec la noix de coco et le lait végétal. Cuire à feu moyen quelques minutes pour que le quinoa finisse de gonfler, que la noix de coco ramollisse et que le mélange prenne une texture de porridge onctueux. Sucrer avec du sirop d'agave selon le goût.

Pour un petit déjeuner encore plus nourrissant, ajouter des fruits secs, des oléagineux, des fruits frais en morceaux, des graines...

Gruau de sarrasin au poireau

Pour 4 personnes

1 poireau
3 c. à s. d'huile d'olive
250 g de sarrasin décortiqué
750 ml de bouillon de légumes
200 ml de crème de soja
2 c. à s. de purée de noix de cajou
2 c. à s. de levure maltée
Poivre

Émincer le poireau puis le faire revenir dans l'huile d'olive, dans une casserole sur feu moyen. Poivrer. Ajouter le sarrasin et le bouillon. Cuire 20 minutes. Ajouter la crème, la purée de noix de cajou et la levure maltée, et cuire encore 10 minutes.

Galettes de sarrasin et pommes de terre

Pour 10 galettes

225 g de pommes de terre épluchées
100 g de farine de sarrasin intégral
300 ml de lait de soja
Sel, poivre

Couper les pommes de terre en petits dés, puis les cuire à l'eau. Mixer les pommes de terre cuites et égouttées avec la farine et le lait, assaisonner. Cuire comme des pancakes, dans une poêle légèrement huilée sur feu moyen, quelques minutes de chaque côté.

Garnir de champignons sautés, de tarama vegan (voir p. 111) ou de crème à l'aneth (voir p. 111).

Soba et pesto de roquette

Pour 4 personnes

500 g de nouilles soba (nouilles de sarrasin japonaises)
125 g de roquette
6 c. à s. d'huile d'olive
50 g de noix de cajou blanches
1 petite gousse d'ail
1 c. à c. de jus de citron
Sel, poivre

Cuire les nouilles soba quelques minutes à l'eau bouillante, puis les égoutter. Mixer la roquette avec l'huile d'olive, les noix de cajou, l'ail et le jus de citron. Assaisonner et servir avec les nouilles soba.

Conseils : cet accompagnement sera parfait avec du tofu cuit dans une sauce teriyaki (voir p. 104) ou, pour un mélange de saveurs encore plus étonnant, avec du tofu à la provençale (voir p. 82). N'hésitez pas à détourner ce pesto pour faire des bruschettas ou donner du caractère à une salade de pâtes.

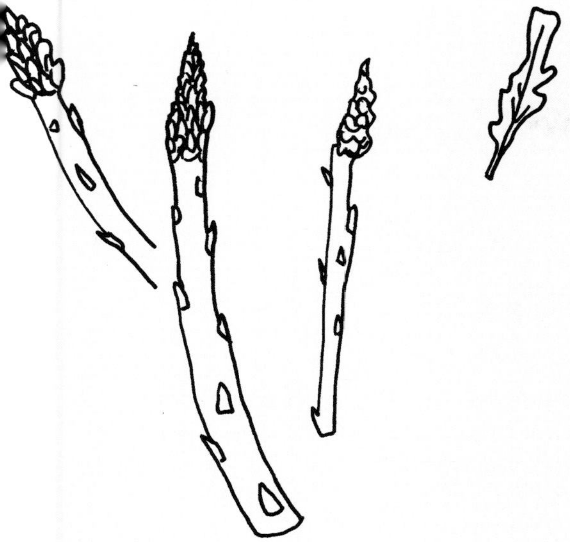

Colombo de légumes au quinoa

Pour 3 à 4 personnes

4 gousses d'ail
1 oignon
2 pommes de terre moyennes
1 patate douce
1 aubergine
1 courgette
4 c. à s. d'huile végétale neutre
5 c. à c. d´épices moulues pour colombo
1 c. à s. de vinaigre de cidre
½ c. à c. de purée de piments (facultatif)
230 g de tomates pelées en boîte
600 ml de bouillon de légumes
100 g de quinoa rouge
100 ml de crème de soja
Sel, poivre

Émincer l'ail et l'oignon. Couper tous les légumes en dés (éplucher les pommes de terre et la patate douce, mais pas l'aubergine ni la courgette). Faire chauffer l'huile dans un faitout sur feu vif, puis y faire revenir tous les légumes 5 minutes, en mélangeant. Ajouter les épices, le vinaigre mélangé avec la purée de piments et les tomates pelées coupées en dés. Bien remuer et cuire quelques minutes. Verser le bouillon et baisser à feu moyen. Couvrir et cuire 20 minutes. Ajouter le quinoa et 1 verre d'eau, puis cuire 25 minutes de plus, toujours à feu moyen, à découvert. Ajouter la crème et assaisonner.

Sarrasin sauté à la roquette et au poivron

Pour 2 personnes

100 g de sarrasin décortiqué
2 c. à s. d'huile d'olive
½ poivron rouge
2 gousses d'ail
2 belles poignées de roquette
Sel, poivre

Cuire le sarrasin à l'eau. Faire chauffer l'huile d'olive dans une poêle sur feu vif et y faire sauter le sarrasin. Ajouter le poivron et l'ail émincés. Laisser dorer à feu vif, en mélangeant, pendant environ 5 minutes. Ajouter la roquette, cuire quelques minutes pour qu'elle devienne juste fondante, assaisonner et servir.

Salade de quinoa sauté aux asperges vertes

Pour 4 à 6 personnes

100 g de quinoa blanc
100 g de quinoa rouge
3 c. à s. d'huile d'olive
2 gousses d'ail
¼ de c. à c. de curcuma moulu
1 botte d'asperges vertes
40 g d'amandes complètes
1 poignée de raisins secs
2 citrons

Laver le quinoa, puis le cuire à l'eau dans une grande casserole jusqu'à ce que le germe sorte du grain et qu'il soit juste tendre. Égoutter et réserver. Dans une grande poêle, faire chauffer l'huile d'olive à feu vif, puis faire revenir le quinoa et l'ail émincé. Ajouter le curcuma. Laver les asperges, couper le bout des queues. Couper les asperges en petits morceaux et les faire revenir avec le quinoa, 5 à 10 minutes, en mélangeant régulièrement. Disposer dans un saladier ou sur un plat et laisser refroidir. Hacher les amandes au couteau puis les incorporer à la salade, avec les raisins secs. Servir avec quelques quartiers de citron à presser dans l'assiette.

LE SOJA, UN ALLIÉ MILLÉNAIRE

LE TOFU

Nuggets de tofu

Pour environ 15 nuggets

250 g de tofu
1 petite gousse d'ail écrasée
3 c. à s. de graines de lin doré moulues
2 c. à s. de miso blanc
1 c. à s. de persil haché
1 pincée de curcuma moulu
1 pincée de paprika
6 c. à c. d'arrow-root
60 ml d'eau
Chapelure
Huile végétale pour la cuisson
Poivre

Dans un saladier, émietter le tofu. Ajouter l'ail, les graines de lin, le miso, le persil, le curcuma et le paprika, puis bien écraser à la fourchette pour mélanger. Laisser reposer 15 à 30 minutes pour que les graines de lin libèrent leur mucilage et agglomèrent la préparation. Mélanger l'arrow-root et l'eau dans un ramequin. Disposer la chapelure sur une petite assiette. Former des nuggets entre les mains en tassant bien, les rouler dans l'arrow-root, puis dans la chapelure, et réserver. Faire dorer les nuggets dans une poêle, avec un peu d'huile végétale, quelques minutes de chaque côté, puis les déposer sur un plat couvert de papier absorbant. Quand tous les nuggets sont passés à la poêle, les disposer dans un plat et les cuire 20 minutes au four à 180 °C (th. 6).

Farce de tofu à tout faire

Pour 2 personnes

125 g de tofu ferme
1 petite gousse d'ail
1 c. à c. de ciboulette hachée
1 c. à c. d'huile d'olive
¼ de c. à c. de sel
Poivre

Mixer les ingrédients au robot.

À utiliser pour farcir des légumes, des feuilletés...

Tofu chimichurri

Pour 2 personnes

½ verre de persil frisé haché
3 c. à s. de coriandre hachée
1 c. à s. d'origan frais ou séché
1 échalote
3 gousses d'ail
1 c. à c. de piment vert frais
1 c. à s. de vinaigre de xérès
1 c. à s. de jus de citron
60 ml d'huile d'olive
¼ de c. à c. de sel
200 g de tofu
Poivre noir

Mixer les herbes avec l'échalote, l'ail et le piment. Dans un bol, mélanger avec le vinaigre et le jus de citron, puis incorporer l'huile d'olive et assaisonner. Couper le tofu en tranches puis le faire mariner 3 heures dans la sauce chimichurri. Le faire griller au barbecue ou dans une poêle, avec un soupçon d'huile d'olive, pendant quelques minutes de chaque côté. Servir accompagné du reste de la sauce.

Conseil : ce condiment argentin accompagnera à merveille toutes vos grillades mais sera aussi parfait utilisé tel quel pour relever vos plats à table.

Nuggets de tofu

Tofu laqué à l'orange et au miso

Pour 2 à 4 personnes

1 c. à s. de miso d'orge brun
Le jus de 3 oranges
½ c. à c. de cinq-épices
250 g de tofu ferme
1 c. à c. d'huile végétale
2 c. à s. de sirop d'agave
Poivre

Dans un récipient à fond plat, mélanger le miso et le jus d'orange, puis ajouter les épices. Couper le tofu en triangles d'environ 1 cm d'épaisseur et les faire mariner 1 à 2 heures. Huiler une poêle et y faire griller les morceaux de tofu quelques minutes de chaque côté. Mélanger le sirop d'agave avec la marinade et verser dans la poêle, puis laisser réduire à feu doux.

Pastilla de tofu aux légume

Tofu à la diable

Pour 2 personnes

3 gousses d'ail
2 échalotes
250 g de tofu
2 c. à s. d'huile d'olive
2 c. à c. de basilic séché
1 c. à s. de cognac
100 ml de crème de soja (ou d'une autre crème végétale)
½ c. à c. de purée de piments
1 c. à s. de concentré de tomate
1 c. à s. de tamari
Sel, poivre

Émincer l'ail et les échalotes. Couper le tofu en gros dés. Les faire revenir ensemble avec l'huile d'olive, dans une poêle sur feu moyen. Ajouter le basilic séché et poivrer. Cuire quelques minutes pour bien dorer. Verser le cognac et laisser l'alcool s'évaporer. Ajouter la crème, la purée de piments, le concentré de tomate et le tamari, bien mélanger. Rectifier l'assaisonnement si nécessaire et servir.

Inspirée de la recette belge des scampis à la diable, cette recette est différente de la sauce diable à la française, à base de moutarde et de vin blanc. Cette version végétale est parfaite pour une cuisine de tous les jours et s'accompagne d'un riz nature ou de nouilles sautées.

Curry vert de tofu

Pour 2 personnes

2 c. à c. d'huile de sésame
1 oignon
1 gros poivron vert
250 g de tofu ferme
2 gousses d'ail
300 ml de lait de coco
2 c. à s. de tamari
2 c. à s. de pâte de curry vert thaï
100 ml de crème de soja

Dans un wok ou une sauteuse, faire chauffer l'huile de sésame à feu vif. Y faire revenir l'oignon et le poivron coupés en morceaux de taille moyenne, puis ajouter le tofu en dés et l'ail en purée. Faire dorer quelques minutes en remuant, puis ajouter le lait de coco, le tamari et la pâte de curry. Cuire 10 minutes puis ajouter la crème de soja et mélanger. Servir avec du riz thaï.

Pastilla de tofu aux légumes

Pour 4 personnes

3 c. à s. d'huile d'olive
2 échalotes
125 g de tofu ferme
75 g de carottes râpées
75 g de chou blanc râpé
1 courgette
1 petit bulbe de fenouil
½ poivron rouge
1 c. à c. de ras el hanout
1 c. à c. de cumin moulu
150 ml d'eau
3 c. à s. de farine de blé
Huile d'olive
8 feuilles de brick
Sucre glace
Cannelle moulue
Sel, poivre

Dans une sauteuse, faire chauffer l'huile d'olive à feu vif. Y faire revenir les échalotes émincées, le tofu coupé en petits dés, les carottes et le chou. Ajouter la courgette, le fenouil et le poivron émincés ainsi que les épices. Cuire 5 bonnes minutes pour que les légumes et le tofu commencent à dorer. Assaisonner. Dans une petite casserole, mélanger l'eau avec la farine et cuire pour former une « colle » qui servira pour les feuilles de brick. Huiler un moule à tarte ou un moule à manqué, puis déposer 1 feuille de brick, sur un tiers de sa surface, sur le fond du moule et rabattre la partie restante par-dessus le bord du plat. Déposer 3 autres feuilles de brick de la même manière, de façon qu'elles couvrent le fond et les bords du plat. Coller les feuilles entre elles grâce au mélange à la farine. Bien enduire le fond et les bords de « colle », puis déposer 1 feuille de brick au centre en la collant contre les autres feuilles. Enduire à nouveau de « colle » et déposer une autre feuille de la même manière. Répartir la farce au tofu et aux légumes. Couvrir d'une feuille de brick, coincer les bords à l'intérieur et rabattre les bords des premières feuilles disposées dans le plat, toujours en enduisant de mélange collant, afin de refermer la pastilla. Enfin, enduire de « colle » le dessus de la pastilla, avec tous les bords repliés vers le centre et collés entre eux, puis couvrir d'une dernière feuille de brick et rabattre les bords sous la pastilla. Huiler généreusement et cuire au four à 180 °C (th. 6) pendant 15 minutes. Huiler à nouveau et cuire encore 15 minutes. Saupoudrer de sucre glace et de cannelle moulue avant de servir chaud. Une recette un peu technique, mais qui vaut vraiment le détour !

Tofu fumé express

250 g de tofu ferme
2 c. à s. de *liquid smoke*
2 c. à s. de sauce soja
Eau

Égoutter le bloc de tofu, puis le couper en huit. Dans une boîte hermétique, mélanger le *liquid smoke* et la sauce soja. Retourner chaque morceau de tofu dans ce mélange, puis répartir dans la boîte, couvrir d'eau, fermer avec le couvercle, secouer légèrement et placer au frais pour 1 nuit. À utiliser le lendemain comme du tofu fumé classique.

Tofu maison aux herbes

Pour 1 bloc d'environ 150 g

1 l de lait de soja
2 c. à c. de nigari (chlorure de magnésium en paillettes)
½ c. à c. de sel
1 c. à s. de jus de citron
1 c. à s. de persil haché
1 c. à s. de ciboulette hachée
1 c. à s. de basilic haché

Dans une casserole, porter le lait de soja à ébullition. Dans une coupelle, mélanger le nigari avec un peu d'eau, ajouter le sel et le jus de citron, puis verser ce mélange dans le lait de soja tout juste bouillant. Mélanger au fouet et ôter du feu. Laisser reposer 15 minutes, puis verser dans une très fine passoire. Placer une étamine sur une presse à tofu ou un récipient percé (ou au pire, une petite passoire fine) et poser le tout sur une assiette creuse ou dans un plat. Dans un bol, mélanger le caillé de soja avec les herbes, puis verser dans l'étamine, fermer la presse à tofu et poser un poids dessus. Plus le tofu sera pressé, plus il sera ferme, mais compter un minimum de 2 heures de pressage. On peut placer le tofu au frais. Conserver immergé dans l'eau, dans une boîte hermétique. Consommer rapidement.

Variante : on peut remplacer le nigari et le jus de citron par 120 ml de vinaigre ; le tofu sera plus moelleux et plus acide.

Tofu à la provençale

Pour 2 à 4 personnes

250 g de tofu
50 g d'olives vertes
2 tomates
½ poivron rouge
2 gousses d'ail
3 c. à s. d'huile d'olive
2 c. à c. d'herbes de Provence
100 ml de vin blanc

Couper le tofu en dés. Hacher les olives. Couper les tomates et le poivron en dés. Émincer l'ail. Faire chauffer l'huile dans une poêle sur feu vif, puis y faire revenir les légumes et le tofu pendant 5 à 8 minutes, en mélangeant régulièrement. Ajouter les herbes. Verser le vin blanc, laisser cuire 2 minutes, assaisonner et servir.

TEMPEH, LE SOJA FERMENTÉ

Tempeh sauce satay

Pour 2 à 4 personnes

300 g de tempeh
Sauce pour wok (voir p. 103)
6 c. à s. de beurre de cacahuète
2 c. à s. de sauce soja
2 c. à s. de jus de citron vert
1 c. à s. de sirop d'agave
1 c. à c. de purée de piments
1 c. à c. de coriandre moulue
½ c. à c. de gingembre en purée
2 gousses d'ail en purée
100 à 200 ml d'eau
1 c. à s. d'huile de coco (facultatif)

Couper le tempeh en dés et les faire mariner 2 à 4 heures dans la sauce pour wok. Dans un bol, mélanger le beurre de cacahuète avec la sauce soja, le jus de citron vert, le sirop d'agave, la purée de piments, la coriandre, le gingembre et l'ail pour former une pâte. Y ajouter l'eau (100 ml pour des brochettes ou 200 ml pour une cuisson à la poêle) et bien mélanger. Piquer les dés de tempeh sur des piques à brochettes, cuire au barbecue ou au four et servir avec la sauce, ou faire griller les dés de tempeh à la poêle, avec 1 c. à s. d'huile de coco, verser la sauce dessus, puis laisser réduire quelques minutes et servir.

« Bacon » de tempeh

Pour 4 personnes

200 g de tempeh fumé
4 c. à s. de tamari
2 c. à s. de sirop d'agave
1 c. à s. d'huile végétale neutre
1 c. à s. d'huile végétale pour la cuisson
Poivre

Couper le tempeh en longues et fines tranches. Mélanger les autres ingrédients dans une assiette creuse et y faire mariner le tempeh 30 minutes, puis le cuire dans une poêle sur feu vif, quelques minutes de chaque côté, avec l'huile de cuisson. En fin de cuisson, ajouter la marinade et laisser absorber (retourner les tranches de tempeh). Servir chaud.

Tempeh façon mafé

Pour 4 personnes

2 oignons
2 gousses d'ail
2 c. à s. d'huile végétale
300 g de tempeh
250 ml de coulis de tomates
250 ml d'eau
6 c. à s. de beurre de cacahuète
2 c. à s. de miso blanc
1 c. à c. de tamari
½ cube de bouillon de légumes
Piment de Cayenne
Sel, poivre

Dans une sauteuse, faire revenir les oignons et l'ail émincés dans l'huile, sur feu vif. Ajouter le tempeh coupé en gros dés. Cuire 5 à 10 minutes à feu moyen-vif, pour que l'ensemble soit bien doré. Ajouter les autres ingrédients un par un, en mélangeant bien (doser le poivre et le piment au goût). Cuire 10 bonnes minutes et rectifier l'assaisonnement. Servir accompagné de riz blanc.

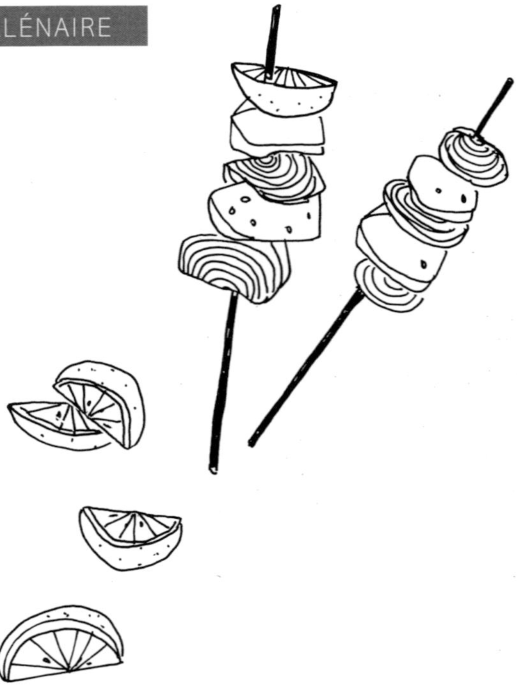

Croque-tempeh au curry

Pour 4 croques

2 c. à s. de purée de sésame
2 c. à s. de jus de citron
6 c. à s. d'eau
1 c. à s. de ciboulette
1 c. à c. de curry moulu
2 c. à c. de sirop d'agave
200 g de tempeh
8 tranches de pain de mie complet
Quelques branches de coriandre
Huile végétale

Dans un bol, mélanger la purée de sésame avec le jus de citron, l'eau, la ciboulette, le curry et le sirop d'agave. Couper le tempeh en fines tranches et les faire dorer à la poêle, avec un peu d'huile végétale (choisir une huile plutôt neutre). Tartiner les tranches de pain avec la crème au curry, garnir de tranches de tempeh et de feuilles de coriandre, fermer en sandwich et cuire 2 minutes de chaque côté, dans une poêle ou un appareil à croque-monsieur.

Brochettes de tempeh au sésame

Pour 6 personnes

300 g de tempeh
8 c. à s. de shoyu ou de tamari
1 c. à s. d'huile de sésame toasté
3 c. à s. de sésame blond
3 c. à s. de sésame noir

Couper le tempeh en gros dés. Mélanger la sauce soja avec l'huile de sésame et y faire mariner le tempeh pendant 2 heures. Assembler 6 brochettes, puis cuire au barbecue et rouler dans les graines de sésame mélangées sur une assiette. On peut également cuire les brochettes dans une poêle.

Mijoté de tempeh aux légumes d'hiver

Pour 2 personnes

1 gros oignon
200 g de tempeh
2 gousses d'ail
200 g de potimarron
1 patate douce
1 carotte
4 c. à s. d'huile végétale
1 c. à c. de sauge séchée
1 c. à s. de persil ciselé
2 c. à s. de miso blanc
200 ml d'eau bouillante
200 ml de crème de soja
Sel, poivre

Couper l'oignon et le tempeh en gros dés. Hacher grossièrement l'ail. Couper le potimarron et la patate douce en morceaux de taille moyenne et la carotte en rondelles. Faire revenir l'ensemble avec l'huile dans une sauteuse ou une cocotte sur feu moyen pendant quelques minutes, puis ajouter les herbes, couvrir et cuire à feu doux pendant 10 minutes. Délayer le miso avec l'eau bouillante et verser dans la cocotte. Cuire 5 minutes à découvert, ajouter la crème et rectifier l'assaisonnement. Cuire quelques minutes à feu moyen pour laisser réduire la sauce, puis servir.

Idéal avec une céréale comme de l'orge perlé, du petit épeautre, du sarrasin ou du quinoa.

oque-tempeh au curry et brochettes de tempeh au sésame

Tempeh et épinards sautés à la crème de sésame

Pour 4 personnes

4 c. à s. d'huile d'olive
2 gousses d'ail
1 gros oignon
200 g de tempeh nature ou fumé
400 g d'épinards frais
2 c. à s. de graines de tournesol
½ c. à s. de graines de sésame blond
1 c. à s. de tamari
3 c. à s. de purée de sésame blanc
6 c. à s. d'eau
¼ de c. à c. de cinq-épices
½ c. à c. d'ail moulu
Sel, poivre

Dans une grande poêle sur feu moyen-vif, faire revenir dans l'huile l'ail et l'oignon émincés. Ajouter le tempeh coupé en petits dés et faire dorer 5 minutes environ. Ajouter petit à petit les épinards lavés et grossièrement hachés, laisser réduire quelques minutes, puis ajouter les graines de tournesol, le sésame et le tamari. Bien mélanger. Dans un petit bol, mélanger à la fourchette la purée de sésame avec l'eau pour obtenir une crème, assaisonner avec les épices, du sel et du poivre. Ajouter à la poêlée de tempeh et d'épinards, et cuire quelques minutes à feu doux.

Parfait avec des pommes de terre vapeur ou du riz.

Tajine de tempeh aux aubergines et olives

Pour 6 à 8 personnes

600 g de pommes de terre épluchées
2 grosses aubergines
165 g d'olives vertes dénoyautées
300 g de tempeh nature
6 c. à s. d'huile d'olive
½ c. à c. de cannelle moulue
½ c. à c. de muscade moulue
½ c. à c. de poivre noir moulu
2 c. à c. de ras el hanout
65 g de raisins secs
150 ml d'eau
4 c. à s. de tamari

Couper les pommes de terre en gros morceaux, ainsi que les aubergines. Les mélanger dans un grand plat à tajine avec les olives, le tempeh coupé en dés, l'huile d'olive, les épices et les raisins. Mélanger l'eau avec le tamari, puis verser dessus. Poser le couvercle et cuire 1 h 30 à feu doux.

Tempeh BBQ express

Pour 2 à 4 personnes

200 g de tempeh
1 oignon
2 gousses d'ail
2 c. à s. d'huile végétale neutre
Poivre
2 c. à c. de coriandre moulue
1 c. à c. d'origan séché
3 c. à s. de tamari
2 c. à c. de *liquid smoke*
125 ml de ketchup

Couper le tempeh en grosses lamelles ou tranches. Détailler l'oignon en morceaux de taille moyenne et émincer l'ail finement. Dans une poêle, faire dorer le tempeh et l'oignon dans l'huile à feu moyen-vif pendant 5 minutes. Poivrer, ajouter la coriandre, l'origan et l'ail. Bien mélanger et cuire de nouveau 2-3 minutes. Baisser à feu moyen. Ajouter le tamari. Mélanger le *liquid smoke* et le ketchup dans un bol et verser dans la poêle. Bien mélanger et cuire quelques minutes.

Parfait pour des sandwiches pleins de saveur, avec des frites ou encore pour l'apéro (dans ce cas tailler le tempeh en dés). En omettant le ketchup et le liquid smoke, vous avez une base de tempeh poêlé très savoureux à accompagner de légumes.

Quiche lorraine aux « lardons » de tempeh

Pour 4 à 6 personnes

200 g de tempeh fumé
2 c. à s. d'huile d'olive
2 c. à s. de tamari + 4 c. à c.
250 g de tofu ferme
125 g de tofu lactofermenté au tamari
300 ml de crème de soja
2 c. à s. d'arrow-root
2 c. à s. de tahin
2 c. à c. de moutarde de Dijon
2 c. à s. de levure maltée
1 pincée de curcuma moulu
1 pâte brisée
Poivre

Couper le tempeh en allumettes. Les faire revenir quelques minutes dans l'huile d'olive, ajouter 2 c. à s. de tamari, cuire encore 1 minute et réserver. Mixer ensemble les tofus, la crème de soja, l'arrow-root, le tahin, la moutarde, 4 c. à c. de tamari, la levure maltée, le curcuma et du poivre. Foncer un grand moule à tarte avec la pâte brisée et cuire 5 minutes à blanc. Répartir les morceaux de tempeh, puis verser l'appareil dessus. Cuire 25 minutes au four à 180 °C (th. 6).

Brochettes de tempeh mariné au citron et aromates

Pour 4 brochettes

2 citrons
¼ de c. à c. de poivre noir moulu
¼ de c. à c. d'ail moulu
1 c. à c. de coriandre moulue
¼ de c. à c. de curcuma moulu
2 c. à s. d'huile de sésame toasté
2 c. à c. de shoyu
3 c. à s. de coriandre ciselée
1 oignon
200 g de tempeh

Dans un récipient hermétique, verser le jus des citrons et leurs zestes. Ajouter les épices, l'huile de sésame, le shoyu et la coriandre. Éplucher l'oignon, le couper en quatre, détacher les morceaux et les mettre dans la marinade. Couper le tempeh en gros morceaux et les ajouter. Fermer le récipient, bien secouer. Laisser mariner à température ambiante pendant 4 heures, en secouant régulièrement le récipient. Former des brochettes en alternant oignon et tempeh, puis griller 2 à 3 minutes de chaque côté.

« Travers » de soja, poêlée de soja et enchilada.

PROTÉINES DE SOJA TEXTURÉES

« Travers » de soja caramélisés

Pour 3 à 4 personnes

60 g de protéines de soja texturées de forme « allumettes »
3 c. à s. de tamari
½ cube de bouillon de légumes
5 c. à s. de sirop d'agave
3 c. à s. de tamari
Huile végétale pour la cuisson

Dans un bol, mélanger les protéines de soja texturées avec le tamari et le cube de bouillon, puis couvrir d'eau bouillante. Laisser se réhydrater 30 minutes. Mélanger le sirop d'agave et le tamari dans un bol. Assembler les lamelles de protéines de soja sur des piques à brochettes, en serrant bien. Couper les morceaux de piques qui dépassent. Huiler une poêle et y faire griller les brochettes quelques minutes de chaque côté. Verser le mélange sirop-tamari et cuire 1 minute de chaque côté. Servir sans attendre.

Poêlée de soja à l'aigre-douce

Pour 4 personnes

50 g de protéines de soja texturées de taille « bouchées »
3 c. à s. de tamari
½ cube de bouillon de légumes
1 oignon
1 poivron rouge
1 poivron vert
200 g d'ananas en morceaux
2 tomates
2 c. à s. d'huile d'olive
2 gousses d'ail
3 c. à s. de tamari
2 c. à s. de vinaigre de cidre
3 c. à s. de sucre
Poivre

Dans un bol, mélanger les protéines de soja texturées avec le tamari et le cube de bouillon, puis couvrir d'eau bouillante. Laisser se réhydrater 30 minutes minimum. Couper l'oignon, les poivrons, l'ananas et les tomates en morceaux de taille moyenne. Dans une grande poêle, faire chauffer l'huile d'olive, puis faire revenir l'oignon, les poivrons, les protéines de soja et l'ail émincé. Cuire 5 minutes. Ajouter l'ananas, le tamari, le vinaigre, le sucre et les tomates. Poivrer généreusement. Bien mélanger et cuire 10 minutes à feu doux. Servir avec du riz.

Enchiladas aux poivrons

Pour 4 personnes

40 g de protéines de soja texturées de forme « allumettes »
2 c. à s. de tamari + 2 c. à s.
½ c. à c. d'ail moulu
1 c. à c. de cumin moulu + 2 c. à c.
1 oignon
2 gousses d'ail
1 poivron rouge
2 c. à s. d'huile d'olive
200 g de tomates pelées concassées
1 c. à c. d'origan
½ c. à c. de paprika
3 c. à c. de sauce de piment chipotle
4 tortillas de blé ou de maïs
100 ml de crème
Sel, poivre

Dans un grand bol, mélanger les protéines de soja avec 2 c. à s. de tamari, l'ail moulu, 1 c. à c. de cumin et du poivre, puis couvrir d'eau bouillante. Laisser se réhydrater pendant 30 minutes minimum. Émincer l'oignon, l'ail et le poivron. Dans une grande poêle, faire chauffer l'huile d'olive, puis faire revenir les légumes et les protéines de soja pendant 5 minutes. Ajouter les tomates et le reste des épices, 2 c. à s. de tamari et la sauce pimentée. Cuire quelques minutes de plus et assaisonner. Garnir 4 tortillas, les plier et les mettre côte à côte dans un plat. Réserver 3 c. à s. de garniture. Verser la crème sur les tortillas au milieu du plat et surmonter du reste de la garniture. Cuire 10 minutes à 180 °C (th. 6).

Bricks orientaux

Pour une vingtaine de bricks

50 g de protéines de soja texturées
½ c. à c. d'ail moulu
1 c. à c. de cumin moulu + 2 c. à c.
1 c. à s. de miso d'orge brun
2 c. à s. d'huile d'olive
2 gros oignons
¼ de c. à c. de cannelle moulue
2 c. à c. de coriandre moulue
¼ de c. à c. de noix de muscade moulue
Piment de Cayenne moulu
1 c. à s. de tamari
2 c. à s. de farine de blé
6 c. à s. d'eau
8 feuilles de brick
Huile végétale pour la cuisson

Dans un petit saladier ou un cul-de-poule, disposer les protéines de soja, l'ail moulu, 1 c. à c. de cumin et le miso. Couvrir d'eau bouillante, bien mélanger et laisser se réhydrater 15 à 30 minutes. Dans une sauteuse ou une poêle, faire chauffer l'huile d'olive, puis y faire dorer les oignons émincés pendant quelques minutes. Ajouter le haché égoutté (réserver le jus) et le reste des épices, faire sauter quelques minutes, puis verser le tamari et enfin le jus réservé. Laisser absorber. Ôter du feu et laisser refroidir. Dans une petite casserole, mélanger la farine avec l'eau, porter à feu vif et bien mélanger. Ôter du feu quand cette « colle » a la texture d'une bouillie. Couper les feuilles de brick en deux. Disposer la partie arrondie vers le haut, la replier aux trois quarts, puis déposer 1 c. à s. de farce et plier en triangle. Fermer avec la « colle » à la farine. Cuire les bricks dans une grande poêle avec un fond d'huile, en les retournant sans arrêt jusqu'à obtenir une belle couleur dorée et une texture bien croustillante. Si possible, les préparer juste avant de servir. Sinon, les réchauffer quelques minutes à four bien chaud ; dans ce cas, les déposer sur une plaque couverte de papier cuisson au sortir de la poêle, pour ne plus avoir qu'à enfourner la plaque.

Bolognaise de soja

Pour 2 à 3 personnes

30 g de petites protéines de soja texturées
1 c. à s. de miso d'orge brun
1 c. à c. de thym séché
1 oignon
2 gousses d'ail
1 carotte moyenne
2 c. à s. d'huile d'olive
400 g de tomates pelées concassées
150 ml de coulis de tomates
1 c. à s. de tamari ou de shoyu
2 c. à s. de miso blanc
1 c. à s. de basilic haché
Poivre

Dans un bol, réhydrater les protéines de soja en les couvrant d'eau bouillante. Y ajouter le miso et le thym, puis laisser gonfler 15 minutes. Émincer l'oignon et l'ail, couper la carotte en petits dés. Faire revenir le tout quelques minutes dans une sauteuse, avec l'huile d'olive, à feu vif. Ajouter les protéines de soja et leur jus, laisser réduire quelques minutes. Ajouter les tomates, le coulis, le tamari, le miso et le basilic. Poivrer et bien mélanger. Cuire 15 minutes à feu doux.

Servir avec des spaghettis ou utiliser dans des lasagnes, pour farcir des cannellonis...

Wontons (raviolis chinois)

Pour 4 personnes

150 ml d'eau bouillante
2 c. à s. de tamari
35 g de petites protéines de soja texturées
1 c. à s. d'huile de tournesol (ou d'huile neutre)
½ poireau
1 petit oignon
2 gousses d'ail
½ c. à c. de gingembre frais haché
½ c. à c. de cinq-épices
Piment de Cayenne
1 c. à c. de tamari
20 feuilles de wonton (en épicerie asiatique)
Soupe miso-coco pour 4 personnes (voir p. 177)
ou bouillon au choix
Poivre

Dans un bol, mélanger l'eau bouillante et le tamari, puis y réhydrater les protéines de soja pendant 30 minutes minimum. Dans une poêle, faire chauffer l'huile à feu vif, puis faire revenir le poireau coupé en fines lamelles, l'oignon et l'ail émincés ainsi que le gingembre pendant quelques minutes. Ajouter les protéines de soja réhydratées, le cinq-épices, une pointe de couteau de piment de Cayenne, du poivre au goût et le tamari. Bien mélanger et cuire quelques minutes en remuant. Réserver. Déposer 1 c. à c. de farce au centre d'une feuille de wonton, replier la feuille sur elle-même et sceller le ravioli à l'aide d'un doigt passé dans l'eau. Une fois les raviolis préparés, les plonger dans la soupe miso-coco et servir dans des bols sans attendre.

Parmentier de soja

Pour 4 à 6 personnes

500 ml d'eau bouillante
1 c. à s. de miso d'orge
1 c. à s. de préparation pour bouillon de légumes
1 c. à s. de tahin
2 c. à s. de shoyu
2 c. à s. d'oignon moulu
80 g de petites protéines de soja texturées
2 c. à s. d'huile d'olive + 3 c. à s.
1 gros oignon
2 gousses d'ail
3 c. à s. de persil haché
Purée de pommes de terre (voir p. 275)
5 c. à s. de levure maltée
7 c. à s. de crème de soja

Dans un saladier, mélanger au fouet l'eau bouillante avec les aromates, puis y réhydrater les protéines de soja pendant 30 minutes. Dans une sauteuse, faire chauffer 2 c. à s. d'huile d'olive à feu vif, puis faire revenir l'oignon et l'ail émincés. Égoutter les protéines de soja et conserver le jus. Ajouter les protéines de soja et le persil, faire revenir 5 minutes, verser 100 ml de jus réservé et cuire quelques minutes. Disposer les protéines de soja dans le fond d'un plat à gratin, puis étaler la purée par-dessus. Dans un bol, mélanger la levure maltée avec 3 c. à s. d'huile d'olive et la crème de soja, puis étaler sur la purée. Cuire 25 à 30 minutes au four à 180 °C (th. 6).

Médaillons de soja, sauce au vin blanc et échalotes

Pour 4 personnes

60 g de protéines de soja taille « médaillons »
350 ml de bouillon de légumes
2 c. à s. de tamari
2 c. à s. d'huile d'olive + 1 c. à s.
3 échalotes
1 gousse d'ail
200 ml de vin blanc
200 ml de crème de soja
100 ml de bouillon
2 c. à s. de fécule de maïs

Réhydrater les médaillons de soja avec le bouillon et le tamari pendant 30 minutes. Ôter les médaillons du bouillon puis les faire dorer quelques minutes de chaque côté à feu vif, dans une poêle, avec 2 c. à s. d'huile d'olive. Dans une autre poêle, faire chauffer 1 c. à s. d'huile d'olive puis y faire revenir quelques minutes les échalotes et l'ail émincés. Verser le vin blanc et laisser réduire 2 à 3 minutes. Ajouter la crème et le bouillon. Délayer la fécule. Cuire environ 5 minutes à feu moyen pour que la sauce réduise. Servir les médaillons nappés de sauce.

Parfait avec des pommes de terre ou du riz, accompagné de haricots verts ou d'une poêlée de légumes.

Tajine aux figues et citro

Moussaka végétale

Pour 4 personnes

3 grosses aubergines
Huile d'olive
1 gros oignon
2 gousses d'ail
60 g de petites protéines de soja texturées
2 c. à s. de miso d'orge
1 c. à c. d'ail moulu
400 g de tomates concassées
300 ml de coulis de tomates
1 c. à c. de basilic séché
2 c. à s. de tamari
Béchamel (voir p. 163)
Sel, poivre

Laver les aubergines puis les couper en tranches dans leur longueur. Les faire revenir dans une grande poêle sur feu vif, avec un fond d'huile d'olive, quelques minutes de chaque côté. Elles doivent être bien cuites et dorées. Réserver. Émincer l'oignon et l'ail. Mélanger les protéines de soja avec le miso et l'ail moulu, puis couvrir d'eau. Laisser se réhydrater 15 minutes. Dans une sauteuse, faire chauffer 2 c. à s. d'huile d'olive, puis faire revenir l'ail et l'oignon. Ajouter les protéines de soja réhydratées et cuire quelques minutes. Ajouter les tomates, le coulis, le basilic et le tamari, assaisonner. Bien mélanger et cuire 5 minutes à feu vif. Dans un plat à gratin, alterner les couches de sauce et de tranches d'aubergines, terminer par une couche de béchamel, puis cuire 20 minutes au four à 180 °C (th. 6).

Tajine aux figues et citrons

Pour 8 personnes

100 g de protéines de soja texturées (gros morceaux, médaillons ou bouchées)
2 c. à s. de miso d'orge
300 g d'oignons épluchés
600 g de pommes de terre épluchées
300 g de carottes épluchées
4 c. à s. d'huile d'olive
1 c. à c. de curcuma moulu
2 c. à c. de coriandre moulue
1 c. à c. de cannelle moulue
½ c. à c. de noix de muscade moulue
150 g de figues séchées
2 citrons
150 ml d'eau
2 c. à s. de tamari

Dans un grand bol, réhydrater les protéines de soja 30 minutes avec le miso délayé avec de l'eau bouillante. Couper les oignons en quartiers, les pommes de terre en gros morceaux et les carottes en grosses rondelles. Placer un plat à tajine sur le feu, y verser l'huile d'olive, y faire revenir les légumes quelques minutes à feu moyen, puis baisser à feu doux. Ajouter les épices et les protéines de soja. Couper les figues en deux et les citrons en morceaux, les répartir sur le plat. Mélanger l'eau et le tamari, puis verser dans le plat. Poser le couvercle. Cuire 1 heure à 1 h 30 à feu doux, sans soulever le couvercle.

LE SEITAN

Seitan classique

Pour 4 personnes

Ingrédients secs
150 g de gluten
30 g d'amandes moulues
1 c. à s. de levure maltée
½ c. à c. d'ail moulu
¼ de c. à c. de paprika
¼ de c. à c. de sel

Ingrédients humides
160 ml d'eau chaude
2 c. à s. de shoyu
1 c. à s. de miso blanc
1 c. à c. de pâte pour bouillon de légumes (ou ½ cube)

Bouillon de cuisson
1,5 l d'eau bouillante
1 c. à s. de pâte pour bouillon de légumes (ou 1,5 cube)
1 c. à s. de miso d'orge
1 bouquet de thym
2 feuilles de laurier

Dans un petit saladier, mélanger les ingrédients secs. Dans un verre, mélanger les ingrédients humides. Verser les ingrédients humides dans le saladier et bien mélanger à la cuillère, puis pétrir quelques minutes avec les mains. Sur une planche à découper, couper le seitan en morceaux ou en tranches. Dans une grande casserole, verser les ingrédients du bouillon, porter à ébullition, puis plonger les morceaux de seitan et cuire à feu moyen pendant 20 à 30 minutes, selon la taille des morceaux. Laisser reposer le seitan dans son bouillon au frais, dans une boîte hermétique, pendant 24 heures si possible. Le seitan est prêt à être coupé et cuisiné.

Parfait pour être sauté, préparé en sauce, en farce, mariné, etc.

Seitan rustique

Pour 4 personnes

Ingrédients secs
150 g de gluten
75 g de farine de pois chiche
2 c. à c. d'oignon moulu
¼ de c. à c. de paprika
¼ de c. à c. de piment de Cayenne

Ingrédients humides
250 ml d'eau bouillante
2 c. à s. de tamari
1 c. à s. de préparation pour bouillon de légumes
1 c. à s. de miso d'orge
1 c. à c. d'huile de sésame toasté
½ c. à c. de *liquid smoke*

Bouillon de cuisson
1,5 l d'eau bouillante
1 c. à s. de préparation pour bouillon de légumes
1 c. à s. de miso d'orge
1 c. à s. de vinaigre balsamique
1 c. à s. de tamari
1 c. à c. d'ail moulu
¼ de c. à c. de purée de piments
Quelques feuilles de laurier

Dans un saladier, mélanger les ingrédients secs. Dans un bol, mélanger les ingrédients humides pour obtenir un bouillon corsé, puis verser sur le mélange sec, bien malaxer immédiatement avec les mains et pétrir quelques minutes. Ajouter un peu de gluten si la pâte est trop collante. Dans un grand faitout, préparer le bouillon de cuisson. Découper le seitan en morceaux et le plonger dans le bouillon. Porter à ébullition pour quelques minutes et réduire à feu moyen. Cuire pendant 30 minutes.

Le seitan se conserve au frais, dans son bouillon de cuisson, dans un récipient hermétique, pendant 48 heures. Il sera meilleur le lendemain, après avoir reposé. À cuisiner au four, sauté, en sauce, en farce. Peut également être congelé.

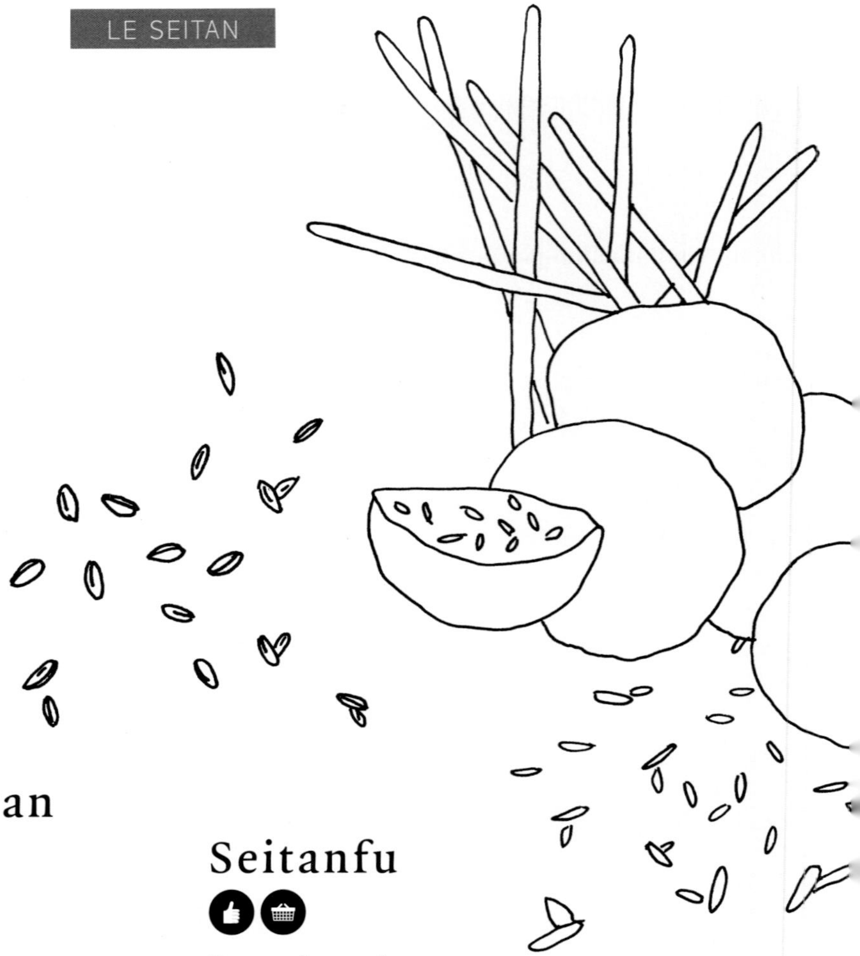

« Chorizo » de seitan

150 g de gluten
2 c. à s. d'huile d'olive + 2 c. à c.
2 c. à s. de tamari
1 c. à s. de miso d'orge
1 c. à s. de shiro miso
4 c. à c. de sauce de piment chipotle
3 c. à c. d'ail moulu
2 c. à c. de paprika
½ c. à c. de *liquid smoke*
100 ml d'eau chaude
1 c. à c. de paprika

Disposer le gluten dans un saladier. Dans un bol ou un verre doseur, verser tous les autres ingrédients sauf le paprika, délayer avec un peu d'eau chaude et ajouter le reste de l'eau. Bien mélanger. Verser sur le gluten, mélanger puis pétrir à la main rapidement. Séparer la pâte pour former 2 boudins. Les rouler dans une feuille de papier cuisson. Saucissonner avec de la ficelle, sans trop serrer car le seitan gonfle légèrement à la cuisson. Bien serrer sur les côtés pour que l'eau de cuisson de s'infiltre pas. Cuire 30 minutes dans une grande gamelle d'eau bouillante. Enlever le papier cuisson et faire revenir chaque chorizo de seitan 2 minutes dans une poêle, avec 2 c. à c. d'huile d'olive et 1 c. à c. de paprika. Emballer et conserver 24 heures au frais avant de consommer.

À trancher finement juste avant d'utiliser. Se conserve 4 jours au frais.

Seitanfu

Pour environ 1,2 kg

Ingrédients secs
350 g de gluten
1 c. à s. de levure maltée
1 c. à c. de coriandre moulue
1 c. à c. d'ail moulu

Ingrédients humides
240 g de tofu soyeux
200 ml d'eau tiède
5 c. à s. de tamari
1 c. à s. de miso blanc
2 c. à c. d'huile de sésame toasté

Bouillon de cuisson
3 l d'eau
2 c. à s. de préparation pour bouillon
2 c. à s. de miso d'orge
2 c. à s. de tamari
Poivre noir

Dans un saladier, mélanger les ingrédients secs. Mixer ensemble les ingrédients humides, puis les ajouter dans le saladier, bien mélanger, pétrir avec les mains et former un gros pâton. Le couper en tranches et cuire les morceaux 30 minutes dans le bouillon, à feu vif. Égoutter et placer dans un récipient. Couvrir de bouillon, laisser refroidir, couvrir et placer 24 heures au frais avant de cuisiner.

Chorizo » de seitan

Seitan tandoori et red sei

Seitan tandoori

Pour 4 à 6 personnes

500 g de seitanfu (voir p. 98)
2 yaourts de soja + ½ yaourt
1 à 2 c. à s. de pâte tandoori
Le jus d'½ citron + le jus de 1 citron
1 oignon
1 c. à s. de sucre
1 pincée de curcuma moulu
1 pincée de coriandre moulue
2 verres de riz basmati
Graines de cumin

Découper le seitan en morceaux de la taille d'une grosse bouchée. Mélanger 2 yaourts avec la pâte tandoori et verser le jus du demi-citron. Ajouter le seitan et laisser mariner pendant 2 heures. Verser dans un plat et cuire 10 minutes au four à 250 °C (th. 8-9) en position gril. Émincer l'oignon en lamelles, les mélanger avec le jus de 1 citron, ajouter le sucre, les épices et ½ yaourt. Cuire le riz basmati. Servir le seitan tandoori avec le riz, l'oignon au yaourt et quelques graines de cumin.

Seitan fumé

Pour 6 personnes

200 g de gluten
½ c. à c. d'ail moulu
½ c. à c. de cumin moulu
1 cube de bouillon de légumes
250 ml d'eau bouillante
2 c. à c. de *liquid smoke*
Bouillon de cuisson
2 l d'eau bouillante
3 c. à s. de tamari
2 c. à c. de *liquid smoke*
1 cube de bouillon de légumes

Dans un saladier, mélanger les ingrédients secs. Mélanger les ingrédients humides puis les ajouter au gluten. Mélanger à la cuillère et pétrir quelques minutes. Faire bouillir les ingrédients du bouillon de cuisson. Couper le seitan en tranches ou en morceaux, puis les cuire 30 minutes dans le bouillon. Laisser refroidir. Conserver dans un récipient hermétique au frais. Laisser reposer 24 heures avant de cuisiner.

Red seitan

Pour environ 1,5 kg

400 g de gluten
1 c. à s. de paprika doux
1 c. à c. d'ail moulu
150 g de haricots rouges cuits
250 ml d'eau tiède
1 c. à s. de miso d'orge brun
5 c. à s. de tamari
5 c. à s. de coulis de tomates
Bouillon de cuisson
3 l d'eau
2 c. à s. de préparation pour bouillon
2 c. à s. de miso d'orge
2 c. à s. de tamari
Poivre noir

Dans un saladier, mélanger les ingrédients secs. Mixer les haricots rouges avec l'eau, le miso, le tamari et le coulis de tomates. Ajouter dans le saladier, mélanger, puis pétrir à la main pour former un gros pâton. Découper en tranches et cuire dans le bouillon pendant 30 minutes.

***Astuce** : pour remplacer la viande hachée dans n'importe quelle recette, passer le même poids de red seitan au robot avec une lame en S. Mixer quelques secondes et c'est prêt !*

Rillettes de seitan

Pour 4 personnes

115 g de « seitan gourmet grill »
1 petit oignon
1 gousse d'ail
1 c. à s. d'huile d'olive
100 g de tofu fumé
4 c. à s. de vin blanc
150 ml d'eau
1 c. à c. d'agar-agar
Sel, poivre

Hacher le seitan au robot. Faire blondir l'oignon et l'ail émincés dans une petite casserole avec l'huile d'olive, puis ajouter le seitan et le tofu fumé émietté. Cuire quelques minutes. Ajouter le vin blanc et cuire à nouveau quelques minutes. Saler et poivrer. Verser dans un petit plat, bien tasser. Dans la même casserole, mélanger l'eau avec l'agar-agar et porter à ébullition. Cuire 2 minutes en mélangeant, puis verser sur le mélange seitan-tofu. Mélanger. Laisser refroidir et placer pour 1 nuit au réfrigérateur.

Farce au seitan

Pour 4 personnes

300 g de seitan maison
1 à 2 gousses d'ail
2 c. à s. de persil plat haché
1 c. à s. de ciboulette ciselée
Sel, poivre

Disposer tous les ingrédients dans le bol d'un robot muni d'une lame en S. Mixer jusqu'à obtenir une belle farce.

Utiliser pour des légumes farcis, une sauce minute, des gratins...

Nuggets de seitan

Pour environ 20 nuggets

6 c. à s. d'eau
2 c. à s. de graines de lin doré moulues
300 g de seitanfu (voir p. 98)
Chapelure
Huile végétale pour la cuisson

Dans un bol, mélanger l'eau avec les graines de lin puis laisser reposer 15 minutes. Découper le seitan en morceaux moyens d'environ ½ cm d'épaisseur. Les retourner dans le mélange précédent, puis rouler dans la chapelure. Faire dorer des deux côtés dans une poêle bien chaude, avec un peu d'huile.

Seitan basquaise

Pour 4 personnes

400 g de seitan maison
3 c. à s. d'huile d'olive
1 poivron rouge
1 poivron vert
2 oignons
2 gousses d'ail
2 branches de thym
2 feuilles de laurier
400 g de tomates pelées concassées
350 ml de bouillon de légumes
Sel, poivre

Couper le seitan en gros morceaux puis les faire dorer à feu vif, dans une cocotte, avec 2 c. à s. d'huile d'olive. Couper les poivrons et les oignons en fines lamelles, émincer l'ail. Ajouter les légumes dans la cocotte et baisser à feu moyen. Cuire 5 minutes, en mélangeant de temps en temps. Ajouter le thym, le laurier et les tomates. Assaisonner et verser le bouillon. Couvrir et cuire 5 minutes à feu moyen, puis 15 minutes à feu doux et à découvert. Retirer les feuilles de laurier et les branches de thym, rectifier l'assaisonnement si nécessaire.

Servir avec du riz long nature ou une purée de pommes de terre maison (voir p. 275).

Sauce *gravy* au miso

Pour 4 personnes

1 échalote
2 c. à s. d'huile d'olive
3 c. à s. de miso blanc
1 c. à s. de miso d'orge brun
400 ml d'eau bouillante
2 c. à s. de fécule de maïs
Poivre

Émincer l'échalote. Dans une casserole moyenne, mélanger l'huile et les misos, puis faire chauffer à feu vif. Quand le mélange commence à cuire, ajouter l'échalote et augmenter à feu moyen. Cuire quelques minutes en mélangeant constamment pour que le fond ne brûle pas. Ajouter la moitié de l'eau, bien fouetter, puis ajouter la fécule et la délayer. Verser le reste de l'eau et laisser épaissir quelques minutes en mélangeant constamment au fouet. Poivrer puis servir.

***Conseil :** une sauce à préparer au dernier moment, qui accompagne parfaitement les seitans, tofus, rôtis vegan et pommes de terre. C'est la recette de sauce pour étonner grand-mère et lui prouver qu'une bonne sauce brune sans jus de viande, c'est possible !*

Sauce pour wok au gingembre, citron et ail

Pour 1 bouteille de 125 ml

125 ml de tamari
2 c. à c. de gingembre frais finement haché
2 c. à c. de jus de citron frais
1 c. à c. d'ail haché

Mélanger tous les ingrédients dans un petit bocal. Placer au frais et laisser mariner 3 à 5 jours. Filtrer, puis transvaser dans une petite bouteille. Se conserve 15 jours au frais.

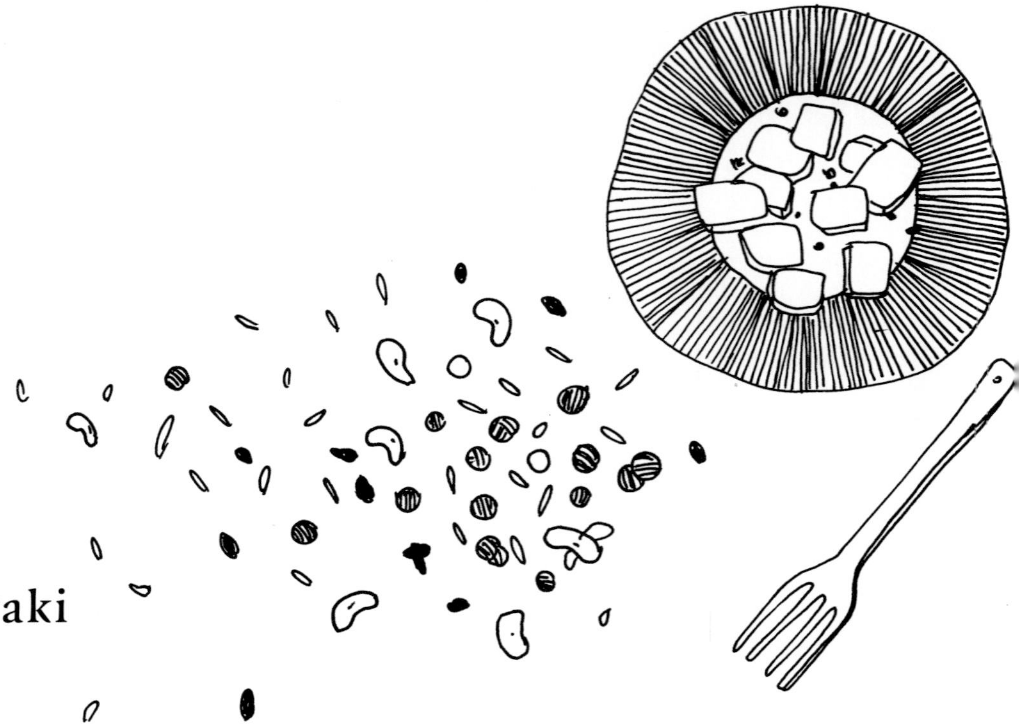

Seitan teriyaki

Pour 2 à 3 personnes

250 g de seitanfu (voir p. 98)
ou de seitan classique
2 c. à c. d'huile de sésame
Ciboules ou oignons nouveaux
Sauce teriyaki
4 c. à s. de tamari
4 c. à s. de mirin
4 c. à s. d'eau
2 c. à s. de sucre de canne
1 c. à s. de fécule de maïs

Mélanger tous les ingrédients de la sauce dans une petite casserole et porter à feu moyen pour quelques minutes afin de dissoudre le sucre, puis porter à feu vif et fouetter jusqu'à ce que la sauce épaississe. Attention, c'est très rapide ; à partir du moment où la sauce brunit, elle épaissit déjà. Ôter du feu et verser dans un petit récipient. Trancher le seitan en grosses lamelles, puis les faire mariner 1 heure dans la sauce. Faire chauffer une poêle avec l'huile de sésame, y faire griller le seitan puis ajouter la sauce. Couper le feu, laisser la sauce napper le seitan et servir avec un peu de ciboules ou d'oignons nouveaux émincés. Parfait avec du riz et quelques légumes.

***Astuces :** on peut utiliser la sauce teriyaki avec du tofu, du tempeh, des protéines de soja et même des légumes. Le brocoli teriyaki est un vrai délice ! Pour un apéritif ou un buffet, couper le seitan (ou du tofu) en dés et le rouler dans des graines de sésame après cuisson. Servir sur un plat, avec des piques à cocktail.*

Seitan laqué

Pour 3 à 4 personnes

300 g de *red seitan* (voir p. 101)
50 ml de tamari
50 ml de sirop d'érable
1,5 c. à s. de sauce Worcester *vegan*
1/8 de c. à c. de vanille moulue
1 pincée de piment d'Espelette
1 c. à s. d'huile végétale
Poivre noir

Couper le seitan en grosses lamelles. Mélanger le reste des ingrédients sauf l'huile et y faire mariner le seitan pendant 1 heure. Faire chauffer l'huile dans une poêle, puis y faire revenir le seitan quelques minutes de chaque côté, à feu vif. Verser la moitié de la sauce et laisser réduire à feu moyen, en retournant les lamelles de seitan de temps en temps. Disposer le seitan sur un plat. Verser le reste de la sauce dans la poêle et laisser réduire. Verser sur le seitan et servir.

eitan laqué

Brochettes de seitan

Pour 8 brochettes

75 ml d'huile d'olive
2 c. à s. de sauce Worcester *vegan*
1 c. à c. d'ail moulu
2 c. à c. d'herbes de Provence
350 g de seitanfu (voir p. 98) ou de seitan classique
1 gros poivron rouge
1 gros oignon
Sel, poivre

Mélanger l'huile d'olive avec la sauce Worcester, l'ail et les herbes de Provence dans un récipient. Ajouter du sel et du poivre. Couper le seitan en gros dés et les mélanger avec la marinade. Laisser mariner 2 à 6 heures. Couper le poivron et l'oignon en morceaux de taille moyenne. Assembler les brochettes en alternant légumes et seitan. Cuire au barbecue quelques minutes de chaque côté, en badigeonnant de marinade si on souhaite encore plus de goût.

Escalopes de seitan à la crème

Pour 4 personnes

2 c. à c. d'huile d'olive
4 escalopes de seitan classique
1 gousse d'ail
2 échalotes
1 pot de crème de soja lactofermenté
½ verre d'eau
2 c. à c. de shiro miso
1 c. à s. de ciboulette ciselée
Quelques branches de thym frais
Sel, poivre

Dans une poêle moyenne, faire chauffer l'huile d'olive à feu vif. Y faire dorer les escalopes de seitan avec l'ail et les échalotes émincés. Ajouter la crème et l'eau, bien mélanger. Délayer le miso avec la crème, ajouter les herbes, saler, poivrer et baisser à feu très doux. Laisser mijoter quelques minutes et servir.

Parfait avec des haricots verts et des pommes de terre.

Wraps de seitan pané

Pour 4 personnes

150 g de seitan
2 c. à s. de fécule
4 c. à s. d'eau
Chapelure
Huile végétale neutre
4 tortillas de blé
4 feuilles de laitue
1 bol de sauce tartare (voir p. 163)
½ concombre
1 grosse tomate

Couper le seitan en lamelles. Mélanger la fécule avec l'eau, y tremper les lamelles puis les rouler dans la chapelure. Faire dorer les lamelles de seitan dans une poêle avec un peu d'huile. Faire chauffer les tortillas 1 ou 2 minutes au four. Au centre de chaque tortilla, déposer 1 feuille de laitue, étaler de la sauce tartare, déposer quelques lamelles de seitan, quelques rondelles de concombre et 2 fins quartiers de tomate. Replier le bas des tortillas, puis les côtés.

calopes de seitan à la crème

Feuilleté marin aux aromat

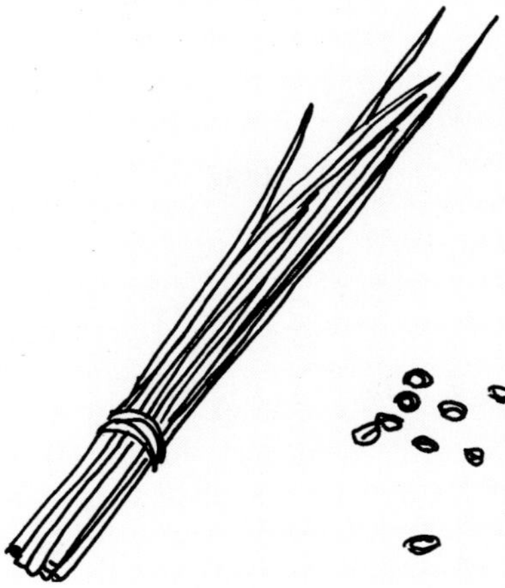

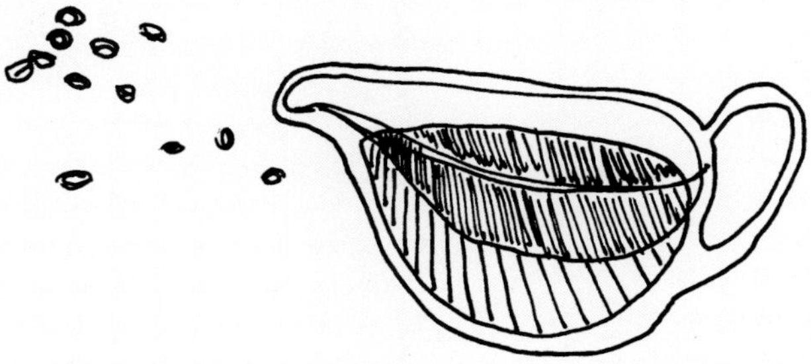

SAVEURS MARINES

Feuilleté marin aux aromates

Pour 8 personnes

2 c. à s. d'huile d'olive
1 oignon
2 gousses d'ail
1 branche de céleri
1 bouquet de persil
250 g de tofu ferme
125 g de tofu fumé
100 ml de crème de soja
1 c. à s. de miso blanc
¼ de feuille de yaki nori
¼ de c. à c. de noix de muscade moulue
2 c. à s. de ciboulette ciselée
50 ml d'eau
1 pâte feuilletée
Sel, poivre

Dans une sauteuse, faire chauffer l'huile d'olive. Y faire revenir l'oignon et l'ail émincés. Ajouter le céleri émincé et le persil haché. Ajouter les tofus émiettés, puis la crème de soja et le miso. Ajouter le yaki nori coupé aux ciseaux en très fines paillettes, la muscade, la ciboulette et l'eau. Mélanger et laisser cuire pour former une farce épaisse. Assaisonner. Dérouler la pâte feuilletée et déposer la farce au centre, en longueur. Replier les bords et souder aux extrémités avec les dents d'une fourchette ou, pour un feuilleté plus joli, découper les bords en bandes d'environ 1 cm de large et rabattre en alternant une bande de chaque côté. Cuire 30 minutes au four à 180 °C (th. 6).

Fond de sauce marin

200 ml d'eau
2 c. à s. de miso blanc
5 g d'algues hijiki

Faire bouillir l'eau dans une petite casserole, puis y délayer le miso et ajouter les algues. Cuire à feu vif pendant quelques minutes pour que le jus prenne un goût bien iodé, surtout si on veut l'utiliser comme marinade pour du tofu. Filtrer le mélange. Faire réduire si on l'utilise pour aromatiser une farce ou une sauce. Utiliser tel quel pour faire du tofu marin pané (voir recette suivante).

Tofu marin pané

Pour 2 personnes

125 g de tofu ferme
Fond de sauce marin (voir recette précédente)
Chapelure
Huile végétale pour la cuisson

Dans une petite casserole, cuire le tofu dans le fond de sauce marin, à feu moyen, pendant 5 minutes. Ôter du feu et laisser refroidir complètement. Passer les morceaux de tofu dans la chapelure, les repasser dans le fond de sauce puis les rouler à nouveau dans la chapelure. Cuire dans une poêle bien chaude, avec un fond d'huile.

Servir avec de la sauce tartare (voir p. 163).

Bisque végétale

Pour 4 à 6 personnes

1 l d'eau
4 c. à s. de miso blanc
10 g d'algues hijiki
1 morceau d'algue kombu
1 oignon
1 poireau
2 branches de céleri
3 gousses d'ail
4 c. à s. d'huile végétale neutre
2 feuilles de laurier
1 verre de vin blanc + ¼ de verre
500 g de pulpe de tomates
200 ml de crème de soja
½ c. à c. de piment d'Espelette
1 c. à c. de sel
2 c. à s. de sucre de canne blond
1 c. à s. de purée de noix de cajou
Poivre

Préparer le bouillon : faire bouillir l'eau, puis y délayer le miso, ajouter les algues et cuire à ébullition 5 minutes. Filtrer. Émincer tous les légumes et l'ail. Dans une cocotte ou un faitout, faire chauffer l'huile à feu vif. Y jeter les légumes et les feuilles de laurier, puis faire revenir 5 minutes en mélangeant. Ajouter 1 verre de vin blanc et l'ail, laisser cuire 2 minutes. Ajouter la pulpe de tomates et cuire 5 minutes. Ajouter le bouillon iodé et cuire, toujours à feu vif, 15 minutes. Retirer les feuilles de laurier. Ajouter la crème, puis ¼ de verre de vin blanc, le piment, le sel, le sucre, la purée de noix de cajou et du poivre. Bien mélanger et baisser à feu très doux.

Servir avec des croûtons maison à l'ail et au persil.

Club marin aux crudités

Pour 8 sandwichs

250 g de pois chiches cuits
6 c. à s. de veganaise (voir p. 163)
1 petite branche de céleri émincée
1 c. à c. d'oignon nouveau haché
2 c. à c. d'aneth haché
4 c. à s. de fond de sauce marin réduit (voir p. 109)
4 feuilles de laitue
16 tranches de pain de mie
2 grosses tomates
½ concombre

Passer les pois chiches cuits au robot juste assez longtemps pour les réduire en flocons, mais surtout pas en purée. Dans un grand bol, mélanger la veganaise avec les aromates et le fond de sauce, puis ajouter les pois chiches. Bien mélanger. Pour chaque sandwich, déposer ½ feuille de laitue sur 1 tranche de pain, puis étaler une couche de préparation aux pois chiches, ajouter 1 ou 2 fines rondelles de tomates et quelques très fines rondelles de concombre. Fermer en sandwich et couper en deux dans la diagonale pour former 2 triangles.

***Astuce :** la garniture de ce sandwich, qui rappelle vaguement un mélange thon-mayonnaise, peut aussi être utilisée pour farcir des demi-avocats, des makis californiens, des bagels ou des tomates sans cuisson.*

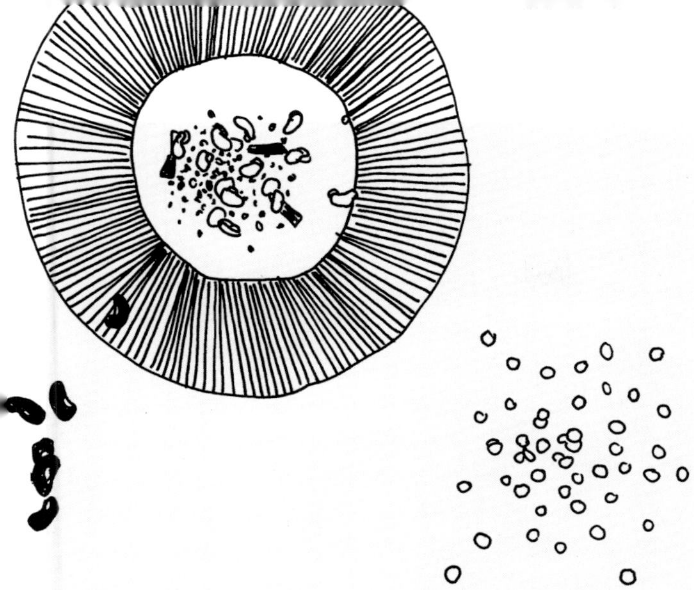

Galettes bretonnes

Pour 4 personnes

50 g de haricots de mer
1 échalote
100 g de tofu fumé
1 c. à s. de vin blanc
8 galettes de blé noir (voir p. 151)
1 pot de crème épaisse de soja lactofermenté
Huile végétale au choix
Poivre

Faire tremper les haricots de mer 10 minutes, puis bien les rincer sous l'eau froide pour éliminer le sel. Faire chauffer 1 c. à c. d'huile dans une petite poêle, puis y faire revenir l'échalote émincée avec les haricots de mer et le tofu coupé en allumettes. Poivrer et laisser dorer. Déglacer avec le vin blanc. Réserver. Dans une grande poêle huilée, faire chauffer une galette de blé noir 30 secondes de chaque côté, déposer 1 c. à s. de crème épaisse au centre, puis un peu de garniture au tofu et haricots de mer. Replier la galette, laisser chauffer 2 minutes et servir.

***Conseil :** pour ceux qui ne raffolent pas des algues et de leur parfum très iodé, on peut les remplacer par 1 petit poireau émincé.*

Crème à l'aneth

Pour 1 bol

1 bol de crème fraîche de soja (voir p. 143)
2 c. à s. de jus de citron frais
2 c. à c. d'aneth ciselé
Sel, poivre

Mélanger tous les ingrédients à la fourchette et conserver au frais avant de consommer.

Tarama vegan

Pour 1 petit bol

125 g de tofu ferme
1/4 de feuille de yaki nori
2 c. à s. de crème de soja lactofermenté
1,5 c. à s. de coulis de tomates
2 c. à c. de jus de citron frais
1 c. à c. d'huile végétale neutre
1/2 c. à c. de sel
15 gouttes de *liquid smoke*

Émietter le tofu dans le bol d'un mixeur ou d'un robot. Passer le yaki nori coupé en petits morceaux au mini-hachoir pour le réduire en fines paillettes. Ajouter au tofu avec tous les autres ingrédients et mixer. Verser dans un bol, couvrir et placer au frais pour 2 heures. Servir avec des toasts ou des blinis.

Rillettes marines, roulés marins aux herbes et salade de salicorn

Roulés marins aux herbes

Pour 2 roulés

125 g de tofu ferme
3 c. à s. de crème de soja
2 c. à s. de yaourt de soja
2 c. à s. de persil plat haché
1 c. à s. d'aneth haché
1 c. à s. de ciboulette hachée
2 feuilles de yaki nori
1 c. à c. d'échalote émincée
1 c. à s. d'huile d'olive
2 c. à s. de graines de lin moulues
Sel, poivre

Mixer le tofu avec la crème de soja et le yaourt, puis mélanger avec les herbes, l'échalote, l'huile d'olive et les graines de lin. Assaisonner. Étaler la moitié du mélange sur une feuille de yaki nori et rouler. Confectionner un deuxième rouleau de la même manière. Servir directement sur des assiettes, avec une salade et du pain.

Pour des rouleaux plus gros, utiliser ½ feuille de nori seulement par personne.

Salade de salicornes

Pour 2 personnes

150 g de salicornes en bocal
125 g de tomates cerise
½ échalote
½ grenade
2 c. à s. de persil plat haché
Huile d'olive
Graines de tournesol
Gomasio

Dans un petit saladier, mélanger les salicornes rincées et égouttées avec les tomates cerise coupées en quatre, l'échalote émincée, les graines de la grenade et le persil. Agrémenter d'un filet d'huile d'olive, de graines de tournesol et de gomasio.

Rillettes marines

Pour 4 personnes

200 g de cœurs de palmier en boîte, égouttés
1 c. à s. d'huile d'olive
Quelques gouttes de *liquid smoke*
125 g de haricots blancs
2 c. à s. de moutarde
5 c. à s. d'huile végétale neutre
3 c. à c. de crème de soja
½ feuille de yaki nori
2 c. à c. de concentré de tomate
2 c. à s. de persil plat haché
1 c. à s. d'aneth haché
1 c. à c. de graines de lin moulues
Sel, poivre

Hacher finement les cœurs de palmier, puis les faire revenir 5 minutes à feu moyen dans l'huile d'olive. Saler, poivrer et ajouter quelques gouttes de *liquid smoke*. Réserver. Mixer les haricots avec la moutarde et l'huile. Ajouter la crème, le yaki nori, le concentré de tomate et les herbes, et mixer. Dans un grand bol, mélanger cette crème avec les cœurs de palmier, puis ajouter les graines de lin moulues et rectifier l'assaisonnement. Rajouter un peu de *liquid smoke* au besoin, si le goût de fumé est trop léger. Disposer dans un petit plat et placer pour 1 heure au frais avant de servir.

Pour un goût marin plus prononcé, utiliser 1 feuille de yaki nori entière.

Risotto marin

Pour 4 personnes

1 l de bouillon de légumes chaud
½ morceau de kombu
3 c. à s. d'huile d'olive
2 verres de riz rond blanc
2 branches de céleri
2 gousses d'ail
1 verre de vin blanc
2 c. à s. de persil haché
100 ml de crème de soja
2 c. à s. de purée de noix de cajou
Sel, poivre

Préparer le bouillon de légumes, puis le verser dans une carafe et y ajouter le kombu. Dans une grande casserole, faire chauffer l'huile d'olive à feu moyen, puis faire revenir le riz avec le céleri coupé en dés et l'ail émincé. Quand le riz devient translucide, verser le vin blanc et laisser absorber. Couvrir de bouillon, ajouter le persil et laisser absorber en mélangeant régulièrement. Renouveler l'opération jusqu'à terminer le bouillon. Ajouter la crème et la purée de noix de cajou, rectifier l'assaisonnement, bien mélanger et servir.

Salade océane

Pour 2 personnes

100 g de cœurs de laitue
100 g de tomates cerise
½ concombre
Crème à l'aneth (voir p. 111)
Tofu marin pané pour 2 personnes (voir p. 109)
100 g de croûtons à l'ail

Sur 2 assiettes, répartir la salade, les tomates cerise coupées en quatre et le concombre en demi-tranches. Déposer 2 à 3 c. à s. de crème à l'aneth, puis répartir le tofu marin pané et les croûtons.

Sauce hollandaise

Pour 4 personnes

50 g de fécule
100 ml d'eau
100 ml de jus de citron frais
1 pincée de curcuma moulu
50 g de margarine
200 ml de lait de soja
Sel

Dans une casserole, mélanger au fouet la fécule avec l'eau, le jus de citron et le curcuma. Porter à feu vif et y jeter la margarine en morceaux. Mélanger au fouet. Quand le mélange a bien épaissi, ôter du feu et continuer à fouetter. Incorporer le lait de soja petit à petit et saler. Servir immédiatement.

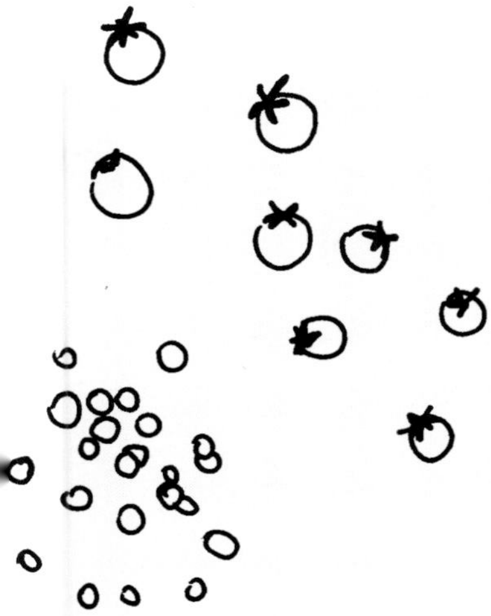

Pizza blanche au blé noir

Pour 4 personnes

90 g de farine de sarrasin intégral
210 g de farine de blé
1 sachet de levure de boulanger déshydratée
1 c. à s. de sucre de canne blond
1 c. à c. de sel
150 ml d'eau tiède
1 c. à s. d'huile d'olive + un peu pour parfumer
1 oignon
65 g de tofu fumé
6 c. à s. de crème de soja
½ feuille de yaki nori
Sel, poivre

Dans un saladier, mélanger les farines. Dans un verre doseur, mélanger la levure avec le sucre, le sel et l'eau tiède, puis laisser reposer 5 minutes. Verser sur les farines, mélanger à la cuillère et pétrir pour former une boule. Ajouter l'huile d'olive et pétrir à nouveau quelques minutes. Laisser lever dans un saladier couvert d'un torchon, à 25 °C minimum, pendant 1 heure. Étaler la pâte au rouleau sur une feuille de papier cuisson, puis la déposer sur une plaque de cuisson. Découper l'oignon en fines lamelles et le tofu fumé en allumettes. Étaler la crème sur la pâte, saler et poivrer. Répartir l'oignon et le tofu, arroser d'un filet d'huile d'olive et cuire 20 minutes à 180 °C (th. 6). Avec des ciseaux, couper la demi-feuille de yaki nori en très fins morceaux. Couper les parts de pizza et parsemer de yaki nori.

Chips de yaki nori au sésame

Pour 4 personnes

3 feuilles de yaki nori
1,5 c. à c. d'huile de sésame
Sel

Couper chaque feuille de yaki nori en 8 rectangles. Les enduire d'huile de sésame des deux côtés avec les doigts, puis saler légèrement. Faire chauffer une petite poêle sur feu moyen-vif, puis y faire griller quelques secondes de chaque côté les morceaux de yaki nori, qui vont très rapidement se rétracter. Ne surtout pas les laisser trop longtemps ni les laisser brunir. Ne pas hésiter à baisser le feu s'ils brunissent rapidement. À préparer juste avant de servir pour conserver le croustillant.

Linguines marines

Pour 4 personnes

300 g de linguines
1 oignon
4 branches de céleri
2 gousses d'ail
2 c. à s. d'huile d'olive
125 g de tofu fumé moelleux
2 c. à s. de persil haché
½ verre de vin blanc
200 ml de crème de soja (ou d'une autre crème végétale)
Sel, poivre

Cuire les linguines dans un grand faitout rempli d'eau bouillante, avec 1 pincée de sel et un filet d'huile d'olive. Émincer l'oignon, le céleri et l'ail, puis les faire revenir dans une poêle avec l'huile d'olive. Ajouter le tofu fumé coupé en dés et le persil, assaisonner et laisser dorer quelques minutes. Ajouter le vin blanc et couper le feu. Dans un bol, saler et poivrer la crème, puis bien mélanger. Égoutter les pâtes, les disposer dans un plat ou un saladier, mélanger avec la crème et le contenu de la poêle et servir immédiatement.

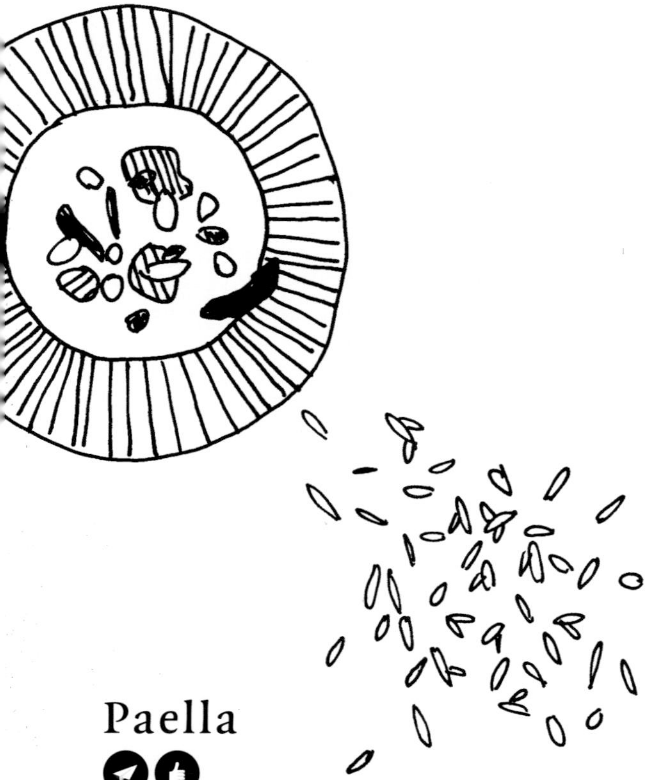

Paella

Pour 4 personnes

3 c. à s. d'huile d'olive
1 pincée de filaments de safran ou ¼ de c. à c. de curcuma
¼ de c. à c. de paprika
1 gros oignon
3 gousses d'ail
1 poivron rouge
100 g de tofu fumé
2 tomates bien mûres
½ verre de vin blanc
2 verres de riz rond
1 l de bouillon de légumes
Piment d'Espelette
50 g de petits pois frais ou surgelés
4 fonds d'artichauts
1 citron
Sel, poivre

Dans une grande poêle, faire chauffer l'huile d'olive. Y déposer le safran et le paprika, puis y faire revenir à feu vif l'oignon et l'ail émincés, le poivron en lamelles et le tofu en dés. Après quelques minutes, ajouter les tomates pelées et finement hachées, ainsi que le vin blanc. Ajouter le riz et bien mélanger. Baisser à feu moyen, cuire quelques minutes puis verser le bouillon de légumes, ajuster l'assaisonnement, pimenter au goût, ajouter les petits pois et les fonds d'artichauts coupés en lamelles, mélanger et cuire 20 minutes. Servir avec quelques quartiers de citron.

Tofu à l'escabèche

Pour 2 à 4 personnes

5 grosses gousses d'ail
1 oignon rouge
200 g de tofu
3 c. à s. d'huile d'olive
1 grosse tomate
50 ml de vinaigre balsamique blanc
1 branche de persil frisé
Sauce pimentée
Sel, poivre

Émincer l'ail et l'oignon, couper le tofu en dés. Dans une casserole, verser l'huile d'olive et porter à feu vif. Y faire suer l'oignon quelques minutes, puis ajouter l'ail et le tofu. Laisser cuire 5 minutes en remuant régulièrement. Ajouter la tomate coupée en dés et le vinaigre. Saler, poivrer, ajouter quelques gouttes de sauce pimentée selon le goût et laisser cuire quelques minutes. Hacher finement le persil et l'ajouter. Verser l'ensemble dans un bol ou un récipient hermétique. Consommer froid ou chaud. Se conserve 48 heures au frais.

Parfait pour un apéritif d'été avec quelques olives, ou comme garniture pour un sandwich.

Pommes de terre marinières

Pour 4 à 8 personnes

800 g de pommes de terre à chair ferme
60 ml d'huile végétale
3 oignons
½ branche de céleri
1 verre de vin blanc
2 brins de persil frisé
Sel, poivre

Éplucher et laver les pommes de terre. Les couper en dés. Faire chauffer l'huile à feu moyen dans une sauteuse ou un faitout. Y faire revenir les pommes de terre 10 minutes. Ajouter les oignons et le céleri émincés. Cuire à nouveau 10 minutes, saler, poivrer et ajouter le vin blanc. Cuire encore 10 minutes environ à feu doux ; les pommes de terre doivent être à peine fondantes. Servir avec le persil frisé haché.

ofu à l'escabèche

REMPLACER LES PRODUITS LAITIERS ET LES ŒUFS

-- LAITS VÉGÉTAUX --

-- FROMAGES VÉGÉTAUX --

-- CRÈMES ET MATIÈRES GRASSES VÉGÉTALES --

-- SE PASSER DES ŒUFS --

LAITS VÉGÉTAUX

Lait d'amande

Pour 1 l

100 g d'amandes
1 l d'eau
1 à 2 c. à s. de sirop d'agave (facultatif)

Faire tremper les amandes dans un grand récipient rempli d'eau pendant 1 nuit ou au minimum 3 heures (utiliser alors de l'eau tiède). Jeter l'eau de trempage (ou la garder pour arroser les plantes !) et mixer les amandes avec 1 l d'eau. Pour un lait plus doux, ajouter le sirop d'agave avant de mixer. Filtrer à travers une passoire fine couverte d'une étamine (on peut également utiliser un sac à lait végétal ou un bas). Bien essorer l'étamine et récupérer la chair d'amande pour confectionner des biscuits, des terrines ou des galettes végétales. Conserver au frais dans une bouteille hermétique et consommer dans les 3 jours.

Focus : l'okara, c'est quoi ?

C'est le mot japonais qui désigne la pulpe de soja restant après la préparation du lait de soja. Par extension, on utilise ce mot pour désigner la pulpe ou la chair restant après la préparation des laits végétaux. On parle d'okara d'amande, de noix de cajou, etc. L'okara est un produit utilisé dans les cuisines traditionnelles japonaise et coréenne. En Occident, c'est à travers les cuisines végétarienne et végétalienne que son emploi s'est popularisé. L'okara est très nutritif et il serait vraiment dommage de ne pas l'utiliser !

Yaourt de soja à la vanille

Pour 8 yaourts environ

1 l de lait de soja
1 yaourt de soja
2 à 3 c. à s. de sirop d'agave
1 à 2 c. à c. d'extrait de vanille liquide

Mélanger tous les ingrédients au mixeur, puis répartir dans des pots à yaourts en verre et placer pour environ 12 heures en yaourtière. Laisser refroidir, fermer les pots et conserver au réfrigérateur. Consommer dans la semaine.

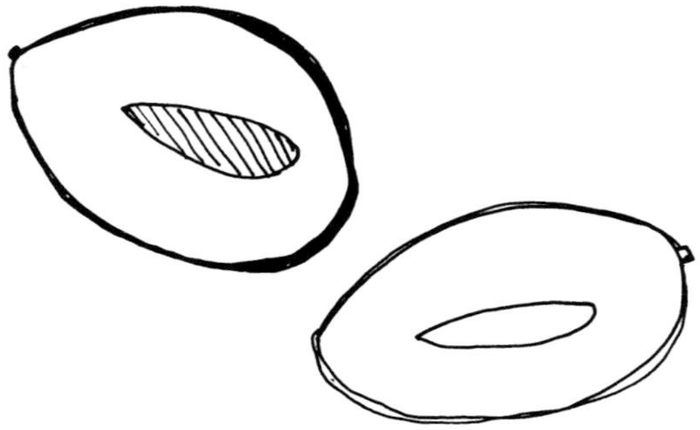

Horchata de chufa

Pour 1 l

1 bol de souchets séchés
1 l d'eau
100 g de sucre de canne blond (ou plus selon le goût)
⅛ de c. à c. de cannelle moulue
⅛ de c. à c. de vanille moulue
Glace pilée (facultatif)

Faire tremper les souchets dans de l'eau tiède pendant 48 heures, en changeant l'eau régulièrement. Les frotter dans l'eau tiède pour éliminer les résidus de terre, rincer et recommencer jusqu'à ce que l'eau soit claire. Mettre ½ l d'eau et 1 poignée de souchets dans le bol d'un mixeur et mixer. Ajouter une autre poignée de souchets et mixer. À la dernière poignée de souchets, ajouter le reste de l'eau, le sucre, la cannelle et la vanille. Placer pour 1 heure au frais. Remixer quelques secondes et filtrer à travers une passoire couverte d'une étamine. Bien exprimer le jus en compressant l'étamine. Servir frais, éventuellement sur de la glace pilée.

***Info** : cette boisson originaire de Valence est traditionnellement très sucrée, mais on peut adapter la quantité de sucre. Si l'horchata industrielle contient souvent du lait, la recette traditionnelle est 100 % végétale. À noter qu'on rencontre au Mexique une horchata à base de riz, servie elle aussi glacée et parfumée avec de la cannelle.*

Crème pâtissière

Pour 4 personnes

10 c. à s. de sucre de canne blond
1 c. à s. de fécule de maïs
4 c. à s. de farine de blé
3 c. à s. de purée de noix de cajou
3 c. à s. d'eau
500 ml de lait de soja
Margarine

Dans une casserole, mélanger le sucre avec la fécule et la farine. Ajouter la purée de noix de cajou et l'eau, bien mélanger pour obtenir un mélange homogène. Ajouter le lait chaud progressivement, en fouettant bien. Porter le mélange à petits bouillons sur feu moyen et fouetter quelques minutes pour obtenir une crème épaisse et onctueuse. Verser dans un grand bol et passer un petit morceau de margarine sur le dessus pour éviter qu'une peau ne se forme sur la crème.

Milk-shake à la banane et aux dattes

Pour 1 grand verre

150 ml de lait végétal
1 banane
4 dattes dénoyautées
1 poignée de glaçons
1 pincée de vanille moulue
1 pincée de cannelle moulue

Placer tous les ingrédients dans le bol d'un mixeur et mixer quelques minutes. Servir immédiatement.

Lait riz-châtaigne

Pour 1 l

70 g de riz
100 g de marrons au naturel
1 l d'eau + 250 ml
1 c. à s. de sirop d'agave

Mettre le riz, les marrons et 1 l d'eau dans une casserole. Cuire à feu vif pendant 15 minutes. Ôter du feu et laisser reposer 15 minutes. Mixer à l'aide d'un mixeur plongeant ou passer au blender. Filtrer à travers une passoire fine couverte d'une étamine, ajouter 250 ml d'eau et le sirop d'agave. Conserver dans une bouteille en verre au réfrigérateur.

Lassi à la mangue

Pour 4 personnes

350 ml de lait de soja
2 yaourts de soja
1 mangue bien mûre
2 c. à s. de sucre de canne blond
1 c. à c. de jus de citron frais

Dans le bol d'un mixeur, mélanger le lait et les yaourts de soja. Ajouter la mangue en morceaux, le sucre et le jus de citron, puis mixer pour obtenir une texture de milk-shake lisse. Consommer immédiatement.

Entremets à la bergamote

Pour 6 entremets

350 ml de lait végétal
150 ml de crème de soja
¾ de c. à c. d'agar-agar
100 g de sucre
1 citron bergamote

Dans une casserole, mélanger le lait avec la crème, l'agar-agar et le sucre. Zester le citron bergamote puis le presser, ajouter le zeste et le jus dans la casserole, puis porter à ébullition tout en mélangeant. Fouetter pendant 2 minutes puis répartir dans 6 ramequins. Laisser refroidir et placer pour 2 heures au frais.

Crème anglaise

Pour 4 personnes

½ l de lait de soja
4 c. à s. de sucre de canne blond
3 c. à s. de fécule de maïs
1 c. à s. de purée de noix de cajou
⅛ de c. à c. de vanille moulue
1 pointe de couteau de curcuma moulu (pour la couleur, facultatif)

Mélanger tous les ingrédients au fouet dans une casserole moyenne. Porter à petits bouillons sur feu moyen et laisser épaissir quelques minutes, en mélangeant au fouet, pour obtenir une crème onctueuse mais pas trop épaisse (attention, si elle cuit trop, elle se transformera en crème dessert !).

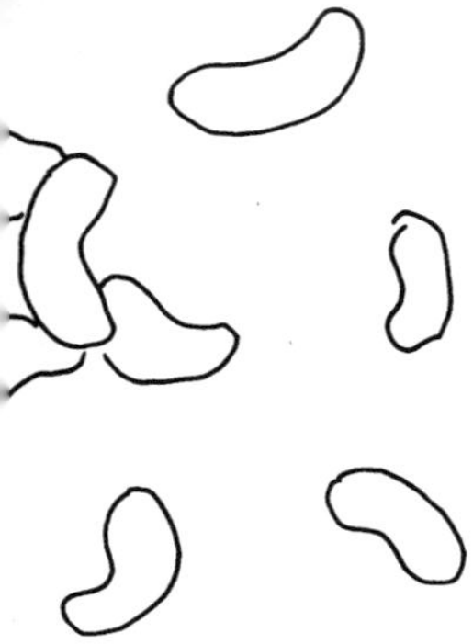

Confiture de lait d'amande

Pour 1 pot

1 l de lait d'amande
250 g de sucre de canne blond
¼ de c. à c. de vanille moulue

Mélanger tous les ingrédients dans une grande casserole, porter à ébullition puis baisser à feu doux et cuire en mélangeant régulièrement pendant 2 heures, jusqu'à ce que le mélange prenne la consistance d'une crème. Verser dans un bocal et laisser prendre au frais pendant 24 heures.

Lait cajou-noisette

Pour 1 l

60 g de noix de cajou
40 g de noisettes
1 l d'eau

Faire tremper les noix de cajou et les noisettes dans un grand récipient rempli d'eau pendant 1 nuit. Jeter l'eau de trempage et mixer les noix avec 1 l d'eau. Filtrer à travers une fine passoire couverte d'une étamine, d'un sac à laits végétaux ou d'un bas. Bien essorer l'étamine. Garder le lait au frais, dans une bouteille hermétique. Consommer dans les 3 jours.

Biscuits moelleux à l'okara cajou-noisette

Pour environ 12 biscuits

150 g d'okara cajou-noisette (voir la recette précédente)
1 c. à s. de graines de lin moulues
75 g de sucre de canne blond
3 c. à s. d'huile végétale neutre
2 c. à s. de purée de noix de cajou
1 c. à s. de purée de noisette
125 ml de lait de soja
225 g de farine de blé T45
½ c. à c. de poudre à lever
½ c. à c. de bicarbonate de soude
¼ de c. à c. de vanille moulue
¼ de c. à c. de sel
25 g de noix de cajou concassées

Mélanger l'okara avec les graines de lin, le sucre, l'huile, les purées d'oléagineux et le lait de soja. Mélanger à part la farine et les ingrédients secs restants (sauf les noix de cajou), puis incorporer à la préparation précédente. Avec les mains mouillées, prélever une petite boule de pâte et la déposer sur une plaque couverte de papier cuisson. Aplatir et déposer des éclats de noix de cajou sur le dessus. Répéter l'opération avec le reste des ingrédients. Cuire 15 minutes à 180 °C (th. 6).

ait cajou-noisette, biscuits moelleux et confiture de lait d'amande

Riz au lait pomme-cannelle au sirop d'érat

Terrine à l'okara d'amande et olives vertes

Pour 2 personnes

175 g d'okara d'amande (voir p. 120)
Farce de tofu à tout faire (voir p. 76)
50 g d'olives vertes
1 c. à s. de flocons de levure
1 c. à s. de graines de lin moulues
2 c. à c. d'huile d'olive
2 c. à c. de jus de citron frais
1 c. à c. de tamari
1 pincée de piment d'Espelette
Sel, poivre

Mixer tous les ingrédients au robot, puis bien tasser dans une petite terrine et placer au frais pour 2 heures.

À tartiner sur du pain ou pour garnir des sandwichs.

Riz au lait pomme-cannelle au sirop d'érable

Pour 4 personnes

700 ml de lait de soja
120 g de riz rond blanc
1/4 de c. à c. de vanille moulue
1 grosse pomme
1 c. à c. d'huile neutre ou de margarine
1/4 de c. à c. de cannelle moulue
6 c. à s. de sirop d'érable
50 g de sucre de canne blond

Dans une grande casserole, porter le lait à ébullition, puis verser le riz en pluie et mélanger. Ajouter la vanille et baisser à feu doux. Cuire 30 à 40 minutes pour que le riz soit tendre. Mélanger très régulièrement afin que le lait et le riz n'attachent pas à la casserole. Couper la pomme en petits dés. La faire revenir 5 minutes dans une petite poêle, avec l'huile et la cannelle. Ajouter la pomme, le sirop d'érable et le sucre dans le riz, bien mélanger. Cuire environ 10 minutes pour que le riz au lait soit bien crémeux. Répartir dans 4 verres ou ramequins. Laisser refroidir avant de servir.

Matcha latte

Pour 1 personne

300 ml de lait d'amande
1 c. à c. de thé matcha en poudre
2 à 3 c. à c. de sirop d'agave

Chauffer le lait d'amande sans le faire bouillir. Incorporer le matcha au fouet, ajouter le sirop d'agave, laisser chauffer à feu doux 1 ou 2 minutes, puis filtrer à travers un petit chinois avant de servir.

FROMAGES FRAIS ET CRÉMEUX

Mozzarella de soja

Pour 1 grosse boule

200 g de tofu soyeux
125 g de yaourt de soja
100 ml de lait de soja
1,5 c. à s. de jus de citron
1 c. à s. d'huile d'olive
1 c. à s. d'arrow-root
½ c. à c. d'agar-agar
½ c. à c. de sel

Verser tous les ingrédients dans le bol d'un mixeur et mixer pour obtenir une crème bien lisse. Transvaser dans une petite casserole et porter à ébullition. Cuire quelques minutes en mélangeant constamment au fouet pour laisser épaissir jusqu'à obtenir la texture d'une béchamel épaisse. Disposer une grande feuille de film alimentaire sur un bol, y verser la crème épaissie et réunir les bords du film, puis fermer avec un lien. Laisser refroidir et placer pour 30 minutes au congélateur. Conserver ensuite au frais. Démouler avant de servir.

Se consomme comme de la mozzarella et fond sans problème.

Ricotta de soja

Pour 1 bol

150 g de tofu
1 c. à s. de purée de sésame
6 c. à s. de crème de soja
½ c. à c. d'oignon moulu
¼ de c. à c. d'ail moulu
¼ de c. à c. de sel
1 c. à c. de jus de citron frais
Poivre

Émietter le tofu dans un bol, puis mélanger avec la purée de sésame, la crème de soja et les aromates. Assaisonner et ajouter le jus de citron. Réserver au frais.

À utiliser tel quel, comme un fromage frais, ou à cuisiner en sauce, en farce, dans des tartes, avec des pâtes…

Cottage cheese

Pour 1 bol

400 g de tofu soyeux
1 yaourt de soja
1 c. à c. de sel
2 c. à s. de jus de citron frais

Mélanger le tofu soyeux et le yaourt de soja à la fourchette. Ajouter le sel et le jus de citron. Bien mélanger. Disposer une étamine sur une passoire fine et y verser la préparation. Couvrir d'un torchon et laisser s'égoutter pendant 1 heure. Refermer l'étamine sur elle-même, en maintenant les extrémités d'une seule main, et presser légèrement pour laisser s'écouler l'excédent d'eau. Transvaser dans un bol et servir assaisonné d'herbes fraîches ainsi que d'huile d'olive.

Cream cheese

Pour 1 bol

200 g de tofu soyeux
150 ml de crème de soja
1 c. à s. d'arrow-root
1 c. à c. de sirop d'agave
½ c. à c. de sel
½ c. à c. d'agar-agar

Mixer l'ensemble des ingrédients, puis, dans une petite casserole, porter à ébullition, en remuant constamment avec une cuillère en bois, pour 2 à 3 minutes. Verser dans une boîte hermétique, laisser refroidir à température ambiante puis placer au frais. Laisser reposer 2 heures avant de consommer.

À tartiner sur du pain, des toasts, à garnir d'herbes ou de légumes frais, à utiliser dans des sandwichs…

Mascarpone de cajou

Pour 300 g

150 g de noix de cajou non grillées
3 c. à s. de yaourt de soja
100 ml de crème de soja
4 c. à c. de jus de citron frais
1 pincée de sel

Dans un grand bol, faire tremper les noix de cajou pendant 2 à 3 heures, puis les égoutter et les mixer avec le yaourt et la crème de soja. Ajouter le jus de citron petit à petit, en mixant entre chaque cuillerée, puis ajouter le sel et bien mixer. Passer au réfrigérateur pour 1 à 2 heures avant d'utiliser. Se conserve 48 heures au frais, dans un récipient hermétique.

FROMAGES FERMENTÉS

Bûche aux herbes

Pour 4 personnes

150 g de noix de cajou non grillées
50 ml de réjuvélac
¾ de c. à c. de sel
1 c. à c. de levure maltée
3 c. à s. de ciboulette ciselée
3 c. à s. de coriandre ciselée
½ c. à s. de feuilles de thym hachées

Faire tremper les noix de cajou pendant 6 à 8 heures, puis les égoutter. Les mixer longuement avec le réjuvélac pour obtenir une crème épaisse. Placer dans un récipient hermétique, fermer et laisser fermenter à température ambiante pendant 12 à 48 heures (en moyenne, compter 24 heures). Ajouter le sel et la levure, bien mélanger. Placer au frais pour 8 à 12 heures. Le fromage va se raffermir. Étaler sur du film alimentaire les herbes hachées et y déposer le fromage en un tas allongé. Rouler le film pour former une bûche, bien serrer, fermer les extrémités et placer au frais pour 12 heures avant de consommer. Se garde 1 semaine au réfrigérateur.

Feta de tofu fermenté au miso

Pour 2 personnes

125 g de tofu ferme
Shiro miso

Couper le bloc de tofu en 3 tranches dans son épaisseur (pour obtenir de fines tranches) Les couvrir de miso puis les placer les unes sur les autres dans une boîte hermétique. Fermer et laisser fermenter pendant 24 à 48 heures à température ambiante (s'il fait vraiment froid, cela peut aller jusqu'à 72 heures). Passer les tranches de tofu sous l'eau pour éliminer le miso et conserver quelques jours au réfrigérateur, dans une boîte hermétique.

À utiliser tel quel, coupé en dés dans une salade, avec des pâtes, du pain et de l'huile d'olive, bref comme de la feta.

Moelleux de cajou

Pour 2 à 4 personnes

175 g de noix de cajou non grillées
80 ml de réjuvélac
1 c. à c. de sel
1 c. à c. de miso blanc
2 c. à s. de levure maltée
1 c. à c. de tahin

Faire tremper les noix de cajou pendant 6 à 8 heures, puis les égoutter. Les mixer longuement avec le réjuvélac pour former une crème épaisse. Placer dans un récipient hermétique, fermer et laisser fermenter à température ambiante pendant 12 à 48 heures (en moyenne, compter 24 heures). Ajouter les autres ingrédients, bien mélanger et placer au frais pour 8 heures. Le fromage peut être conservé dans son récipient hermétique ou moulé à l'aide d'un cercle pour être servi. Se conserve, dans un récipient hermétique ou du film alimentaire, 1 semaine au réfrigérateur.

***Variantes :** une fois le moelleux démoulé, le parsemer d'herbes de Provence, ou hacher quelques fruits secs et les mélanger avec le fromage avant de le mouler.*

Crottin d'amandes échalote-ciboulette

Pour 2 personnes

130 g d'amandes mondées
75 ml de réjuvélac
½ c. à c. de sel
1 c. à c. de levure maltée
1 c. à c. d'échalote hachée
1 c. à s. de ciboulette hachée

Faire tremper les amandes pendant 8 heures. Les égoutter et les mixer longuement avec le réjuvélac pour former un fromage frais. Placer dans un récipient hermétique et laisser fermenter à température ambiante pendant 12 à 48 heures (24 heures en moyenne). Ajouter le sel, la levure, l'échalote et la ciboulette, bien mélanger. Placer une feuille de film alimentaire dans un ramequin à fond plat, y tasser le fromage d'amandes et fermer le film. Placer pour 12 heures au frais avant de démouler. Se conserve dans son film 1 semaine au réfrigérateur.

ottin, bûche, moelleux et feta

Fromage à tartiner ail et fines herbe

Réjuvélac

Pour ½ l

2 c. à s. de graines de blé à germer (ou d'un autre type de graines au choix)
500 ml d'eau

Faire tremper les graines pendant 8 à 12 heures, puis les mettre dans un germoir, un bocal ou un bol. Laisser germer 2 à 3 jours en rinçant matin, midi et soir. Mettre les graines germées dans un bocal hermétique et couvrir avec l'eau. Fermer et laisser fermenter à température ambiante pendant 24 à 72 heures. Le liquide va devenir blanc et opaque, et aura une odeur fermentée très nette.

Cette version simplifiée du réjuvélac permet de préparer plusieurs fromages végétaux fermentés. Si on souhaite utiliser le réjuvélac comme boisson, il faut en produire plus !

FROMAGES FONDANTS ET À TARTINER

Crème fromagère à tout faire

Pour 2 à 4 personnes

250 ml de crème de soja
3 c. à s. de levure maltée
1 c. à s. de purée de noix de cajou
1 c. à s. de miso blanc
2 c. à c. de ciboulette
½ c. à c. de moutarde
½ c. à c. de sel
¼ de c. à c. d'ail moulu
⅛ de c. à c. de curcuma moulu

Mixer tous les ingrédients au mixeur plongeant. Verser dans une petite casserole et cuire quelques minutes à feu vif. Consommer immédiatement.

À utiliser comme une sauce fromagère, avec des pâtes, dans un gratin, comme du fromage fondu, comme dip ou pour farcir des raviolis, des feuilletés.

Fromage à tartiner ail et fines herbes

Pour 1 bol

50 g de noix de cajou blanches
175 g de tofu lactofermenté mariné au tamari
100 ml d'eau
1 gousse d'ail
1 c. à c. de basilic haché
1 c. à c. de persil haché
1 c. à c. de coriandre hachée
¼ de c. à c. de sel

Faire tremper les noix de cajou pendant 1 heure. Émietter le tofu. Mixer tous les ingrédients au robot jusqu'à obtenir une crème bien épaisse. Conserver au réfrigérateur, dans un récipient hermétique. Consommer dans les 4 jours.

Petit breton aux noix

Pour 2 à 4 personnes

60 g de noix de cajou non grillées
5 noix de Grenoble fraîches
125 g de tofu ferme
60 ml de cidre brut bouché (non filtré)
1 c. à c. de sel
1 c. à c. de jus de citron
½ c. à c. d'oignon râpé

Faire tremper les noix de cajou pendant 30 minutes. Casser les noix pour récupérer les cerneaux. Mélanger tous les ingrédients dans le bol d'un mixeur et mixer pour obtenir un fromage frais et onctueux. Transvaser dans un récipient hermétique ou mettre en forme à l'aide d'un cercle en métal et décercler au moment de servir. À consommer dans les 24 heures.

***Conseil** : ce fromage est léger mais a beaucoup de caractère. Pour un résultat plus doux, supprimer l'oignon. Les noix fraîches ont toute leur importance pour le goût et la texture, c'est donc un fromage d'automne à confectionner en pleine saison !*

Bloc de fromage à râp

Fromage fondant

Pour 4 à 6 personnes

150 g de noix de cajou non grillées
3 c. à s. de levure maltée
1 c. à c. de sel marin
3 c. à s. d'huile d'olive
200 ml d'eau
6 c. à c. d'agar-agar

Dans le bol d'un mixeur, disposer les noix de cajou, la levure maltée, le sel et l'huile d'olive, puis mixer longuement pour obtenir une texture homogène. Dans une petite casserole, mélanger au fouet l'eau et l'agar-agar. Porter à ébullition et mélanger pendant 1 minute. Verser le gel obtenu dans le mixeur et bien mixer à nouveau. Couvrir un petit récipient rectangulaire de film alimentaire, y verser la préparation et bien tasser, puis lisser la surface à l'aide d'une spatule. Placer au congélateur pour 40 minutes, puis démouler. À conserver dans son film plastique et à trancher avant d'utiliser.

Parfait pour des croques, des burgers ou encore des pizzas, ce fromage végétal légèrement fondant ne sera pas dégoulinant après cuisson et ne fera pas de fils.

Fromage au poivre et à l'estragon

Pour 2 à 4 personnes

200 g de tofu lactofermenté
100 g de noix de cajou non grillées
2 c. à s. d'huile d'olive
1 c. à s. de levure maltée
½ c. à c. de sel
1 c. à c. de poivre noir grossièrement concassé
1 c. à s. d'estragon haché

Dans le bol d'un mixeur, mélanger le tofu avec les noix de cajou, l'huile d'olive, la levure maltée et le sel, puis mixer pour obtenir une pâte homogène et épaisse. Transvaser dans un bol puis y incorporer le poivre et l'estragon à la fourchette. Filmer un grand ramequin, bien tasser le fromage à l'intérieur, puis placer au frais pour 1 heure et démouler au moment de servir sur une assiette. Consommer dans les 48 heures.

Bloc de fromage à râper

Pour 4 à 6 personnes

260 g de graines de lupin saumurées débarrassées de leur peau
3 c. à c. de levure maltée
50 g d'huile de coco inodore
½ c. à c. de sel
2 c. à s. d'eau

Mettre les lupins dans le bol d'un mixeur, avec la levure maltée, l'huile de coco et le sel. Mixer longuement pour obtenir une pâte fine. Ajouter l'eau et bien mixer ; la pâte doit se tenir. Filmer un ramequin ou un récipient rectangulaire et bien tasser la pâte à l'intérieur. Placer pour 45 minutes au congélateur, puis conserver au frais dans son film. Râper à l'aide d'une grosse râpe manuelle (pas au robot ni avec une râpe trop fine). À utiliser sur un gratin, dans des pâtes, pour faire des nachos, sur une pizza…

***Variante** : ne pas râper mais utiliser comme du cheddar, en dés ou en tranches dans un burger.*

***Bon à savoir** : les graines de lupin saumurées, appelées « tramousses » dans le Sud de la France ou « tremoços » au Portugal, sont généralement consommées à l'apéritif. On les trouve conditionnées en bocal ou auprès des vendeurs d'olives. Ces légumineuses sont riches en protéines et le goût salé apporté par la saumure leur donne une saveur fromagère très intéressante.*

FROMAGES CORSÉS ET PARFUMÉS

Fromage corsé au tempeh

Pour 2 à 4 personnes

50 g de noix de cajou non grillées
100 g de tempeh nature
50 ml d'eau
2 c. à s. de miso blanc
1 c. à s. de levure maltée
1 c. à s. de purée de noix de cajou
2 c. à c. de jus de citron
1 c. à c. d'ail en poudre

Faire tremper les noix de cajou pendant 30 minutes. Les égoutter, puis les mettre dans le bol d'un mixeur, avec tous les autres ingrédients. Mixer pour obtenir une pâte homogène. Déposer un cercle en métal d'environ 8 cm de diamètre dans un plat couvert de papier cuisson et verser la préparation à l'intérieur. Cuire 25 minutes à 180 °C (th. 6), puis laisser refroidir et démouler délicatement en passant la lame d'un couteau le long des parois du cercle.

Parmesan végétal

Pour 1 petit bocal

115 g de noix de cajou non grillées
1 c. à s. de levure maltée
1 c. à c. de sésame blond
½ c. à c. de sel

Mixer tous les ingrédients au robot pour obtenir une poudre fine. Conserver dans un bocal hermétique au réfrigérateur.

Fromage à trancher au cumin

Pour 6 personnes

200 g de tofu lactofermenté
2 c. à s. de crème de soja lactofermenté
2 c. à s. de purée de noix de cajou
3 c. à s. de tahin
3 c. à s. de levure maltée
½ c. à c. de sel
4 c. à s. d'huile de coco inodore fondue
4 c. à c. d'agar-agar
150 ml d'eau
2 c. à c. de graines de cumin

Émietter le tofu lactofermenté dans le bol d'un mixeur, puis ajouter la crème de soja, les purées d'oléagineux, la levure, le sel et l'huile. Mixer. Dans une petite casserole, mélanger au fouet l'agar-agar avec l'eau et porter à ébullition. Mélanger 1 minute, puis verser le gel obtenu dans le bol du mixeur. Bien mixer pour obtenir une pâte souple et homogène. Ajouter les graines de cumin et mélanger à la cuillère. Filmer un récipient rectangulaire. Y verser la préparation, bien tasser et lisser à la spatule. Placer au congélateur pour 30 minutes, puis démouler et conserver au frais dans son film. Trancher au moment de servir.

Pavé épicé

Pour 2 à 4 personnes

125 g de noix de cajou non grillées
1 c. à c. de sel
4 c. à s. de levure maltée
3 c. à c. d'oignon séché
½ c. à c. de piment d'Espelette
½ c. à c. de paprika
1 c. à c. d'ail moulu
½ c. à c. de mélange cinq-baies moulu
30 g d'huile de coco
50 ml d'eau

Mixer les noix de cajou avec les épices, puis ajouter l'huile et l'eau et mixer à nouveau pour obtenir une crème épaisse. Filmer un petit moule rectangulaire et bien tasser le mélange à l'intérieur. Placer pour 15 minutes au congélateur, puis démouler sur une assiette.

***Conseil** : pour une touche encore plus parfumée, ajouter 1 c. à c. d'aneth séché.*

…rsé au tempeh, fromage au cumin et tranches de fromage fondant

CUISINER LES FROMAGES VÉGÉTAUX

Feta marinée aux aromates

Pour 4 personnes

200 g de tofu lactofermenté
ou de feta maison (voir p. 130)
200 ml d'huile d'olive
2 c. à c. d'oignon moulu
1 c. à c. d'herbes de Provence
1 c. à c. de graines de coriandre
1 c. à c. de basilic séché
½ c. à c. d'ail moulu
¼ de c. à c. de sel
1 branche de thym
Poivre

Couper le tofu en dés. Dans un bol, mélanger les dés de tofu, l'huile et les aromates. Transvaser dans un grand bocal.

***Astuces :** réutiliser un bocal à cornichon ; son petit accessoire permettra de remonter facilement les dés de feta végétale. Penser à réutiliser l'huile pour un nouveau bocal de feta végétale marinée ou pour mariner ce qu'on voudra (tomates séchées, poivrons grillés, gousses d'ail...).*

Cream cheese au poivron grillé

Pour 1 bol

1 petit poivron rouge
200 g de tofu soyeux
125 g de yaourt de soja
½ c. à c. de sel
1 c. à c. d'agar-agar
¼ de c. à c. d'ail moulu
2 c. à c. d'huile de coco inodore

Couper et épépiner le poivron, puis le faire griller au four en position gril jusqu'à ce que la peau devienne noire. L'éplucher et le couper en morceaux. Le placer dans le bol d'un mixeur, avec le tofu, le yaourt, le sel, l'agar-agar et l'ail. Mixer pour obtenir une crème homogène. Dans une petite casserole, faire fondre l'huile de coco, puis verser la crème au poivron et bien mélanger au fouet. Porter à petits bouillons et cuire 1 minute en remuant sans arrêt. Verser dans un récipient, laisser refroidir à température ambiante et placer pour 2 heures au frais. Se conserve 48 heures, dans le récipient fermé hermétiquement, au réfrigérateur.

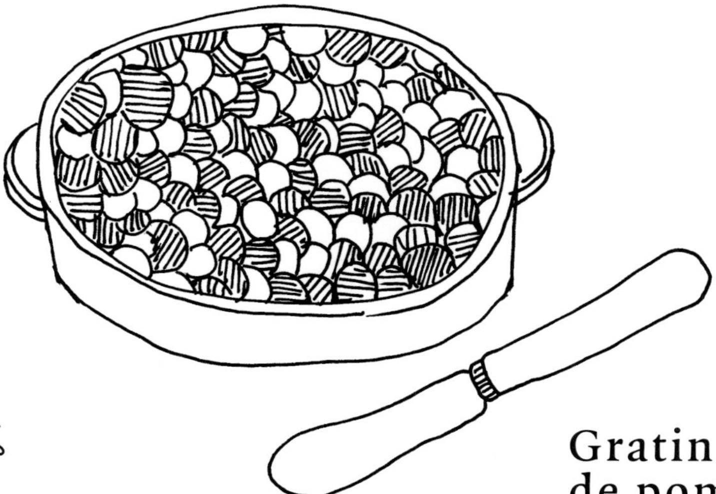

Sauce
aux deux fromages

Pour 1 bol

200 ml de lait de soja
100 g de fromage à râper (voir p. 135)
125 g de fromage fondant (voir p. 135)
Sel, poivre

Dans une petite casserole, verser le lait de soja et porter à feu moyen. Émietter les fromages et les ajouter. Porter à feu vif et bien mélanger au fouet pour faire fondre les fromages. Saler et poivrer au goût.

***Utilisation :** sur des pâtes, des gratins de légumes, des burritos, pour remplacer du fromage fondu.*

Gratin
de pommes de terre
façon tartiflette

Pour 4 personnes

4 belles pommes de terre (700 g)
2 c. à c. d'huile d'olive
1 oignon
125 g de tofu fumé
1 bol de sauce aux deux fromages (voir recette précédente)
150 g de fromage fondant (voir p. 135)
100 ml de crème de soja
Sel, poivre

Éplucher les pommes de terre puis les plonger dans une casserole remplie d'eau bouillante. Cuire 10 minutes après la reprise de l'ébullition. Dans une poêle, faire revenir quelques minutes dans l'huile d'olive l'oignon et le tofu découpés en fines lamelles. Une fois les pommes de terre cuites, les couper en rondelles. Huiler un plat à gratin, y déposer une couche de rondelles de pommes de terre, étaler par-dessus la moitié de la sauce aux deux fromages, couvrir de la moitié du mélange oignon-tofu, puis à nouveau, former une couche de rondelles de pommes de terre, étaler le reste de la sauce, couvrir avec les oignons et le tofu et enfin former une dernière couche de pommes de terre. Répartir le fromage fondant coupé en tranches épaisses, napper généreusement de crème de soja, saler, poivrer et cuire 20 à 25 minutes à 180 °C (th. 6).

Croquettes au fromage

Pour environ 12 croquettes

2 c. à s. de fécule de maïs
4 c. à s. d'eau
Chapelure
1 bloc de fromage à râper (voir p. 135)
Huile de tournesol

Dans un bol, mélanger la fécule et l'eau. Verser généreusement de la chapelure sur une assiette. Prélever un petit morceau de fromage et le modeler entre les mains pour en faire une boule. La rouler dans le mélange à la fécule, puis dans la chapelure. Renouveler l'opération 1 à 2 fois si nécessaire. Confectionner toutes les croquettes. Dans une petite casserole, faire chauffer environ 4 cm d'huile de tournesol. Quand l'huile est chaude (attention, elle ne doit pas fumer), y plonger 2 croquettes. Les retourner sans arrêt pendant 1 minute environ et les retirer dès qu'elles sont dorées. Cuire toutes les croquettes, puis les déposer sur du papier absorbant et manger rapidement.

oquettes au fromage

QUELLES MATIÈRES GRASSES CHOISIR ?

Les huiles

Il n'y a pas vraiment d'huile qui soit meilleure qu'une autre, chacune a un profil nutritionnel particulier, et si l'on veut s'assurer d'un apport équilibré en acides gras, c'est plutôt vers la diversité qu'il faut s'orienter. Cependant, en termes de santé et d'impact écologique, toutes les huiles ne se valent pas. Il est toujours préférable de choisir des huiles vierges, obtenues par pression à froid, issues de filières biologiques, exemptes de produits toxiques et qui n'ont pas subi d'altération.

Pour varier les huiles au quotidien et cuisiner, misez sur :

- *une huile d'olive vierge de première pression à froid ; très polyvalente, elle peut presque tout faire, même être utilisée dans les gâteaux.*
- *Une huile riche en oméga-3 (colza, lin, chanvre ou un mélange d'huiles bio riches en oméga-3) pour agrémenter les salades, les soupes ou les purées.*
- *Une huile neutre pour la cuisson et la pâtisserie (pépin de raisin, colza, tournesol ou un mélange d'huiles adaptées à la cuisson, éventuellement désodorisées).*
- *Si votre budget le permet, adoptez quelques huiles gourmandes au parfum envoûtant : sésame, noisette, noix de coco. Leur prix est un peu élevé, mais on n'en utilise souvent qu'une faible quantité et on les trouve dans de petits contenants.*

La margarine et l'huile de palme

Les margarines bio et 100 % végétales sont loin des margarines classiques bourrées d'huile hydrogénée, de vilains acides gras « trans » et d'additifs douteux. Mais elles contiennent un ingrédient que de plus en plus de consommateurs rejettent pour des raisons de santé, d'écologie et d'éthique : l'huile de palme. L'huile de palme bio est-elle cependant à mettre au même plan que sa consœur issue de l'agriculture conventionnelle ? Le débat à ce sujet entre les défenseurs d'une alimentation responsable n'est pas clos. Voici quelques pistes de réflexion.

En termes de santé, l'huile de palme bio, non hydrogénée, lorsqu'elle est consommée de manière occasionnelle (une pâte feuilletée, une recette où la texture de la margarine est indispensable, une tartine de temps à autre...), ne présente pas de danger, surtout si on consomme des huiles variées et de bonne qualité au quotidien. En revanche, il faut éviter de consommer trop régulièrement des produits transformés bio qui en contiennent. C'est quand elle se cache un peu partout et qu'on en consomme à notre insu qu'elle peut devenir dangereuse pour la santé.

En matière d'écologie et d'éthique, la production d'huile de palme bio répond en théorie à des critères stricts. La production est très restreinte par rapport à celle de la filière non bio (environ 0,2 % du marché) et la majorité de l'huile de palme bio provient de Colombie, de plantations qui ne sont a priori pas responsables de la déforestation, de la destruction de la biodiversité et des habitats naturels des animaux ni de conditions de travail inhumaines, soit à peu près l'opposé des conditions de production de l'huile de palme conventionnelle.

Mes conseils : limitez au minimum sa consommation à la maison et optez pour du bio quand vous achetez des produits qui en contiennent. Remplacez-la quand c'est possible par de l'huile de coco, la seule autre huile qui soit solide en dessous de 25 °C, et essayez de confectionner une margarine maison sans huile de palme !

Crème fraîche de soja

Pour 1 bol

8 c. à s. de crème de soja
6 c. à s. de yaourt de soja
1/4 de c. à c. de sel

Mélanger les ingrédients à la cuillère dans un bol.

À utiliser froid, dans des sauces.

Crème épaisse de cajou

Pour 1 petit bol

130 g de noix de cajou blanches
100 ml d'eau
Sel

Faire tremper les noix de cajou dans l'eau pendant 1 heure. Les mixer avec l'eau et ajouter 1 pincée de sel.

Chantilly de coco

Pour 4 personnes

1 boîte de lait de coco
50 g de sucre glace

Placer la boîte de lait de coco au frais pendant 12 heures. Ouvrir la boîte et prélever l'épaisse couche blanche qui s'est séparée de l'eau en surface, puis la mettre dans un saladier, avec le sucre. Mélanger à la cuillère, puis fouetter quelques minutes. Pour une jolie présentation, transvaser dans une poche à douille munie d'une douille en étoile. Garder au frais avant de servir.

Crème épaisse de cajou, crème fraîche de soja et chantilly de coco

Babeurre vegan

Pour 1 bol

250 ml de lait de soja
1 c. à c. de vinaigre de cidre

Mélanger les ingrédients, puis laisser cailler 5 minutes et conserver au frais.

Peu utilisé en France, le babeurre est un ingrédient courant en pâtisserie aux États-Unis. En voilà donc une version végétale très facile à lui substituer. On peut remplacer le lait végétal par la même quantité de babeurre vegan dans les gâteaux maison. L'acidité du vinaigre qu'il contient fait réagir la poudre à lever et donne des gâteaux moelleux et bien gonflés.

Crème de sésame

Pour 1 petit bol

4 c. à s. de tahin blanc
3 c. à s. de jus de citron frais
2 c. à s. d'eau
1 c. à s. d'huile d'olive
Sel, poivre

Dans un grand bol, mélanger à la fourchette le tahin et le jus de citron. Incorporer l'eau pour former une crème, puis l'huile, petit à petit, pour la rendre plus onctueuse. Enfin, assaisonner au goût.

À utiliser pour tremper des crudités, comme sauce salade, avec des falafels, dans des sandwichs, sur des légumes, bref un peu partout !

Margarine maison

Pour l'équivalent de 1 petite barquette

120 g d'huile de coco inodore
4 c. à s. de lait d'avoine
3 c. à s. d'huile d'olive
3 c. à c. de lécithine de soja

Faire fondre l'huile de coco au bain-marie. Mixer quelques minutes avec les autres ingrédients. Verser dans un récipient et placer au frais pour 2 heures minimum avant de consommer.

Pour cuire ou tartiner.

Chantilly de soja

Pour 4 à 6 personnes

1 pot de crème épaisse de soja lactofermenté
200 ml de crème de soja
2 c. à s. d'huile de coco inodore fondue
1 sachet de préparation bio pour chantilly
100 g de sucre glace
1/8 de c. à c. de vanille

Dans un saladier préalablement passé au congélateur, fouetter les crèmes bien fraîches. Ajouter l'huile de coco et fouetter. Ajouter la préparation pour chantilly, le sucre et la vanille, puis fouetter jusqu'à obtenir une crème épaisse et aérienne. Verser dans une poche munie d'une douille en étoile large et placer au réfrigérateur pour 1 heure avant de consommer.

Pour un résultat plus léger, verser cette crème dans un siphon et ajouter une cartouche de gaz. Placer au réfrigérateur.

Crème fraîche d'amande

Pour 1 bol

200 ml de lait d'amande
2 sachets de préparation bio pour chantilly
2 c. à c. de jus de citron

Dans un grand bol, fouetter le lait d'amande avec la préparation pour chantilly. Ajouter le jus de citron. Garder au frais, dans un récipient hermétique. Consommer dans les 48 heures.

Crème fraîche d'amande

Margarine de soja légère à tartiner

Pour l'équivalent de 1 barquette

240 g de tofu soyeux
1 sachet de préparation bio pour chantilly
2 c. à c. de jus de citron
¼ de c. à c. de sel
1 c. à s. d'huile d'olive
50 g d'huile de coco inodore fondue
1 pincée de curcuma moulu

Mixer le tofu avec la préparation pour chantilly, le jus de citron, le sel et l'huile d'olive. Ajouter l'huile de coco et le curcuma, mixer. Verser dans un petit récipient de type mini-cocotte muni d'un couvercle. Laisser prendre 12 heures au frais avant d'utiliser pour tartiner.

Beurre de coco

Pour 1 pot

400 g de noix de coco râpée
2 c. à s. d'huile de coco

Mettre les ingrédients dans le bol d'un robot et bien mixer jusqu'à obtenir une crème fluide (faire des pauses si nécessaire). Verser dans un pot en verre, le fermer et laisser le beurre de coco se solidifier. (S'il fait vraiment chaud, on peut le placer au réfrigérateur, le temps qu'il se raffermisse.) Conserver au sec dans un placard et surtout pas au réfrigérateur, sinon il sera beaucoup trop dur.

À utiliser comme du beurre, pour cuire des légumes ou du tofu, pour tartiner ou pour la pâtisserie.

urre de coco

ET LES ŒUFS DE POULES « HEUREUSES » ?

Et les œufs bio, alors ? Et si j'achète mes œufs à un gentil fermier ? Si j'élève mes propres poules ? Les questions sur les conditions acceptables pour élever des poules pondeuses et manger des œufs d'une manière éthique ne manquent pas quand on est végétarien ou qu'on envisage de devenir vegan.

À la question d'acheter des œufs bio, de poules élevées en « plein air », la réponse est simple : il n'y a rien d'éthique dans l'élevage, même bio. Les jeunes mâles nés dans les élevages de poules pondeuses sont inutiles donc tués dès leur naissance, et après quelques années les poules pondeuses sont moins productives, donc ne sont plus rentables. Que l'élevage soit bio ou pas, le sort réservé aux animaux qui ne rapportent pas assez est le même.

Si vous pensez qu'avoir vos propres poules est une solution plus éthique, la première chose à savoir est qu'acheter des poules ou des poussins pour produire vos propres œufs entretient des élevages, donc l'exploitation d'autres poules et la même mise à mort cruelle des poussins mâles. Au final, acheter des poules pour éviter d'acheter des œufs n'est pas plus éthique, cela ne fait que déplacer le problème (on élève des poules pour vendre des jeunes poules pondeuses au lieu de vendre des œufs).

S'il est admis que les végétaliens ne consomment pas d'œufs, il y a pourtant de nombreuses personnes, même des vegans, qui se posent cette question tout à fait légitime : si j'ai recueilli/adopté/sauvé des poules et qu'elles pondent des œufs non fécondés dans mon jardin, est-ce que les manger pose vraiment un problème éthique, est-ce que cela ne serait pas même préférable, plutôt que de les gâcher ? La question est loin d'être simple et comme sur de nombreux points qui divisent les vegans, il n'y a pas forcément de bonne réponse.

Voici quelques points à méditer.

La nature est parfois bien faite : lorsqu'un œuf n'est pas viable (par exemple un œuf brisé), il n'est pas rare que la poule le mange pour profiter de ses nutriments ; en le ramassant avant qu'elle en ait l'occasion, on la prive donc d'une éventuelle source de nourriture.

Est-ce que vous considéreriez un œuf de pigeon ou d'oie non fécondé comme un aliment potentiel qu'il serait dommage de gâcher s'il est abandonné ? Pourtant, ces œufs sont aussi comestibles.

Avez-vous vraiment besoin de manger ces œufs, parce qu'ils seraient plus éthiques, alors que vous parvenez à cuisiner, vous nourrir ou préparer de délicieux gâteaux sans eux le reste du temps ? Mangerez-vous aussi votre poule, si elle meurt naturellement, pour ne pas la gâcher ? Après tout, cette viande de poule « heureuse » est aussi parfaitement éthique.

Manger ces œufs de poules « heureuses » ne contribue-t-il pas à entretenir un goût pour les œufs et l'idée qu'ils sont une source de nourriture acceptable ?

CRÊPES, GALETTES, ETC.

Pancakes orange-pécan

Pour une douzaine de pancakes

150 g de farine d'épeautre T70
65 g de sucre de canne blond
25 g de farine de châtaigne
1 c. à s. de fécule de maïs
1 c. à c. de poudre à lever
½ c. à c. de bicarbonate de soude
350 ml de lait de soja
2 c. à s. d'huile végétale neutre
⅛ de c. à c. de vanille moulue
4 gouttes d'huile essentielle d'orange douce
25 g de noix de pécan
Huile végétale pour la cuisson

Dans un saladier, mélanger les ingrédients secs. Ajouter le lait de soja et mélanger au fouet. Incorporer l'huile et bien mélanger. Ajouter la vanille, l'huile essentielle et les noix de pécan broyées au mortier. Huiler légèrement une poêle, porter à feu moyen-vif, attendre que la poêle soit bien chaude et y verser ½ louchée de pâte. Retourner le pancake quand les petites bulles qui se forment à la surface ont éclaté. Si le dessous du pancake a trop bruni, baisser un peu le feu. Empiler les pancakes pour les garder chauds et moelleux.

Parfait avec du sirop d'érable.

Pancakes banane-myrtille

Pour environ 12 pancakes

150 g de farine de petit épeautre T70
70 g de sucre de canne blond
40 g de farine de riz complet
1 c. à c. de poudre à lever
1 c. à c. de bicarbonate de soude
⅛ de c. à c. de vanille moulue
350 ml de lait de riz
1 c. à s. de purée d'amande
1 c. à s. d'huile végétale neutre
½ banane bien mûre
30 g de myrtilles
Huile végétale pour la cuisson

Dans un saladier, mélanger tous les ingrédients secs. Ajouter le lait de riz et bien mélanger au fouet. Incorporer la purée d'amande, l'huile et la banane écrasée. Passer un coup de mixeur plongeant si la pâte n'est pas assez lisse. Ajouter les myrtilles. Huiler légèrement une poêle, porter à feu moyen-vif, attendre que la poêle soit bien chaude et verser ½ louchée de pâte. Retourner le pancake quand les petites bulles qui se forment à la surface ont éclaté. Empiler les pancakes pour les garder chauds et moelleux. Ils seront légèrement plus bruns que les pancakes habituels.

Pancakes coréens aux légur

Pancakes coréens aux légumes

Pour 8 gros pancakes

250 g de farine de blé
1 c. à c. de fécule de maïs
½ c. à c. de poudre à lever
1 c. à c. de sel
¼ de c. à c. de curcuma moulu
625 ml d'eau froide
1 petite courgette râpée
1 petit oignon émincé
125 g de chou chinois émincé
1 c. à c. d'huile d'olive
1 bouquet de ciboulette
1 pointe de couteau de piment moulu
Sel, poivre
Huile végétale pour la cuisson

Dans un saladier, mélanger la farine avec la fécule, la poudre à lever, le sel et le curcuma. Incorporer petit à petit l'eau au fouet. Dans une grande poêle, faire sauter les légumes dans l'huile d'olive, sur feu vif, pendant 5 à 10 minutes. Assaisonner, puis mélanger avec la pâte. Ajouter la ciboulette ciselée et le piment. Huiler légèrement une poêle et y cuire les pancakes 15 minutes, en les retournant régulièrement, jusqu'à ce qu'ils soient bien dorés.

Galettes de blé noir

Pour 10 à 12 crêpes

300 g de farine de sarrasin
1 c. à s. de fécule de maïs
½ c. à c. de sel
900 ml d'eau
2 c. à s. d'huile végétale + un peu pour la cuisson

Mélanger les ingrédients secs dans un saladier, puis incorporer petit à petit l'eau au fouet. Incorporer l'huile. Laisser reposer 1 heure au frais. Cuire les crêpes dans une poêle bien chaude très légèrement huilée.

Crêpes de froment de mon enfance

Pour 15 crêpes

250 g de farine de blé
1 c. à s. d'arrow-root
600 ml de lait de soja
2 c. à s. d'huile végétale neutre
1 c. à c. de rhum brun

Dans un saladier, mélanger la farine et l'arrow-root. Verser le lait de soja tout en mélangeant au fouet. Incorporer l'huile et le rhum. Fouetter quelques minutes, puis laisser reposer 1 heure. Ajouter un peu d'eau si la pâte est trop épaisse. Cuire les crêpes dans une poêle huilée bien chaude.

Variantes : *les crêpes de mon enfance étaient toujours aromatisées au rhum brun, mais si vous n'êtes pas fan de son parfum ou que vous ne souhaitiez pas utiliser d'alcool, vous pouvez le remplacer par 1 c. à c. de vanille liquide ou d'eau de fleur d'oranger, ou par un peu de cannelle.*

Gaufres légères au su

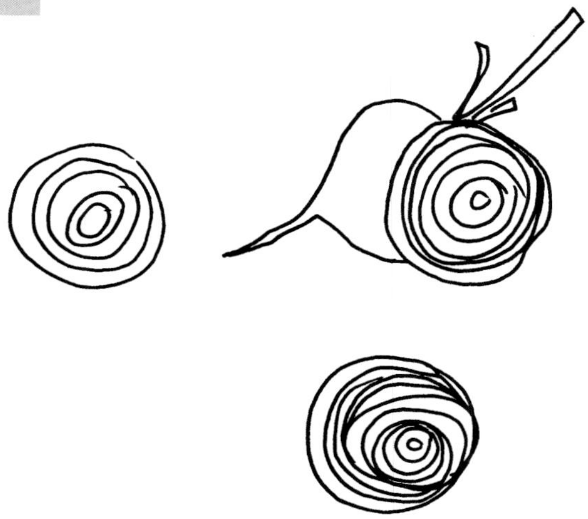

Blinis roses à la betterave

Pour environ 25 blinis

200 g de farine d'épeautre
1 c. à s. de sucre de canne blond
2 c. à c. d'arrow-root
1,5 c. à c. de poudre à lever
¼ de c. à c. de sel
150 ml de crème de soja
200 ml de lait végétal
1 petite betterave crue
2 c. à s. d'huile d'olive
Huile végétale pour la cuisson

Dans un saladier, mélanger les ingrédients secs. Dans le bol d'un mixeur, verser la crème de soja, le lait végétal et la betterave coupée en morceaux, puis mixer. Incorporer aux ingrédients secs en fouettant, puis ajouter l'huile. Cuire les blinis en déposant 1 c. à s. de pâte dans une poêle huilée sur feu moyen. La température de la poêle est très importante. Les blinis ne doivent pas trop brunir, mais juste dorer. Faire un test avec 1 ou 2 blinis pour adapter la puissance du feu.

Gaufres légères au sucre

Pour 4 à 6 gaufres

60 ml d'huile végétale neutre
50 g de sucre de canne blond
200 ml de lait d'avoine (ou d'un autre lait végétal)
160 g de farine de blé Kamut
1,5 c. à c. de poudre à lever
⅛ de c. à c. de vanille moulue
Huile pour le gaufrier
Sucre glace pour servir

Dans un saladier, mélanger au fouet l'huile et le sucre. Ajouter le lait d'avoine. Incorporer la farine préalablement mélangée avec la poudre à lever et la vanille. Bien fouetter pour éviter les grumeaux. Faire chauffer un moule ou un appareil à gaufres à la bonne température, puis répartir la pâte sur les plaques, fermer et laisser cuire environ 5 minutes. Huiler les plaques entre chaque tournée de gaufres. Si l'appareil est muni d'un voyant lumineux, bien attendre que celui-ci soit éteint avant de l'ouvrir pour retirer les gaufres. Servir tiède, saupoudré de sucre glace.

Galettes de pommes de terre au tofu

Pour 8 à 10 galettes

400 g de pommes de terre
125 g de tofu ferme
125 ml de crème végétale
2 c. à s. de farine d'épeautre
2 c. à s. de persil haché
1 c. à s. d'ail émincé
2 c. à c. de tamari
½ c. à c. de sel
Poivre
Huile d'olive pour la cuisson

Couper les pommes de terre en petits dés. Les cuire à l'eau jusqu'à ce qu'ils soient tendres. Les égoutter et les mettre dans un saladier. Ajouter les autres ingrédients, puis mixer au mixeur plongeant. Arrêter de mixer quand la texture commence à devenir bien lisse, mais qu'il reste des morceaux. Huiler une grande poêle puis la mettre sur feu moyen. Former des galettes de la taille d'un pancake et les cuire 3 à 5 minutes de chaque côté. Bien attendre que la première face soit cuite avant de retourner les galettes avec une spatule.

À accompagner de légumes, d'une salade verte, d'une soupe. Les galettes peuvent aussi être mangées froides.

QUICHES, TARTES ET FEUILLETÉS

Quiche aux poireaux

Pour 4 à 6 personnes

3 gros poireaux
2 c. à s. d'huile d'olive
1 c. à s. de tamari
100 g de tofu fumé
200 ml de crème de soja
1 c. à s. de purée de sésame blanc
1 c. à c. de fécule de maïs
½ c. à c. d'ail moulu
1 pâte brisée
Poivre

Laver et découper les poireaux en très fines lamelles. Les faire revenir avec l'huile d'olive dans une sauteuse, sur feu moyen, pendant environ 10 minutes. Poivrer généreusement et ajouter le tamari en fin de cuisson. Réserver. Mixer le tofu avec la crème, la purée de sésame, la fécule et l'ail. Mélanger cette préparation avec les poireaux. Foncer un moule à tarte avec la pâte brisée. Cuire la pâte à blanc 5 minutes à 180 °C (th. 6), puis y verser l'appareil à quiche. Cuire 20 minutes à 180 °C.

Pâte brisée à l'huile d'olive et au thym

Pour 1 tarte

250 g de farine de blé
½ c. à c. de sel
2 c. à c. de thym séché
50 ml d'huile d'olive
100 ml d'eau

Dans un saladier, mélanger la farine avec le sel et le thym. Ajouter l'huile, mélanger du bout des doigts et verser l'eau. Mélanger pour former une pâte homogène. (Ajouter un peu de farine si elle est collante.) Filmer et laisser reposer 30 minutes au frais. Abaisser finement au rouleau sur un plan de travail fariné.

Pâte brisée au petit épeautre

Pour 1 tarte

200 g de farine de petit épeautre
½ c. à c. de sel
4 c. à s. d'huile d'olive
4 c. à s. d'eau

Dans un saladier, mélanger la farine et le sel, puis ajouter l'huile d'olive et mélanger à la fourchette. Ajouter enfin l'eau et bien mélanger pour former une boule de pâte homogène. Couvrir et placer au frais pour 30 minutes avant d'utiliser.

Tarte aux courgettes grillées, pignons et herbes

Pour 4 à 6 personnes

3 courgettes
1 gousse d'ail
2 c. à s. d'huile d'olive
2 c. à s. de pignons de pin
1 c. à s. de jus de citron
1 pâte feuilletée bio sans beurre
200 ml de crème de soja (ou d'une autre crème végétale)
2 c. à s. de moutarde de Dijon
1 c. à c. d'herbes de Provence + un peu pour parsemer
Sel, poivre

Couper les courgettes en fines rondelles et émincer l'ail. Les faire revenir quelques minutes à feu vif, dans une grande poêle avec l'huile d'olive, pour que les courgettes soient légèrement dorées. Bien mélanger à la spatule pour qu'elles ne grillent pas trop. Ajouter les pignons et le jus de citron, cuire encore 1 à 2 minutes et ôter du feu. Étaler la pâte feuilletée sur son papier cuisson dans un moule à tarte et la précuire à blanc, 5 minutes à 180 °C (th. 6). Dans un bol, mélanger la crème avec la moutarde et les herbes de Provence. Assaisonner. Étaler ce mélange sur le fond de tarte, puis y répartir les courgettes et les pignons, parsemer d'un peu d'herbes de Provence et cuire à 180 °C pendant 25 minutes.

te aux courgettes grillées, pignons et herbes

Quiche indienne

Pour 4 à 6 personnes

2 poivrons
1 oignon
1 courgette
2 c. à s. d'huile d'olive
3 c. à c. de curry moulu
125 g de tofu ferme
50 ml de crème de soja
100 ml de lait de coco
1 c. à s. de fécule de maïs
1 c. à c. de sel
1 c. à s. de purée de sésame blanc
1 c. à s. de coriandre hachée
1 pâte brisée

Couper les légumes en dés, puis les faire revenir à la poêle dans l'huile d'olive avec le curry, pendant 5 à 10 minutes, pour qu'ils soient dorés. Mixer le tofu avec la crème, le lait de coco, la fécule, le sel et la purée de sésame. Mélanger l'appareil ainsi obtenu et les légumes, puis ajouter la coriandre. Foncer un moule à tarte avec la pâte brisée, puis la cuire à blanc 5 minutes à 180 °C (th. 6). Verser la garniture et cuire à 180 °C pendant 20 minutes environ. La quiche doit être dorée.

Tourte potimarron-noisette

Pour 6 personnes

1 potimarron
3 c. à s. d'huile d'olive
2 c. à s. de persil haché
2 c. à s. de tamari
4 c. à s. de purée de noisette
150 g de seitan
2 pâtes feuilletées bio sans beurre

Couper le potimarron en petits dés et les cuire 5 minutes à feu vif dans une sauteuse, avec l'huile, en mélangeant régulièrement. Ajouter le persil, le tamari et la purée de noisette. Ôter du feu quand le potimarron devient fondant. Hacher le seitan et le mélanger avec le potimarron. Étaler une pâte feuilletée avec son papier cuisson dans un moule à tourte, puis déposer la farce au centre, couvrir de la deuxième pâte, replier les bords vers l'intérieur et cuire 35 minutes au four à 180 °C (th. 6).

Feuilletés aux oignons et épices

Pour 4 personnes

3 oignons
2 c. à s. d'huile d'olive
1 c. à c. de ras el hanout
2 c. à c. de coriandre moulue
2 c. à c. de sauce Worcester vegan
2 c. à s. de sirop d'érable
2 poignées de raisins secs
1 pâte feuilletée bio sans beurre
Sel, poivre

Couper les oignons en fines lamelles, puis les faire revenir à feu vif, dans l'huile d'olive et avec les épices, pendant 5 bonnes minutes. Ajouter la sauce Worcester, le sirop d'érable et les raisins, cuire encore 5 minutes à feu moyen et assaisonner. Couper la pâte feuilletée en petits carrés, y déposer un peu d'oignons aux épices et replier les coins vers le milieu pour fermer les feuilletés. Les déposer sur une plaque couverte de papier cuisson et cuire 15 minutes à 180 °C (th. 6).

Muffins petits pois, carottes, coc

Galette rustique aux tomates cerise

Pour 4 personnes

150 g de tofu
1 c. à s. d'huile d'olive + un peu pour parfumer
4 c. à s. de crème de soja
2 c. à s. de câpres
1 c. à c. d'herbes de Provence
2 c. à c. de moutarde de Dijon
1 c. à c. d'ail moulu
1 pâte brisée à l'huile d'olive et au thym (voir recette p. 156)
300 à 400 g de tomates cerise
Sel, poivre

Dans un bol, émietter le tofu, puis le mélanger avec l'huile et la crème. Ajouter les câpres et bien écraser à la fourchette. Ajouter les herbes, la moutarde, l'ail, assaisonner et bien mélanger. Abaisser la pâte brisée sur une plaque couverte d'une feuille de papier cuisson. Étaler dessus le mélange au tofu, replier les bords de la pâte et disposer les tomates cerise coupées en deux, face coupée vers le haut, en les serrant bien. Arroser d'un léger filet d'huile d'olive, saler et poivrer légèrement. Cuire 25 à 30 minutes à 190 °C (th. 6-7).

CAKES ET MUFFINS

Muffins petits pois, carottes, coco

Pour 12 muffins

100 ml de lait de soja
2 c. à c. de vinaigre de cidre
250 ml de lait de coco
100 g de petits pois frais blanchis ou surgelés
2 petites carottes finement râpées
Ingrédients secs
150 g de farine de petit épeautre
50 g de farine de blé
2 c. à s. de poudre à lever
1 c. à c. de bicarbonate de soude
½ c. à c. de sel

Dans un bol, mélanger le lait de soja et le vinaigre. Laisser cailler 5 minutes. Dans un saladier, mélanger les ingrédients secs. Ajouter le lait de coco au lait de soja caillé et incorporer au mélange sec. Ajouter les petits pois refroidis ou décongelés et les carottes, bien mélanger, puis garnir 12 moules à muffins légèrement huilés ou chemisés de caissettes en papier. Cuire 30 minutes à 180 °C (th. 6).

Cake olives et tofu fumé

Pour 4 à 6 personnes

200 g de farine de blé
50 g de farine de lupin
50 g de polenta précuite
1 c. à c. de sel marin
2 c. à c. d'herbes de Provence
1 c. à s. de levure maltée
2 sachets de poudre à lever
400 ml de crème de soja
70 ml d'huile d'olive
3 c. à c. de jus de citron frais
100 g de tofu fumé
70 g d'olives vertes dénoyautées

Dans un saladier, mélanger les farines et la polenta. Ajouter le sel, les herbes de Provence, la levure maltée et la poudre à lever. Verser la crème de soja, bien mélanger. Incorporer l'huile petit à petit, puis le jus de citron. Couper le tofu fumé en petits dés et hacher grossièrement les olives, puis les ajouter à l'appareil. Chemiser un moule de papier cuisson puis y verser l'appareil. Cuire 1 heure au four préchauffé à 180 °C (th. 6). Laisser tiédir avant de démouler et de découper.

Scones de pommes de terre aux herbes

Pour 6 scones

400 g de pommes de terre cuites
4 c. à s. d'huile d'olive
100 ml de lait de soja
150 g de farine de blé
1 c. à c. de poudre à lever
1 c. à c. de sel
1 c. à s. de basilic ciselé
1 c. à s. de persil haché

Écraser les pommes de terre avec l'huile d'olive et le lait de soja. Ajouter la farine, la poudre à lever, le sel et les herbes. Fariner les mains et former 6 scones, puis les déposer sur une plaque couverte de papier cuisson. Cuire 35 minutes à 180 °C (th. 6).

Buns fourrés potimarron-sésame-miso

Pour 8 personnes

200 g de potimarron
1 c. à s. d'huile d'olive
1 c. à s. de miso blanc
100 ml d'eau
2 c. à s. de purée de sésame blanc
1 c. à c. de tamari
½ c. à s. de ciboulette
½ c. à s. de persil
Pâte pour 8 buns (voir p. 37)
Lait de soja
Graines de sésame
Poivre

Couper le potimarron en petits morceaux. Les faire revenir dans l'huile d'olive, sur feu moyen, pendant 5 minutes. Ajouter le miso, l'eau et la purée de sésame, mélanger. Ajouter le tamari, la ciboulette ciselée, le persil haché et du poivre. Laisser cuire quelques minutes et réserver. Préparer la pâte à buns et laisser lever 2 heures. La diviser en 8 pâtons. Les aplatir entre les mains, y déposer un peu de farce, fermer et former une boule, puis déposer sur une plaque couverte de papier cuisson en plaçant la soudure sur le dessous. Badigeonner de lait de soja et parsemer de graines de sésame. Cuire 15 minutes au four à 180 °C (th. 6).

Minicakes à la courgette grillée et feta végétale

Pour 4 à 6 personnes

1 courgette
2 gousses d'ail
2 c. à c. d'huile d'olive + 50 ml
1 yaourt de soja
1 c. à c. de vinaigre de cidre
1 sachet de poudre à lever
100 ml de lait d'amande
150 g de farine de blé
50 g de farine de maïs
80 g de feta maison (voir p. 130)
ou de tofu lactofermenté au tamari
1 c. à c. d'herbes de Provence
1 c. à c. de sel, poivre

Couper la courgette en petits dés et émincer l'ail. Les faire dorer à feu vif dans une poêle avec 2 c. à c. d'huile d'olive. Dans un petit saladier, mélanger le yaourt avec le vinaigre. Ajouter la poudre à lever et bien mélanger. Incorporer 50 ml d'huile d'olive, puis ajouter le lait d'amande en fouettant. Incorporer les farines petit à petit et assaisonner. Ajouter les légumes, la feta végétale en petits dés et les herbes de Provence. Huiler ou chemiser des moules à minicakes ou à muffins. Cuire au four à 180 °C (th. 6) pendant 20 à 25 minutes. Le temps de cuisson peut varier selon la taille des moules.

ıns fourrés potimarron-sésame-miso et scones de pommes de terre aux herbes

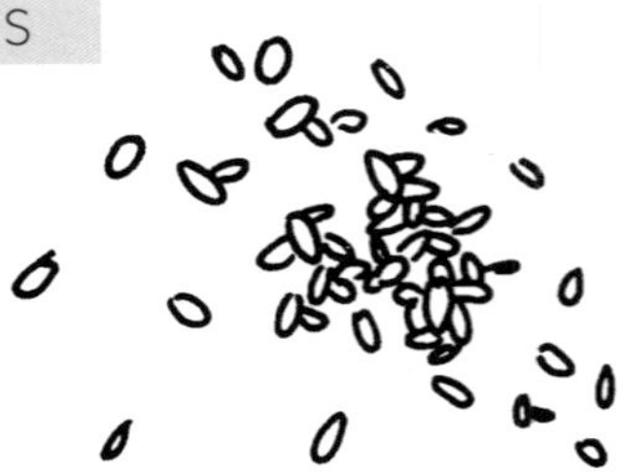

Muffins aux fèves et à la roquette

Pour 8 muffins environ

125 g de tofu soyeux
50 ml d'huile d'olive
½ c. à c. de sel
1 sachet de poudre à lever
1 c. à s. de levure maltée
½ c. à c. d'ail moulu
1 poignée de roquette hachée
1,5 c. à s. de jus de citron
150 ml de lait de soja
2 c. à s. de fécule de maïs
125 g de farine d'épeautre complet
100 g de farine de maïs
100 g de fèves cuites et épluchées

Dans un saladier, mélanger le tofu soyeux et l'huile d'olive au fouet. Ajouter le sel, la poudre à lever, les aromates, la roquette et le jus de citron. Incorporer le lait de soja petit à petit, en fouettant bien. Ajouter progressivement la fécule et les farines. Incorporer délicatement les fèves. Remplir aux trois quarts des moules à muffins huilés ou chemisés de caissettes en papier et cuire à 180 °C (th. 6) pendant 25 minutes.

Cake d'hiver aux topinambours

Pour 6 à 8 personnes

200 g de topinambours épluchés
1 c. à s. d'huile d'olive
50 ml d'eau
6 c. à s. d'huile d'olive
1 c. à c. d'ail des ours
125 ml de lait végétal
3 c. à c. de poudre à lever
250 g de farine de petit épeautre
Huile ou margarine pour le moule
Sel, poivre

Couper les topinambours en petits dés. Les faire sauter dans l'huile d'olive sur feu vif. Saler et poivrer. Ajouter l'eau et laisser cuire à feu moyen. Quand les topinambours sont moelleux, les ôter du feu et réserver. Dans un saladier, mélanger l'huile d'olive avec l'ail des ours et le lait végétal. Ajouter la poudre à lever, 1 c. à c. de sel et poivrer. Incorporer la farine. Mélanger les topinambours avec la pâte. Huiler ou graisser un moule à cake de taille moyenne, puis y verser la pâte. Cuire 30 minutes à 180 °C (th. 6).

Cake aux noix et fruits secs

Pour 6 à 8 personnes

100 g de sucre de canne blond
4 c. à s. d'huile végétale neutre
2 c. à s. de purée de noix de cajou
3 c. à c. de poudre à lever
½ c. à c. de vanille moulue
½ c. à c. de sel
200 ml de crème de soja
100 ml de lait végétal
300 g de farine de blé T55
30 g de noix
2 figues
30 g de raisins secs

Dans un saladier, mélanger le sucre avec l'huile et la purée de noix de cajou. Ajouter la poudre à lever, la vanille, le sel, la crème de soja et le lait végétal. Mélanger au fouet. Incorporer la farine petit à petit. Hacher les noix et les figues. Incorporer les fruits secs à la pâte. Chemiser un moule à cake, puis y verser la pâte et cuire 40 minutes à 180 °C (th. 6).

SAUCES

Veganaise de luxe

Pour 4 personnes

100 g de noix de cajou non grillées
120 g de tofu soyeux
5 c. à s. de moutarde
1 c. à s. de vinaigre de cidre
75 ml d'huile de tournesol

Faire tremper les noix de cajou 2 à 4 heures dans un bol d'eau. Mixer ensuite les noix de cajou avec le tofu soyeux, la moutarde et le vinaigre, puis incorporer progressivement l'huile tout en mixant. Placer pour 1 heure au frais avant de déguster. Conserver dans un pot hermétique et consommer dans les 3 jours.

Veganaise express au citron

Pour 1 petit bol

3 c. à s. de moutarde de Dijon
100 ml de crème de soja
50 ml d'huile de tournesol (ou d'huile d'olive)
1 c. à c. de jus de citron
Sel

Dans un grand bol, mélanger au fouet ou à la fourchette la moutarde avec la crème de soja. Incorporer l'huile petit à petit en fouettant. Ajouter le jus de citron et saler selon le goût. Placer pour 10 minutes au congélateur, puis conserver au réfrigérateur, dans un récipient hermétique. Se conserve plusieurs jours.

***Astuce** : on peut confectionner une version rustique avec de la moutarde à l'ancienne, ou une version plus chic en incorporant quelques feuilles d'estragon finement hachées.*

Sauce tartare

Pour 4 personnes

120 g de tofu soyeux
3 c. à s. de moutarde de Dijon
4 c. à s. d'huile d'olive
2 c. à s. de crème épaisse de soja lactofermenté
1,5 c. à s. de câpres fines hachées
3 c. à s. de cornichons hachés
2 c. à s. de ciboulette hachée
2 c. à s. de persil haché
1 c. à s. de cerfeuil haché
1 c. à s. d'estragon haché
Quelques gouttes de sauce pimentée
Sel, poivre

Mixer le tofu avec la moutarde. Ajouter l'huile et mixer à nouveau. Verser dans un bol. Incorporer la crème épaisse, puis les câpres, les cornichons et les herbes. Assaisonner de sauce pimentée, de sel et de poivre au goût.

Béchamel légère à l'huile d'olive

Pour 4 personnes

400 ml d'eau bouillante
½ cube de bouillon de légumes
100 ml d'huile d'olive
80 g de farine
100 ml de lait végétal
Sel, poivre, noix de muscade

Préparer un bouillon avec l'eau et le demi-cube. Réserver. Dans une casserole sur feu moyen, faire chauffer l'huile d'olive, puis y jeter la farine et cuire quelques minutes en mélangeant bien pour former un roux. Ajouter progressivement le bouillon en mélangeant vigoureusement, jusqu'à obtenir une crème bien épaisse et lisse. Incorporer le lait végétal et assaisonner. Ôter du feu et utiliser rapidement.

Raïta au coco

Pour 2 personnes

¼ de concombre
5 c. à s. de yaourt de soja
3 c. à s. de lait de coco
8 à 10 grandes feuilles de menthe
½ gousse d'ail réduite en purée
¼ de c. à c. de cumin moulu
Sel, poivre

Laver le concombre et l'émincer au couteau. Mélanger avec le yaourt de soja et le lait de coco, ajouter la menthe, l'ail et le cumin, saler et poivrer. Mettre au frais.

À utiliser comme dip, en condiment avec un plat de riz ou pour accompagner une recette indienne.

Sauce American cocktail

Pour 4 personnes

150 g de veganaise de luxe (voir p. 163)
6 c. à s. de ketchup
2 c. à c. de bourbon
1 c. à c. de sauce soja
Sauce pimentée

Dans un bol, mélanger au fouet la veganaise avec le ketchup. Ajouter le bourbon et la sauce soja, bien mélanger et relever avec quelques gouttes de sauce pimentée selon le goût.

Sauce moutarde

Pour 2 à 4 personnes

1 c. à s. de margarine
2 c. à s. de fécule de maïs
400 ml de lait de soja
1 c. à s. de shiro miso
2 à 4 c. à s. de moutarde de Dijon
1 c. à s. de purée de noix de cajou
Sel, poivre

Dans une petite casserole, faire fondre la margarine à feu moyen. Ajouter la fécule pour former un roux. Verser le lait petit à petit et mélanger vigoureusement au fouet pour obtenir une crème onctueuse. Incorporer le miso, la moutarde et la purée de noix de cajou. Saler et poivrer au goût. Servir sans attendre.

Crème citron-ciboulette

Pour 1 bol

1 yaourt de soja
120 g de tofu soyeux
2 c. à s. de crème de soja
2 c. à s. de jus de citron frais
1 c. à c. d'huile d'olive
½ c. à c. de sel
3 c. à s. de ciboulette ciselée
Poivre

Mixer le yaourt de soja avec le tofu soyeux et verser dans un bol. Incorporer à la fourchette la crème de soja, le jus de citron et l'huile d'olive. Assaisonner avec le sel, la ciboulette et du poivre. Garder au frais et consommer dans les 24 heures.

BROUILLADES, OMELETTES, FLANS

Brouillade de tofu piperade

Pour 2 à 4 personnes

2 c. à s. d'huile d'olive
1 oignon
1 gros poivron rouge
1 petit poivron vert
2 tomates
2 gousses d'ail
½ piment doux
1 branche de thym
2 feuilles de laurier
1 c. à s. de sucre de canne blond
200 g de tofu ferme
100 ml de crème de soja
2 c. à c. de moutarde
1 pincée de curcuma moulu
Sel, poivre

Dans une sauteuse, verser l'huile d'olive et faire revenir l'oignon coupé en morceaux, quelques minutes à feu vif, pour le faire dorer. Couper les poivrons en morceaux de taille moyenne et les ajouter à l'oignon, baisser à feu moyen et poivrer. Cuire 10 minutes en remuant de temps en temps. Couper les tomates en petits morceaux, émincer l'ail et le piment. Ajouter le tout dans la sauteuse, avec le thym, le laurier, le sucre et du sel. Cuire 25 minutes à feu doux. Dans un grand bol, émietter le tofu, puis le mélanger avec la crème de soja, la moutarde et le curcuma. Assaisonner. Retirer le thym et le laurier de la sauteuse, porter la piperade à feu vif. Ajouter le tofu, bien mélanger et cuire 5 minutes en remuant de temps en temps. Rectifier l'assaisonnement au besoin.

Flans de carotte au thym et à l'orange

Pour 4 personnes

300 g de carottes épluchées
120 g de tofu soyeux
100 ml de jus d'orange frais
1 c. à c. d'agar-agar
100 ml d'eau
1,5 c. à c. de feuilles de thym
¼ de c. à c. d'ail moulu
Sel, poivre

Couper les carottes en rondelles puis les cuire 10 à 20 minutes à l'eau bouillante. Les mixer avec le tofu soyeux et le jus d'orange. Mélanger l'agar-agar et l'eau dans une petite casserole, porter à ébullition et cuire 2 minutes. Ajouter au mélange tofu-carottes et mixer. Ajouter les aromates et assaisonner. Répartir dans 4 ramequins, laisser refroidir et placer au frais pour 1 à 2 heures avant de servir.

Tofu brouillé à la forestière

Pour 1 personne

125 g de tofu ferme
100 g de tofu soyeux
1 c. à s. de crème végétale
1 c. à c. de purée de sésame blanc
½ c. à c. de moutarde
1 pincée de curcuma moulu
½ oignon
1 petite gousse d'ail
50 g de champignons
2 c. à c. d'huile d'olive
1 c. à c. de tamari
Sel, poivre

Dans un bol ou un saladier, mélanger le tofu ferme émietté avec le tofu soyeux, la crème, la purée de sésame, la moutarde et le curcuma. Assaisonner et réserver. Émincer l'oignon et l'ail. Préparer les champignons puis les couper en petits morceaux. Dans une poêle, faire chauffer l'huile puis faire dorer les légumes à feu vif, en mélangeant régulièrement. Quand ils sont tendres et bien dorés, ajouter le tamari et le mélange au tofu, baisser un peu le feu et cuire 5 minutes, en mélangeant constamment pour que le tofu brouillé n'attache pas. Servir immédiatement.

Parfait avec des pommes de terre rôties, des haricots verts, du pain grillé. Pour un brunch, compter 1 portion pour 2 personnes.

Tofu brouillé aux asperges ver

Tofu brouillé aux asperges vertes

Pour 2 personnes

200 g de tofu ferme
6 c. à s. de crème de soja
1 pincée de curcuma moulu
1 c. à c. d'ail des ours séché
1 c. à c. d'huile de noisette
10 g de noisettes
150 g d'asperges vertes
Huile d'olive
Crème de balsamique
Sel, poivre

Dans un grand bol, émietter finement le tofu à la main. Le mélanger avec la crème de soja, le curcuma, l'ail des ours et l'huile de noisette, assaisonner. Hacher les noisettes au couteau. Faire sauter les asperges vertes entières dans une poêle avec un peu d'huile d'olive et réserver à feu très doux. Dans une autre poêle, toujours avec un peu d'huile d'olive, cuire le tofu brouillé quelques minutes en mélangeant constamment. Servir le tofu et les asperges côte à côte sur l'assiette. Arroser d'un filet de crème de balsamique, poivrer et parsemer de noisettes hachées.

Petits flans au poivron grillé

Pour 4 personnes

1 gros poivron rouge
3 c. à c. d'huile d'olive
250 g de tofu soyeux
200 ml de crème d'avoine
1 c. à c. d'agar-agar
½ c. à c. d'ail moulu
3 c. à c. de shoyu

Couper le poivron en lamelles, puis les faire griller à feu vif dans une poêle, avec 2 c. à c. d'huile d'olive. Mixer le tofu soyeux avec la crème d'avoine, l'agar-agar et 1 c. à c. d'huile d'olive dans une petite casserole. Ajouter l'ail et le shoyu, porter à ébullition et fouetter 2 minutes. Ôter du feu, ajouter les lamelles de poivron et répartir dans 4 ramequins. Laisser refroidir et placer au frais pour 2 heures.

Tortilla espagnole

Pour 4 personnes

600 g de pommes de terre épluchées
2 oignons
2 c. à s. d'huile d'olive + un peu pour la cuisson
330 g de tofu soyeux
150 g de tofu ferme
3 c. à s. de crème d'avoine
3 c. à s. de fécule de maïs
2 c. à s. de purée de noix de cajou
1 c. à c. de tahin
1 c. à c. de shoyu
¼ de c. à c. de curcuma moulu
Sel, poivre

Couper les pommes de terre en rondelles (ou en demi-rondelles si elles sont grosses) d'environ ½ cm d'épaisseur. Couper les oignons en fines lamelles. Dans une poêle de taille moyenne, faire chauffer 2 c. à s. d'huile d'olive à feu vif, puis faire revenir les pommes de terre pendant 5 minutes en remuant régulièrement. Ajouter les oignons et cuire en remuant quelques minutes jusqu'à ce que l'ensemble commence à dorer. Verser dans un saladier, saler et poivrer, réserver. Garder la poêle de côté. Dans le bol d'un mixeur, verser les ingrédients de l'appareil et mixer. Saler et poivrer légèrement, puis verser sur les pommes de terre. Mélanger délicatement. Huiler la poêle avec de l'huile d'olive et verser l'appareil à tortilla. Cuire 10 minutes à feu moyen. À l'aide de 2 plats ronds ou de 2 grandes assiettes de même diamètre que le haut de la poêle au minimum, retourner la tortilla comme suit : poser une assiette sur la poêle et la retourner comme pour démouler un gâteau (à l'aide de maniques). Poser la deuxième assiette sur la tortilla ainsi démoulée et retourner. Enfin, poser la poêle sur la tortilla et retourner. Remettre la tortilla à cuire pour 10 minutes sur feu moyen. Servir chaud ou froid.

Frittata tomates, oignons et ciboulette

Pour 4 personnes

2 oignons
2 tomates
1 gousse d'ail
1 petit bouquet de ciboulette
1 c. à s. d'huile d'olive + un peu pour la cuisson
Sel, poivre

Appareil à frittata

300 g de tofu soyeux
100 g de tofu ferme
100 ml de crème de soja
30 g de farine de lupin
2 c. à s. de fécule de maïs
1 c. à s. d'huile d'olive
1 c. à s. de tahin
1 c. à s. de levure maltée
2 c. à c. de moutarde
Sel, poivre

Dans le bol d'un mixeur, placer tous les ingrédients de l'appareil à frittata et mixer pour obtenir une crème homogène. Réserver dans un saladier. Émincer les oignons en lamelles, couper les tomates en fins quartiers et émincer l'ail. Ciseler la ciboulette et réserver. Dans une poêle, faire chauffer l'huile d'olive, puis faire revenir les oignons quelques minutes pour qu'ils soient légèrement dorés. Ajouter l'ail et les tomates, et cuire 5 minutes à feu vif. Saler et poivrer selon le goût. Verser dans le saladier avec l'appareil à frittata, ajouter la ciboulette ciselée et bien mélanger. Huiler une petite poêle avec de l'huile d'olive et y verser le mélange. Cuire 30 minutes à feu doux-moyen (attention, si le feu est trop fort, la frittata risque de brûler), puis placer la poêle au four, sous le gril, pour 10 à 15 minutes.

***Conseil :** cette omelette italienne se découpe en parts et se mariera parfaitement avec une salade verte. Vous pouvez remplacer les tomates et oignons par d'autres légumes.*

Omelette aux herbes fraîches

Pour 2 personnes

240 g de tofu soyeux
150 ml de crème de soja
40 g de farine de pois chiche
2 c. à s. de purée de sésame blanc
1 c. à s. de levure maltée
½ c. à c. de sel
¼ de c. à c. d'ail moulu
¼ de c. à c. de curcuma moulu
2 c. à s. de ciboulette hachée
2 c. à s. de persil haché
2 c. à s. de basilic haché
Poivre
Huile végétale pour la cuisson

Dans le bol d'un mixeur, verser tous les ingrédients sauf les herbes. Ajouter les herbes une fois le mélange mixé et bien mélanger à la cuillère. On peut préparer une omelette moyenne pour 2 personnes ou 2 petites omelettes individuelles. Le principe est le même : dans une poêle (moyenne ou petite) bien huilée, verser le mélange et cuire à feu moyen (surtout pas à feu vif, cela brûlerait l'omelette) jusqu'à ce que les bords et le dessous de l'omelette soient bien dorés. Retourner et cuire quelques minutes de l'autre côté, puis servir.

***Variante :** une fois que la première face de l'omelette est cuite, la garnir d'une poêlée de légumes ou de champignons et la plier en deux. Cuire 1 minute de chaque côté et servir.*

ata tomates, oignons et ciboulette

CUISINER LES LÉGUMES

TERRINES LÉGÈRES
ET *DIPS*

Terrine légère d'été

Pour 4 personnes

1 grosse courgette
1 tomate
½ oignon
1 gousse d'ail
2 c. à s. d'huile d'olive
75 ml de crème de soja
2 c. à c. de tahin
2 c. à c. de miso blanc
1 c. à c. d'agar-agar
1 c. à c. de basilic haché
1 c. à c. de menthe hachée
Sel, poivre

Éplucher la courgette et la couper en dés, ainsi que la tomate et l'oignon. Émincer l'ail. Dans une casserole, faire chauffer l'huile d'olive puis faire revenir les légumes quelques minutes à feu vif. Baisser à feu moyen et cuire 5 minutes en remuant de temps en temps. Ajouter la crème de soja, le tahin et le miso, bien mélanger. Quand la courgette est tendre, mixer à l'aide d'un mixeur plongeant. Saler et poivrer. Verser l'agar-agar, ajouter les herbes, bien mélanger et porter à feu vif. Cuire 1 minute à petits bouillons en mélangeant sans arrêt. Ôter du feu et verser dans un bocal, des minicocottes ou un cercle en métal sur une assiette. Laisser prendre 2 heures au réfrigérateur.

Terrine d'aubergines au miso

Pour 4 personnes

2 aubergines moyennes
3 c. à s. d'huile d'olive
125 g de tofu ferme
300 ml de lait de soja
1,5 c. à c. d'agar-agar
5 c. à s. de miso blanc
1 c. à s. de purée de sésame blanc
1 c. à s. de jus de citron
1 c. à s. de sirop d'agave
1 petite gousse d'ail
Poivre

Couper les aubergines en dés, puis les faire revenir dans une poêle sur feu moyen, avec l'huile d'olive, pendant 15 à 20 minutes : elles doivent être bien fondantes. Laisser tiédir. Mélanger les aubergines cuites avec le tofu émietté. Dans une petite casserole, mélanger le lait de soja et l'agar-agar, puis porter à ébullition et cuire 2 minutes en mélangeant constamment. Verser sur les aubergines. Ajouter le reste des ingrédients, bien mixer et verser dans une terrine. Laisser refroidir, puis placer au frais pour 3 heures avant de déguster. Se conserve plusieurs jours dans un récipient hermétique, au réfrigérateur.

Dip aux poivrons et terrine de butte

Terrine de butternut à la noisette

Pour 2 à 4 personnes

400 g de butternut
1 c. à s. d'huile d'olive
2 gousses d'ail
150 g de tofu lactofermenté au tamari
2 c. à s. de miso blanc
2 c. à s. de purée de noisette
2 c. à s. de graines de lin moulues
Sel, poivre

Couper la butternut en petits dés (garder la peau), puis les faire revenir dans une poêle sur feu vif, avec l'huile d'olive et l'ail émincé, pendant 5 minutes. Saler et poivrer. Baisser à feu moyen et cuire encore 5 à 10 minutes : la butternut doit être fondante. Mixer avec le tofu émietté et les autres ingrédients. Rectifier l'assaisonnement au besoin. Bien tasser dans une terrine, un bocal ou un bol. Placer pour 2 heures au frais.

Parfait avec du pain grillé.

Dip aux poivrons grillés

Pour 2 à 4 personnes

2 gros poivrons rouges
235 g de crème de soja lactofermenté
2 c. à s. de coriandre hachée
1 c. à s. d'arrow-root
½ c. à c. de sel
⅛ de c. à c. de purée de piments

Couper les poivrons en deux puis les faire griller, peau vers le haut, sous le gril du four, jusqu'à ce que la peau soit bien noire. Les éplucher et les couper en morceaux. Mixer avec les autres ingrédients puis verser dans une petite casserole. Porter à feu vif en mélangeant au fouet et laisser épaissir pour obtenir la consistance d'une crème bien épaisse. Verser dans un bol et placer au frais pour 1 heure.

Astuce : cette crème est parfaite pour remplacer le fromage fondu dans un burger.

Terrine de fruits d'été au jus d'orange

Pour 4 à 6 personnes

5 abricots
4 grosses prunes rouges
500 ml de jus d'orange
3 g d'agar-agar
4 c. à s. de sucre de canne blond
1 pointe de couteau de vanille moulue
¼ de c. à c. de cannelle moulue
½ citron

Laver et couper les fruits en fins morceaux, les mélanger puis les déposer dans un moule à cake de taille moyenne. Dans une casserole, verser le jus d'orange, ajouter l'agar-agar, le sucre et les épices. Zester finement le demi-citron et ajouter le zeste. Presser le citron et ajouter le jus. Porter à ébullition et cuire 2 minutes en mélangeant au fouet. Verser le jus d'orange épicé sur les fruits. Laisser revenir à température ambiante, puis placer pour 15 minutes au congélateur afin que la gelée prenne bien. Laisser ensuite reposer plusieurs heures au réfrigérateur. À consommer dans les 48 heures.

Crème de topinambours

Pour 1 bol

600 g de topinambours épluchés
150 ml de crème de soja
1 c. à s. d'huile d'olive
1 gousse d'ail
Sel, poivre

Couper les topinambours en dés, puis les cuire à l'eau jusqu'à ce qu'ils soient tendres. Les égoutter et les refroidir sous l'eau froide. Mixer avec les autres ingrédients et placer au frais avant de servir.

Idéal avec des toasts et quelques morceaux de légumes grillés, des herbes fraîches.

Artichaunade

Pour 1 bol

400 g de fonds d'artichauts cuits
1 gousse d'ail
3 c. à s. d'huile d'olive
1 c. à s. de persil haché
1 c. à s. de basilic haché
Sel, poivre

Mixer tous les ingrédients et laisser prendre 1 heure au frais.

Servir avec des toasts grillés ou des gressins. Peut aussi être utilisé pour farcir des légumes froids ou garnir des club sandwichs, sur des blinis...

Dip betteraves et amande

Pour 1 bol

4 betteraves cuites
3 c. à s. de purée d'amande blanche
1,5 c. à s. de jus de citron frais
Sel, poivre

Couper les betteraves en morceaux. Mixer tous les ingrédients pour obtenir une crème onctueuse. Conserver au frais.

Dip tomates fraîches et noix de cajou

Pour 2 personnes

150 g de noix de cajou non grillées
2 tomates
1 gousse d'ail
2 c. à s. de jus de citron
1 c. à s. de basilic ciselé
1 pincée de piment d'Espelette
Sel, poivre

Faire tremper les noix de cajou dans un bol rempli d'eau pendant 1 heure. Couper les tomates en quartiers, retirer le pédoncule et enlever la peau. Mettre tous les ingrédients dans le bol d'un mixeur (ou d'un robot) et mixer quelques minutes pour obtenir une crème épaisse. Assaisonner selon le goût de piment d'Espelette, de sel et de poivre. Garder au frais avant de servir.

Parfait pour une sauce improvisée sur des pâtes.

Terrine de carottes au sésame et miso blanc

Pour 2 à 4 personnes

200 g de carottes épluchées
1 gousse d'ail
1 oignon
2 c. à s. d'huile d'olive
125 g de tofu ferme
2 c. à s. de purée de sésame blanc
2 c. à s. de miso blanc
1 c. à s. de jus de citron
1/4 de c. à c. de cumin moulu
Sel, poivre

Râper les carottes. Émincer l'ail et l'oignon. Les faire sauter à feu moyen dans une poêle, avec l'huile d'olive, pendant 10 à 15 minutes. Mixer les légumes sautés avec les autres ingrédients, bien tasser dans une petite terrine ou un plat et cuire au four à 250 °C (th. 8-9) pendant 20 minutes. Laisser refroidir et conserver au frais quelques jours.

Pour tremper des crudités ou des gressins, ou pour tartiner des toasts, des sandwichs.

SOUPES
ET PURÉES ANTI-GRISE MINE

Purée crémeuse de céleri-rave

Pour 2 à 4 personnes

4 pommes de terre moyennes
1 céleri-rave
5 c. à s. de crème épaisse de soja lactofermenté
2 c. à s. de purée de noix de cajou
Sel, poivre

Éplucher et couper les légumes en gros dés. Les cuire à l'eau pendant environ 40 minutes. Les passer au presse-purée, puis mélanger au fouet avec la crème de soja et la purée de noix de cajou. Assaisonner et servir.

Soupe de potimarron au lait de châtaigne

Pour 4 personnes

500 g de potimarron
150 g de pommes de terre épluchées
1 gros oignon
2 gousses d'ail
4 c. à s. d'huile d'olive
4 feuilles de laurier
300 ml de lait de châtaigne
Sel, poivre

Couper tous les légumes en morceaux de taille moyenne puis les faire revenir dans une cocotte sur feu vif, dans l'huile d'olive, pendant 5 à 10 minutes, en remuant. Ajouter les feuilles de laurier et couvrir d'eau. Cuire à feu moyen pendant 45 minutes à 1 heure. Retirer les feuilles de laurier, ajouter le lait de châtaigne et mixer. Assaisonner.

On peut servir cette soupe avec 100 g de brisures de marrons cuits au naturel ajoutées au dernier moment.

Purée de carottes au lait de coco

Pour 2 personnes

500 g de carottes épluchées
90 ml de lait de coco
Sel, poivre

Couper les carottes en rondelles puis les cuire à l'eau jusqu'à ce qu'elles soient tendres. Mixer avec le lait de coco et assaisonner.

Soupe miso-coco aux petits légumes

Pour 6 personnes

1 c. à s. d'huile de coco
1 poivron vert
1 échalote
1 gousse d'ail
½ poireau
1 c. à c. de gingembre haché
2 c. à c. de coriandre ciselée
2 l d'eau
5 c. à s. de miso blanc

Dans une cocotte ou une grande casserole, faire fondre l'huile de coco à feu vif, puis faire revenir les légumes émincés et le gingembre pendant 2 minutes. Ajouter la coriandre et l'eau, porter à ébullition. Prélever un peu de bouillon et y délayer le miso dans un bol. Reverser dans la cocotte, baisser à feu doux et cuire 10 minutes.

Parfait pour une entrée légère, ou pour y glisser du tofu, des nouilles ou des raviolis et la transformer en délicieux plat complet.

Bouillon thaï aux légumes d'hi

Velouté de panais au thym

Pour 4 personnes

4 panais moyens
2 petites pommes de terre
1 oignon
2 gousses d'ail
3 c. à s. d'huile d'olive
1 c. à c. de thym séché
Sel, poivre

Éplucher et couper les légumes, puis les faire revenir quelques minutes à feu moyen dans une grande casserole, avec l'huile d'olive et le thym. Assaisonner et couvrir d'eau. Cuire 30 minutes à feu moyen, puis rajouter 300 ml d'eau environ et mixer. Rectifier l'assaisonnement et servir.

***Conseil** : pour une soupe plus chic, servez-la avec quelques fleurs de thym frais et des croûtons maison de pain aux noix grillés au four avec de l'huile d'olive, de l'ail et du persil.*

Velouté de courgettes, petits pois et menthe

Pour 2 à 4 personnes

2 c. à s. d'huile d'olive
1 oignon
1 grosse pomme de terre
2 courgettes
150 g de petits pois frais ou surgelés
1 cube de bouillon de légumes
250 ml de lait de riz + 50 ml
1 poignée de menthe fraîche
Sel, poivre

Dans une grande casserole, faire chauffer l'huile d'olive à feu vif. Y faire revenir l'oignon émincé avec la pomme de terre épluchée et coupée en petits morceaux et les courgettes coupées en gros dés. Ajouter les petits pois, le cube de bouillon et 250 ml de lait de riz, puis cuire 30 minutes. Ôter du feu. Ajouter 50 ml de lait de riz supplémentaires et la menthe. Assaisonner. Mixer et servir.

Soupe crémeuse au brocoli et curry

Pour 2 à 4 personnes

1 brocoli
1 oignon
1 gousse d'ail
1 c. à s. d'huile d'olive
1,5 c. à c. de curry moulu
250 ml de lait d'épeautre
2 c. à s. de purée de sésame
Sel, poivre

Couper le brocoli en fleurettes et son pied en dés. Émincer l'oignon et l'ail. Dans une casserole moyenne, faire chauffer l'huile d'olive, puis ajouter le curry, l'ail et l'oignon. Faire revenir 1 à 2 minutes, puis ajouter le brocoli, remuer quelques minutes et couvrir d'eau chaude. Porter à ébullition et cuire 5 minutes. Verser le lait d'épeautre et mixer pour obtenir une soupe bien lisse. Ajouter la purée de sésame et mixer à nouveau. Assaisonner et servir.

Bouillon thaï aux légumes d'hiver

Pour 4 personnes

2 c. à s. d'huile de coco
125 g de butternut en dés
1 oignon
1 carotte
½ poireau
2 c. à c. de gingembre frais haché
2 c. à s. de pâte de curry rouge thaï
2 c. à s. de beurre de cacahuète
2 c. à s. de tamari
1 l d'eau
2 c. à s. de coriandre hachée

Dans une cocotte, faire chauffer l'huile de coco puis faire revenir à feu moyen les légumes émincés pendant 5 minutes. Ajouter le gingembre, la pâte de curry et le beurre de cacahuète, bien mélanger. Cuire 2 à 3 minutes. Verser le tamari et l'eau, puis cuire 10 minutes à feu vif. Ajouter la coriandre et servir.

***Astuce** : pour un plat complet, ajouter quelques minutes avant la fin de la cuisson un peu de tofu en dés et des nouilles de riz préalablement cuites à l'eau.*

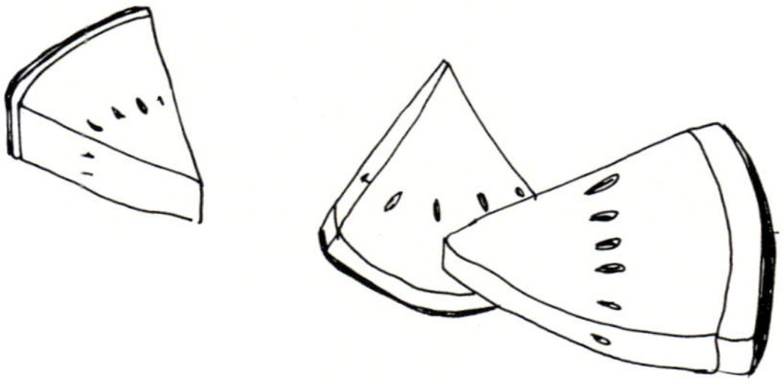

Purée de pommes de terre à l'huile d'olive, betteraves poêlées et ail en chemise

Pour 4 personnes

1 kg de pommes de terre
2 petites betteraves
4 c. à s. d'huile d'olive
10 gousses d'ail
150 ml de lait de soja (ou d'un autre lait végétal)
2 branches de thym
Sel, poivre

Éplucher et laver les pommes de terre, puis les couper en morceaux et les cuire à la vapeur. Laver les betteraves, bien frotter leur peau et les couper en tranches. Faire chauffer 2 c. à s. d'huile d'olive dans une poêle puis y poêler les tranches de betteraves et les gousses d'ail avec leur peau, quelques minutes sur feu vif, avant de les retourner et de cuire à nouveau quelques minutes. Passer les pommes de terre au presse-purée, puis les mélanger avec 2 c. à s. d'huile d'olive et le lait tiédi. Saler. Répartir la purée dans un plat, disposer dessus les tranches de betteraves poêlées et les gousses d'ail en chemise, parsemer de thym et poivrer. Servir sans attendre.

Crème de maïs doux

Pour 4 personnes

3 épis de maïs
3 gousses d'ail
1 gros oignon
1 c. à s. d'huile d'olive
1 cube de bouillon de légumes
1 l d'eau
2 c. à s. de purée de noix de cajou
Sel, poivre

Ébarber les épis de maïs puis détacher les grains au couteau. Émincer l'ail et l'oignon. Faire revenir l'ensemble dans une grande casserole, avec l'huile d'olive, 2 à 3 minutes à feu vif. Ajouter le cube de bouillon et couvrir d'eau. Cuire 25 à 30 minutes. Mixer avec la purée de noix de cajou, assaisonner et passer au chinois pour retirer les restes de peau de maïs. Servir aussitôt.

Pour plus de pep, ajouter un filet de jus de citron vert, quelques feuilles de coriandre et des morceaux de piment vert haché.

Crème de tomates grillées

Pour 4 personnes

10 tomates
5 c. à s. d'huile d'olive
1 oignon
2 gousses d'ail
1 c. à s. de sucre de canne
200 ml de crème de soja
1 ou 2 branches de thym
Sel, poivre

Couper les tomates en quartiers puis les déposer sur une plaque de cuisson, peau côté plaque. Arroser avec 3 c. à s. d'huile d'olive, saler et poivrer. Cuire 25 minutes au four en position gril ; les tomates doivent être bien grillées sur les bords. Sortir du four et réserver. Dans une casserole, faire dorer à feu vif l'oignon et l'ail émincés dans 2 c. à s. d'huile d'olive. Ajouter les tomates grillées et leur jus, le sucre, la crème de soja, le thym, saler et poivrer. Cuire 2 minutes et mixer.

Astuce : si le mixeur n'est pas assez puissant pour mixer les branches de thym ou la peau des tomates, on peut passer la soupe au chinois pour les récupérer.

ée de pommes de terre à l'huile d'olive, betteraves poêlées et ail en chemise

Clafoutis aux asper

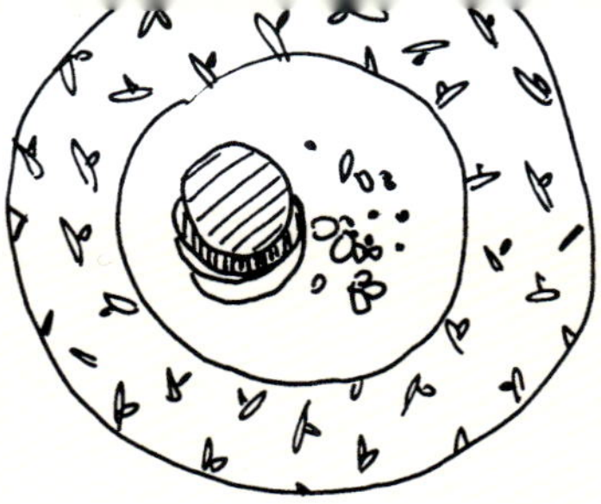

GRATINS
ET PETITS PLATS AU FOUR

Crumble de tomates à la persillade

Pour 2 à 4 personnes

5 tomates
1 oignon rouge
1 gousse d'ail
2 c. à s. d'huile d'olive
Sel, poivre

Pour le crumble

90 g de farine
25 g de poudre d'amande
10 g de persil finement haché
2 gousses d'ail hachées
3 c. à s. d'huile d'olive
Sel, poivre

Couper les tomates en deux, enlever leur pédoncule puis couper chaque moitié en 4 quartiers. Émincer l'oignon et l'ail. Dans une sauteuse, faire chauffer l'huile d'olive à feu vif puis y jeter les légumes. Assaisonner et cuire quelques minutes en remuant. Répartir dans un grand plat ou 2 plats individuels. Préparer le crumble : dans une assiette creuse, verser tous les ingrédients et mélanger du bout des doigts. Saler et poivrer, mélanger à nouveau puis répartir sur les tomates. Cuire 15 à 20 minutes à 200 °C (th. 6-7).

Clafoutis aux asperges

Pour 4 personnes

250 ml de lait végétal au goût neutre (soja, avoine...)
200 g de tofu soyeux
2 c. à s. de purée de noix de cajou
½ c. à s. d'agar-agar
2 c. à c. de fécule de maïs
½ c. à c. de sel
1 botte d'asperges vertes

Mixer tous les ingrédients sauf les asperges. Nettoyer les asperges, éplucher les tiges au besoin, puis les couper en fins morceaux dans leur longueur. Réserver les pointes. Mélanger les morceaux d'asperges avec l'appareil à clafoutis. Verser dans un plat huilé et déposer les pointes d'asperges sur le dessus. Cuire 30 minutes à 180 °C (th. 6). Servir tiède ou froid.

Pour une entrée chic, dresser une assiette avec un lit de jeunes pousses, un filet d'huile d'olive et 1 pincée de fleur de sel. Déposer une part de clafoutis et quelques traits de crème de balsamique au dernier moment.

Tian provençal

Pour 4 à 6 personnes

3 grosses tomates
2 petites aubergines
2 courgettes moyennes
2 grosses pommes de terre
5 gousses d'ail
2 bouquets de thym
1 c. à s. d'herbes de Provence
4 c. à s. d'huile d'olive
Sel, poivre

Laver les légumes. Éplucher les pommes de terre et tout détailler en rondelles. Couper les rondelles d'aubergines en deux. Dans un grand plat, alterner les rangées de chaque légume, rondelles debout pour qu'elles soient bien tassées (bien choisir le plat !). Émincer l'ail et le glisser entre les rangées de légumes. Ajouter les herbes, saler, poivrer et arroser d'huile d'olive. Cuire 1 heure ou plus au four à 150 °C (th. 5). Les légumes doivent être dorés sur le dessus et bien fondants.

Cassolettes de poireaux à la crème

Pour 4 personnes

6 poireaux de taille moyenne
2 petits oignons
1 gousse d'ail
1 c. à s. d'huile d'olive
100 g de tofu fumé
150 ml de crème de soja + 75 ml
1 c. à s. de purée de noix de cajou
1 c. à s. de levure maltée
Chapelure
Sel, poivre

Dans une sauteuse sur feu moyen, faire revenir les légumes émincés dans l'huile d'olive pendant 10 minutes. Ajouter le tofu fumé en petits dés, 150 ml de crème de soja et la purée de noix de cajou, bien mélanger puis cuire 10 à 15 minutes à feu doux. Répartir dans des cassolettes ou des minicocottes. Dans un bol, mélanger 75 ml de crème de soja avec la levure maltée et assaisonner, puis verser dans les cassolettes et saupoudrer de chapelure. Cuire 10 minutes à 260 °C (th. 8-9), au four en position gril.

Gratin de topinambours

Pour 4 personnes

600 g de topinambours épluchés
2 gousses d'ail
2 c. à s. de fécule de maïs
2 c. à s. de miso blanc
2 c. à s. de purée de noix de cajou
1 c. à s. de levure maltée
500 ml de lait végétal
Noix de muscade moulue
Huile ou margarine pour le plat
Sel, poivre

Couper les topinambours en fines rondelles puis les rincer. Dans un petit saladier, disposer l'ail écrasé, la fécule, le miso, la purée de noix de cajou, la levure maltée et un peu de lait végétal. Mélanger au fouet puis verser progressivement le reste du lait. Saler, poivrer et ajouter de la noix de muscade au goût. Huiler ou graisser un plat, y déposer les topinambours, puis verser le lait dessus et cuire 1 h 15 à 1 h 30 au four à 180 °C (th. 6).

Patates douces hasselback

Pour 1 personne

2 à 3 petites patates douces
Huile d'olive
Margarine
Sel, poivre

Éplucher et laver les patates douces, puis les entailler au couteau comme pour faire de fines rondelles, mais s'arrêter juste avant la base des patates. Les mettre dans un plat, arroser d'un généreux filet d'huile d'olive, saler et poivrer, puis déposer quelques petites noix de margarine sur chaque patate. Cuire 45 minutes environ à 200 °C (th. 6-7).

Poivrons farcis à la texane

Pour 4 personnes

½ oignon
2 gousses d'ail
2 c. à s. d'huile d'olive
125 g de haricots rouges cuits
150 g de maïs doux
1 c. à c. de cumin moulu
1 c. à c. de sauce de piment chipotle (ou plus selon le goût)
125 g de riz long cuit
1 tomate
2 gros poivrons rouges
2 c. à s. de levure maltée
2 c. à s. de chapelure fine
Crème de soja
2 c. à s. de coriandre ciselée
Sel, poivre

Dans une poêle sur feu vif, faire revenir l'oignon et l'ail émincés dans l'huile d'olive. Ajouter les haricots et le maïs, puis le cumin et la sauce pimentée, et cuire 5 minutes. Saler, poivrer, ajouter le riz, bien mélanger et couper le feu. Ajouter la tomate coupée en petits dés. Couper les poivrons en deux, enlever les graines mais laisser le pédoncule pour qu'ils ne s'affaissent pas à la cuisson. Farcir les poivrons, saupoudrer de levure maltée et de chapelure, ajouter un filet de crème de soja, saler et poivrer. Cuire au four à 180 °C (th. 6) pendant 45 minutes environ. Parsemer de coriandre ciselée avant de servir.

ates douces hasselback

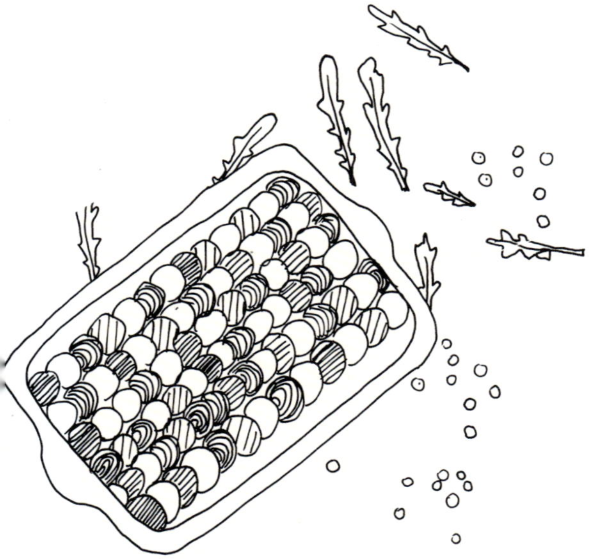

Courge spaghetti gratinée

Pour 2 à 4 personnes

1 courge spaghetti
150 ml de crème végétale
4 c. à c. d'épices pour colombo
1 c. à s. de levure maltée + 2 c. à s.
2 c. à s. de chapelure
1 c. à c. de sel
1 c. à s. d'huile d'olive
Poivre

Couper la courge en deux dans la longueur, retirer les graines puis la cuire 45 minutes au four à 225 °C (th. 7-8). Mélanger la crème avec les épices et 1 c. à s. de levure maltée. Gratter la chair de la courge à la fourchette pour la détacher, puis répartir la crème dans les deux demi-courges. Mélanger la chair et la crème, saupoudrer de flocons de levure et de chapelure, assaisonner, puis arroser d'huile d'olive en filet. Gratiner 10 minutes à 200 °C (th. 6-7). Couper les demi-courges en deux et servir.

Parmentier de patates douces aux lentilles

Pour 4 personnes

200 g de lentilles vertes
1,5 kg de patates douces
2 c. à s. d'huile d'olive
2 échalotes
2 gousses d'ail
1 c. à s. de ciboulette ciselée
2 c. à s. de persil haché
2 c. à s. de tamari
100 ml de crème de soja
2 c. à s. de levure maltée
Sel, poivre

Cuire les lentilles dans une casserole remplie d'eau pendant 20 minutes. Éplucher et couper en morceaux les patates douces, puis les cuire dans une grande casserole remplie d'eau. Faire chauffer l'huile d'olive dans une poêle, puis y faire revenir les échalotes et l'ail émincés. Ajouter les lentilles égouttées, les herbes et le tamari. Cuire pendant 5 à 10 minutes. Répartir dans le fond d'un plat à gratin. Égoutter les patates douces, puis les passer au presse-purée et assaisonner. Étaler cette purée sur les lentilles et bien tasser. Répartir la crème dessus et saupoudrer de levure maltée. Cuire 15 minutes à 180 °C (th. 6), puis passer quelques minutes sous le gril pour gratiner.

Gratin de butternut aux châtaignes

Pour 4 personnes

750 g de butternut
1 oignon
2 gousses d'ail
400 g de marrons au naturel
2 c. à s. d'huile d'olive
300 ml de crème végétale
Noix de muscade
Levure maltée
Sel, poivre

Couper la butternut en petits dés. Émincer l'oignon et l'ail. Concasser grossièrement les marrons. Faire revenir le tout quelques minutes à feu vif, avec l'huile d'olive, puis baisser à feu moyen et laisser jusqu'à ce que les légumes soient cuits et légèrement dorés. Disposer dans un plat. Dans un bol, mélanger la crème avec du sel et du poivre, ajouter de la noix de muscade au goût puis verser sur les légumes. Saupoudrer de levure maltée, puis cuire 20 minutes au four à 180 °C (th. 6). La surface doit être bien gratinée. Passer quelques minutes sous le gril à la fin si nécessaire.

rmentier de patates douces aux lentilles

Salade thaïe à la mang

DES SALADES PLEINES DE PEP

Salade thaïe à la mangue

Pour 4 personnes

600 g de nouilles de riz cuites
1 poivron rouge
1 grosse carotte
1 avocat mûr à point
1 mangue mûre à point
4 c. à s. de beurre de cacahuète
2 citrons verts
3 c. à c. de tamari
50 ml d'eau
1 c. à c. de citronnelle émincée
1 c. à s. d'huile de sésame toasté
Feuilles de coriandre

Conserver les nouilles cuites dans une passoire plongée dans de l'eau glacée. Couper le poivron et la carotte en julienne, l'avocat et la mangue en dés. Dans un bol, mélanger à la fourchette le beurre de cacahuète avec le jus des citrons verts, le tamari et l'eau. Ajouter la citronnelle et l'huile de sésame. Sur un plat ou dans un saladier, mélanger les nouilles bien égouttées avec les légumes et la mangue. Servir accompagné de sauce et de feuilles de coriandre fraîche.

Pour un visuel encore plus surprenant, utiliser des nouilles de riz noir.

Salade grecque

Pour 4 personnes

4 tomates
1 poivron vert
½ concombre
1 petit oignon rouge
100 g de tofu lactofermenté au tamari
100 g d'olives noires
3 c. à s. d'huile d'olive
2 c. à s. de persil haché
1 c. à s. de câpres
1 c. à c. d'origan séché
Sel, poivre

Couper les légumes en gros dés. Émincer l'oignon rouge. Couper le tofu en petits dés. Mélanger tous les ingrédients dans un saladier et assaisonner. Réserver au frais avant de servir.

Coleslaw de chou rouge

Pour 4 à 6 personnes

½ chou rouge
2 carottes
1 pomme
200 g de tofu soyeux
2 c. à s. de moutarde de Dijon
3 c. à s. d'huile d'olive
5 c. à s. de yaourt de soja
1,5 c. à s. de vinaigre de cidre
1 c. à s. d'aneth ciselé
¾ de c. à c. de sel
Poivre

Émincer le chou rouge au couteau. Éplucher et râper les carottes. Détailler la pomme en fines allumettes. Dans le bol d'un mixeur, verser le tofu soyeux et la moutarde. Mixer, puis incorporer petit à petit l'huile d'olive pour former une mayonnaise liquide. Ajouter le yaourt puis le vinaigre. Transvaser dans un bol, incorporer l'aneth ciselé et assaisonner. Mélanger la sauce avec les crudités dans un saladier, puis réserver au frais.

Carpaccio de fraises et tomates vertes

Pour 4 personnes

100 ml de vinaigre balsamique
4 grosses tomates vertes
200 g de fraises
4 c. à c. d'huile d'olive
4 c. à c. de pistaches concassées
Fleur de sel, poivre

Préparer la réduction de balsamique : dans une petite casserole, verser le vinaigre balsamique. Porter à feu vif et cuire en remuant de temps en temps jusqu'à ce que le vinaigre épaississe suffisamment pour napper une cuillère. La texture est encore liquide, c'est normal. Verser dans un petit récipient et placer au frais pour 10 minutes. À l'aide d'un couteau bien aiguisé ou d'une mandoline, couper les tomates en fines tranches, puis les disposer sur 4 petites assiettes. Trancher également les fraises et les répartir sur les assiettes. Arroser chaque assiette d'un filet d'huile d'olive, ajouter 1 pincée de fleur de sel, poivrer, napper d'un généreux filet de réduction de balsamique et parsemer de pistaches concassées.

Dresser au dernier moment et consommer immédiatement.

Vinaigrette orange-gingembre

Pour 1 personne

2 c. à s. de jus d'orange frais
1 c. à s. d'huile de sésame
1 c. à c. de tamari
1 c. à c. de vinaigre de cidre
½ c. à c. de gingembre frais en purée

Mélanger les ingrédients dans un shaker à vinaigrette et servir.

Sauce salade aux herbes fraîches et citron

Pour 2 personnes

1 yaourt de soja
3 c. à s. de jus de citron frais
1 c. à s. d'huile d'olive
½ c. à c. de sel, poivre
1 c. à c. de coriandre ciselée
1 c. à c. de basilic ciselé
1 c. à c. de persil frisé ciselé
1 c. à c. de ciboulette ciselée

Dans un bol, mélanger à la fourchette le yaourt et le jus de citron. Incorporer l'huile petit à petit, assaisonner et ajouter les herbes.

Panzanella à la pastèque

Pour 2 à 4 personnes

200 g de pastèque sans la peau
2 tomates
1 poivron vert
Huile d'olive
¼ de baguette rustique
2 c. à s. de basilic haché
Crème de balsamique ou jus de citron frais
Sel, poivre

Couper la pastèque en dés et enlever les pépins. Couper les tomates. Mélanger le tout dans un saladier. Couper le poivron en morceaux moyens, puis les faire griller quelques minutes à la poêle, avec 1 c. à c. d'huile d'olive. Laisser refroidir puis ajouter dans le saladier. Placer au frais. Couper le pain en dés, puis verser 1 c. à s. d'huile d'olive dans la poêle et y faire revenir les dés à feu vif pendant quelques minutes. Saler et poivrer. Laisser refroidir. Au moment de servir, ajouter le basilic, verser un filet d'huile d'olive, ajouter les croûtons, saler, poivrer et bien mélanger. Ajouter dans l'assiette un filet de crème de balsamique ou du jus de citron.

Amandes caramélisées au tamari

Pour 4 personnes

2 poignées d'amandes
2 c. à s. de tamari
1 c. à s. de sirop d'agave
Poivre

À l'aide d'un gros couteau, hacher grossièrement les amandes. Dans une poêle, mélanger le tamari avec le sirop d'agave. Poivrer et porter à feu vif. Quand la sauce est chaude, ajouter les amandes. Cuire quelques minutes en remuant, puis retirer du feu quand les amandes sont bien caramélisées et qu'elles commencent à coller à la poêle. Couvrir une assiette de papier cuisson et y étaler les amandes caramélisées pour qu'elles refroidissent.

Ces petites merveilles donneront un caractère gourmand à n'importe quelle salade !

Vinaigrette noisette-shoyu

Pour 2 personnes

2 c. à s. d'huile de noisette
2 c. à s. de vinaigre de cidre
1 c. à s. de shoyu
Sel, poivre

Mélanger tous les ingrédients dans un shaker à vinaigrette. Rectifier l'assaisonnement au besoin et servir.

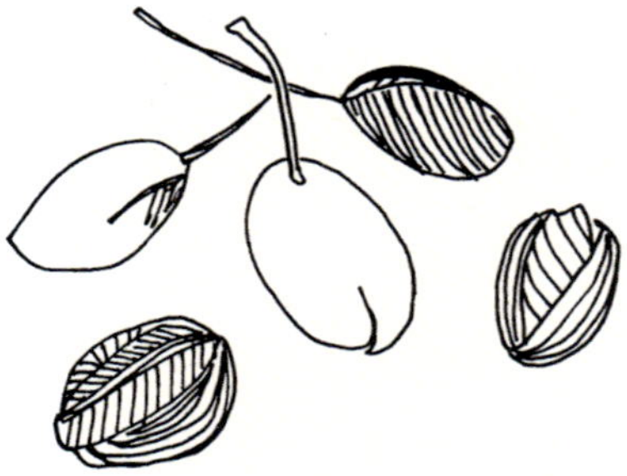

Salade de pommes de terre rôties, courgette grillée, olives kalamata et herbes fraîches

Pour 4 personnes

1 kg de pommes de terre grenaille
3 c. à s. d'huile d'olive + pour assaisonner
1 c. à s. de coriandre moulue
1 c. à c. de graines de cumin
1 courgette
200 g d'olives kalamata
2 c. à s. de persil haché
2 c. à s. de coriandre hachée
Sel, poivre

Laver et couper les pommes de terre en morceaux de taille moyenne. Les faire revenir à feu moyen-doux, avec 2 c. à s. d'huile d'olive et les épices, pendant 30 à 40 minutes. Elles doivent être dorées et bien cuites à cœur. Couper la courgette en demi-rondelles puis les faire griller, avec 1 c. à s. d'huile d'olive, du sel et du poivre, dans une poêle. Mélanger les pommes de terre tièdes avec la courgette grillée, les olives kalamata, le persil et la coriandre dans un saladier. Assaisonner et ajouter 1 ou 2 cuillerées d'huile d'olive si nécessaire.

Servir avec des quartiers de citron à presser dans l'assiette.

Salade de carottes à l'orientale

Pour 2 à 4 personnes

300 g de carottes épluchées
75 ml de jus d'orange frais
250 ml d'huile d'olive
½ c. à c. de cumin moulu
½ c. à c. de sel
5 dattes dénoyautées
1 c. à s. de feuilles de coriandre
Poivre

Râper les carottes, puis les mélanger avec le jus d'orange et l'huile d'olive. Ajouter le cumin, saler, poivrer et ajouter les dattes coupées en petits morceaux. Laisser reposer sur un plat pendant 1 heure au frais, puis ajouter les feuilles de coriandre et servir.

Rubans de courgettes au pesto menthe-citron

Pour 4 personnes

15 g de feuilles de menthe
75 ml d'huile d'olive
Le zeste de 1 citron
50 g de noix de cajou
3 c. à s. de jus de citron
2 courgettes moyennes

Préparer le pesto : mixer les feuilles de menthe avec l'huile d'olive et le zeste de citron. Ajouter les noix de cajou et bien mixer. Incorporer le jus de citron pour obtenir un pesto bien crémeux. Réserver. Sur un plat, détailler les courgettes lavées mais non épluchées en longs rubans, à l'aide d'un économe. Servir immédiatement les rubans de courgettes accompagnés du pesto.

***Conseil :** *parfait pour une entrée ou pour accompagner un plat en apportant une touche de fraîcheur. Placer les courgettes au réfrigérateur avant de les détailler en rubans pour obtenir un plat vraiment très frais.**

lade de pommes de terre rôties, courgette grillée, olives kalamata et herbes fraîches

PIZZAS, TARTES ET GALETTES AUX LÉGUMES

Pâte à pizza

Pour 2 pizzas pour 4 personnes

600 g de farine de blé
400 ml d'eau tiède
2 c. à c. de sel
1,5 sachet de levure de boulanger déshydratée
1 c. à c. de sucre de canne blond
3 c. à s. d'huile d'olive

Mettre la farine dans un saladier. Mélanger dans un bol l'eau tiède avec le sel, la levure et le sucre. Laisser reposer 10 minutes pour activer la levure. Mélanger avec la farine et pétrir 5 minutes. Ajouter l'huile d'olive et pétrir à nouveau 5 minutes. Former une grosse boule et laisser reposer 1 à 2 heures dans le saladier, sous un linge humide, à 20 à 25 °C. Fariner un plan de travail et un rouleau à pâtisserie, séparer la pâte en deux, former 2 boules et les étaler au rouleau pour former 2 fonds de pizza.

La pâte à pizza se congèle sans problème, en boule, dans un sachet de congélation hermétique, et se décongèle à température ambiante.

Calzone à la tapenade

Pour 2 personnes

1 pâte à pizza (voir recette précédente)
175 g d'olives noires dénoyautées
2 gousses d'ail
2 c. à s. d'huile d'olive + un peu pour arroser
4 c. à c. de coulis de tomates
Origan séché
Sel, poivre

Étaler la pâte à pizza et la déposer sur une plaque couverte de papier cuisson. Égoutter les olives et les rincer pour qu'elles ne soient pas trop salées. Mixer les olives avec l'ail et l'huile d'olive, assaisonner. Étaler la tapenade sur la moitié de la pâte à pizza, en réservant les bords. Humidifier les bords et replier la pâte sur elle-même. Bien souder les bords. Étaler le coulis de tomates sur le dessus de la calzone, parsemer d'un peu d'origan séché, saler, poivrer et arroser d'un fin filet d'huile d'olive. Cuire au four à 180 °C (th. 6) pendant 20 minutes.

Pizza chic aux asperges et artichauts

Pour 4 personnes

5 fonds d'artichauts
130 g d'asperges vertes
1 gousse d'ail
Huile d'olive
1 pâte à pizza (voir ci-dessus)
150 ml de coulis de tomates
1 c. à s. de câpres
2 c. à s. de basilic ciselé
100 g de fromage à râper (voir p. 135)
Sel, poivre

Découper les fonds d'artichauts, les asperges et l'ail en fines lamelles. Les faire revenir quelques minutes dans une poêle, avec un peu d'huile d'olive, saler et poivrer. Abaisser la pâte à pizza, puis la disposer sur une plaque de cuisson. Y étaler le coulis de tomates à l'aide d'une spatule ou d'une cuillère à soupe. Ajouter les légumes sautés. Parsemer de câpres, de basilic et de fromage vegan râpé. Ajouter un filet d'huile d'olive, saler et poivrer. Cuire 15 à 20 minutes à 200 °C (th. 6-7).

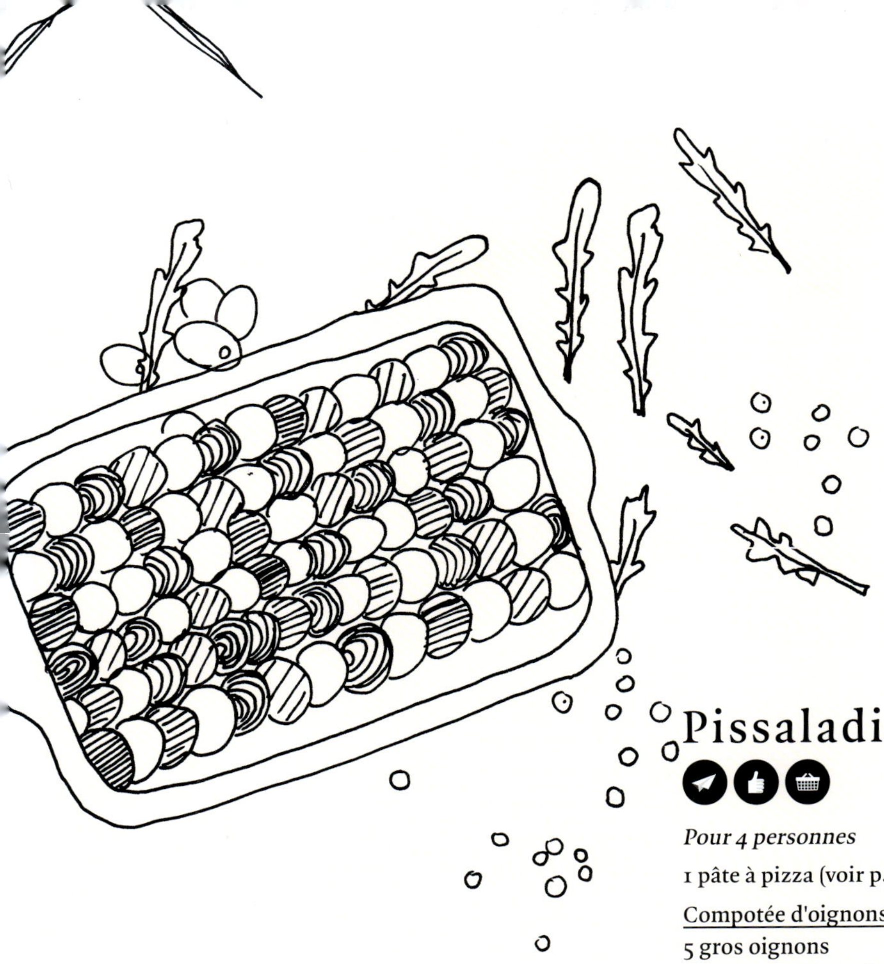

Pissaladière

Pour 4 personnes

1 pâte à pizza (voir p. 194)

Compotée d'oignons

5 gros oignons
2 c. à s. d'huile d'olive + 1 c. à s.

Pissalat végétal

125 g de tofu ferme
1 feuille de yaki nori
2 c. à c. de miso blanc

Garniture

50 g d'olives noires
2 tomates séchées
Sel, poivre

Dans une casserole sur feu moyen-vif, faire suer les oignons coupés en fines lamelles dans 2 c. à s. d'huile d'olive. Mélanger régulièrement et laisser dorer. Quand les oignons sont bruns, ajouter un fond d'eau et laisser compoter 30 minutes à feu moyen-doux. Assaisonner. Réserver. Mixer le tofu avec la feuille de yaki nori émiettée, le miso et 1 c. à s. d'huile. Étaler sur la pâte à pizza préalablement disposée sur une plaque de cuisson. Couvrir de compotée d'oignons. Répartir les olives et les tomates séchées coupées en fines lamelles. Cuire 15 à 20 minutes à 200 °C (th. 6-7). Servir chaud ou froid.

***Info :** le pissalat est une crème niçoise très ancienne, à base de sardines et d'anchois. Il est indispensable à la préparation de la fameuse pissaladière et est décliné ici en une version vegan délicieuse qui étonnera à n'en pas douter les invités !*

Galette rustique aux topinambours

Pour 4 personnes

1 pâte brisée
225 g de topinambours épluchés
Huile d'olive

Pour la crème

125 g de tofu soyeux
4 c. à s. de crème végétale
3 c. à s. de flocons de levure
1 c. à s. de miso blanc
¼ de c. à c. d'ail moulu
Poivre

Dans un bol, mélanger tous les ingrédients de la crème à la fourchette. Abaisser la pâte brisée sur une feuille de papier cuisson, puis disposer sur une plaque. Étaler la crème sur la pâte, en réservant les bords. Couper les topinambours en fines lamelles, puis les disposer de manière uniforme sur la crème, replier les bords de la pâte, arroser d'un filet d'huile d'olive et cuire à 180 °C (th. 6) pendant environ 40 minutes.

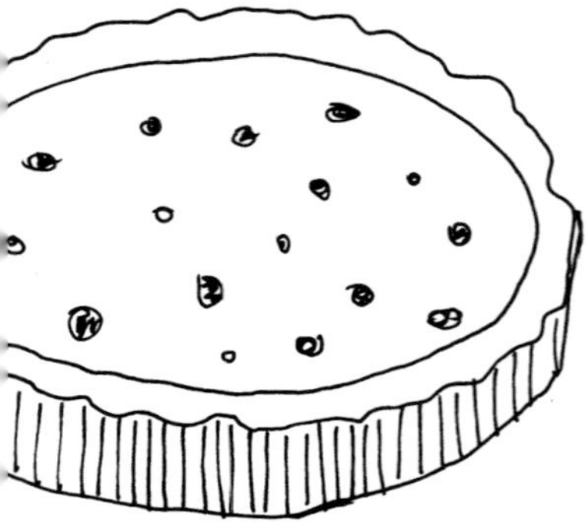

Minipizzas roulées aux herbes et crème de poivron

Pour 6 personnes

1 pâte à pizza (voir p. 194)
2 c. à s. de ciboulette ciselée
2 c. à s. de persil ciselé
2 c. à s. de basilic ciselé

Pour la crème de poivron

1,5 poivron rouge
100 ml de crème de soja
1 c. à s. d'huile d'olive
2 c. à c. de fécule de maïs
1 gousse d'ail émincée
1 c. à c. de jus de citron
½ c. à c. de sel
1 pincée de piment d'Espelette

Faire griller les poivrons au four en position gril jusqu'à ce que leur peau soit noire. Éplucher et couper en morceaux les poivrons. Laisser refroidir, puis mixer avec les autres ingrédients de la crème de poivron pour obtenir une préparation lisse. Verser dans une petite casserole. Porter à feu vif en mélangeant constamment pour que la crème épaississe. Réserver. Abaisser la pâte à pizza en rectangle. Y étaler la crème de poivron à la cuillère, puis garnir avec les herbes. Rouler la pâte sur elle-même dans sa largeur pour former un long boudin. Couper des tronçons d'environ 2 cm, puis les déposer sur une plaque couverte de papier cuisson, en les espaçant. Cuire environ 10 minutes au four à 200 °C (th. 6-7). Les minipizzas doivent être à peine dorées.

Green pizza

Pour 4 à 6 personnes

100 g de choux de Bruxelles
50 g de mange-tout
1 c. à s. d'huile d'olive
1 pâte à pizza (voir p. 194)
Feuilles de coriandre
Sel, poivre

Pour le pesto

60 ml d'huile d'olive
50 g de pignons de pin
20 g de feuilles de basilic
20 g de noix de cajou non grillées
2 c. à c. de jus de citron frais
½ c. à c. de sel

Pour la crème de courgettes

2 courgettes
1 c. à s. d'huile d'olive
100 ml de crème de soja
1 gousse d'ail
2 c. à s. de feuilles de coriandre
1 c. à s. de purée de sésame
1 c. à c. de jus de citron frais
½ c. à c. de sel
Poivre

Préparer le pesto en mixant tous les ingrédients ensemble et réserver. Couper les courgettes en dés. Les faire sauter 5 minutes dans l'huile d'olive, puis mixer avec les autres ingrédients de la crème de courgettes. Réserver. Couper les choux de Bruxelles et les mange-tout en quatre, puis les faire sauter dans une poêle, avec l'huile d'olive. Saler et poivrer. Abaisser la pâte à pizza sur une plaque, puis y étaler la crème de courgettes et répartir les légumes. Cuire environ 20 minutes à 200 °C (th. 6-7). Garnir de petites touches de pesto et de feuilles de coriandre fraîche. Servir.

ıipizzas roulées, green pizza et tarte à la crème de roquette et tomates cerise

Galettes aubergine, ricotta et pesto de ment

Tarte à la crème de roquette et tomates cerise

Pour 4 personnes

1 pâte feuilletée bio vegan
200 g de tomates cerise

Pour la crème de roquette

60 g de roquette
6 c. à s. de crème de soja
2 c. à s. de purée de noix de cajou
1 c. à s. d'huile d'olive
½ c. à c. de sel

Mixer ensemble tous les ingrédients de la crème de roquette. Foncer un moule à tarte avec la pâte feuilletée (conserver la feuille de papier cuisson qui l'accompagne), puis verser dessus la crème de roquette. Couper les tomates cerise en deux et les répartir sur la tarte, partie plate vers le haut. Cuire environ 25 minutes à 180 °C (th. 6).

Tarte crémeuse aux carottes

Pour 4 à 6 personnes

3 belles carottes
125 g de tofu au curry
150 ml de lait végétal
200 ml de crème d'avoine
2 c. à s. d'arrow-root
2 c. à s. de purée de noix de cajou
1 c. à s. de purée de sésame blanc
1 c. à c. de sel
1 pâte brisée
Poivre

Éplucher les carottes puis les râper au robot. Dans un saladier, mélanger les carottes avec le tofu émietté. Ajouter le lait végétal, la crème, l'arrow-root, les purées d'oléagineux et assaisonner. Bien mélanger, puis mixer très brièvement à l'aide d'un mixeur plongeant. Foncer un moule à tarte avec la pâte brisée, puis la cuire à blanc pendant 5 minutes à 180 °C (th. 6). Verser la crème à la carotte sur le fond de tarte. Cuire 30 minutes au four à 180 °C. Laisser bien tiédir avant de servir.

Galettes aubergine, ricotta et pesto de menthe

Pour 8 petites galettes

20 g de feuilles de menthe + un peu pour décorer
15 g de pignons de pin + un peu pour parsemer
2 c. à s. d'huile d'olive
½ c. à s. de jus de citron
1 bol de ricotta de soja (voir p. 128)
1 petite aubergine
Huile d'olive
1 pâte feuilletée bio vegan
Sel, poivre

Mixer la menthe avec les pignons, l'huile d'olive et le jus de citron pour obtenir le pesto. Mélanger avec la ricotta. Ajuster l'assaisonnement. Couper l'aubergine en rondelles, puis les faire griller à la poêle quelques minutes de chaque côté, avec un filet d'huile d'olive. Saler et poivrer. Découper des disques de pâte feuilletée, en conservant le papier qui accompagne la pâte, à l'aide d'un emporte-pièce ou d'un petit bol. Les disposer sur une plaque, puis y étaler un peu de ricotta au pesto. Couvrir d'une rondelle d'aubergine. Agrémenter de quelques pignons de pin. Cuire au four à 180 °C (th. 6) pendant 20 minutes. Servir avec quelques feuilles de menthe fraîche.

Parfait avec une salade.

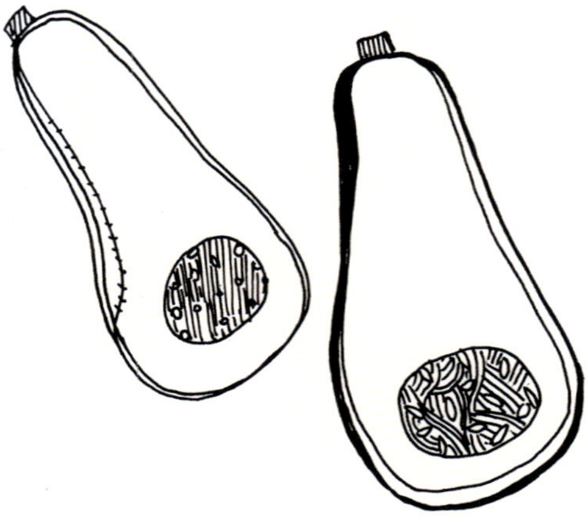

LÉGUMES GOURMANDS

Butternut farcie

Pour 2 à 4 personnes

1 butternut
2 c. à s. de tamari
1 c. à s. d'huile de sésame toasté
2 c. à s. de miso blanc
1 c. à c. de sauge séchée
1 c. à c. d'ail moulu
250 ml d'eau bouillante
40 g de protéines de soja texturées
1 oignon
2 gousses d'ail
1 c. à s. d'huile d'olive
100 ml de crème végétale
Sel, poivre

Couper la butternut en deux, l'évider partiellement et la cuire 45 minutes au four à 180 °C (th. 6). Dans un grand bol, mélanger le tamari avec l'huile de sésame, le miso, la sauge, l'ail et du poivre. Ajouter l'eau bouillante pour former un bouillon, puis y réhydrater les protéines de soja pendant 30 minutes. Dans une poêle moyenne, faire revenir l'oignon et l'ail émincés avec l'huile d'olive. Laisser dorer. Ajouter les protéines de soja et leur jus, cuire 2 minutes et verser la crème. Rectifier l'assaisonnement si nécessaire et farcir les moitiés de butternut. Enfourner pour 15 minutes à 180 °C.

Fenouil poêlé aux agrumes et sésame noir

Pour 2 personnes

1 gros bulbe de fenouil
1 orange
1 c. à s. d'huile d'olive
1,5 c. à s. de tamari
Le jus de 1 citron
1,5 c. à s. de sirop d'agave
½ c. à c. de sésame noir
Poivre

Émincer le fenouil en lamelles. Détailler l'orange en suprêmes. Faire revenir le fenouil dans l'huile d'olive sur feu vif. Poivrer. Quand le fenouil commence à dorer, ajouter le tamari et cuire 2 à 3 minutes. Déglacer au jus de citron puis ajouter les suprêmes d'orange, le sirop d'agave et le sésame noir. Cuire encore quelques minutes et servir immédiatement.

Pommes de terre au paprika et à l'ail

Pour 4 personnes

1 kg de pommes de terre
7 gousses d'ail
50 ml d'huile d'olive
½ c. à c. d'ail moulu
2 c. à c. de paprika
2 c. à c. de sel
Poivre

Laver les pommes de terre, puis les couper en morceaux de taille égale. Les déposer dans un plat, avec les gousses d'ail épluchées et fendues en deux, arroser d'huile d'olive, ajouter les épices et le sel, et bien mélanger avec les mains. Cuire 30 à 45 minutes (tout dépend de la taille des morceaux) au four à 200 °C (th. 6-7), en retournant de temps en temps.

ternut farcie

Cornes de bœuf farcies au fromage vég

Cornes de bœuf farcies au fromage végétal

Pour 4 personnes

2 poivrons corne de bœuf
200 g de fromage fondant (voir p. 135)
2 c. à c. de graines de cumin
Crème de soja
Sel, poivre

Couper les poivrons en deux. Émietter le fromage fondant et en garnir les cornes de bœuf. Parsemer de graines de cumin, napper d'un trait de crème de soja, saler et poivrer, puis cuire 15 à 20 minutes au four à 250 °C (th. 8-9), en position gril.

Aubergine farcie au riz à l'orientale

Pour 2 à 4 personnes

1 grosse aubergine ou 2 petites
2 gousses d'ail
1 oignon
1 c. à s. d'huile végétale
230 g de riz basmati cuit
1 petite poignée de noix de cajou blanches concassées
½ c. à c. de curcuma moulu
1 c. à c. de cardamome moulue
½ c. à c. de cumin moulu
200 ml de crème de soja
2 c. à c. de shoyu
2 c. à c. de coriandre hachée
1 c. à c. de basilic haché
Sel, poivre

Cuire à l'eau l'aubergine entière pendant 15 minutes (ou 10 minutes si on utilise 2 petites aubergines). Faire revenir quelques minutes à feu vif l'ail et l'oignon émincés dans l'huile végétale, puis ajouter le riz, les noix de cajou et les épices. Faire revenir quelques minutes à feu moyen, puis ajouter la crème de soja, le shoyu et les herbes. Bien mélanger, assaisonner, couper le feu et réserver. Couper l'aubergine en deux, l'évider en partie et farcir. Cuire 25 minutes à 180 °C (th. 6).

Courge rôtie à l'huile de coco

Pour 4 personnes

1 kg de courge à chair ferme de type butternut ou potimarron
60 g d'huile de coco
2 c. à s. de feuilles de coriandre
Sel, poivre

Laver la courge et enlever les graines. Détailler en tranches d'environ 1 cm d'épaisseur. Préchauffer le four à 200 °C (th. 6-7). Mettre l'huile de coco dans un grand plat et placer ce dernier quelques minutes au four pour que l'huile fonde. Ajouter les morceaux de courge dans le plat, saler, poivrer et mélanger pour que les morceaux soient bien enrobés d'huile. Cuire environ 30 minutes. Parsemer de feuilles de coriandre hachées au moment de servir.

Beignets de chou-fleur

Pour 2 à 4 personnes

½ chou-fleur
1 c. à s. de fécule de maïs
175 ml d'eau
6 c. à s. de farine de maïs
4 c. à s. de farine de pois chiche
½ c. à c. de sel
Huile de tournesol
Huile d'olive
Poivre

Détailler le chou-fleur en morceaux de taille moyenne. Dans un bol, mélanger la fécule avec l'eau pour former une crème. Dans un autre bol, mélanger la farine de maïs avec la farine de pois chiche, le sel et du poivre. Dans une casserole, préparer un petit bain de friture avec un mélange d'huile de tournesol et d'huile d'olive. Tremper les morceaux de chou-fleur dans le mélange de fécule et d'eau, puis dans le mélange de farines. Répéter l'opération et réserver. Faire frire les morceaux de chou-fleur quelques secondes pour qu'ils soient parfaitement dorés, puis les déposer sur du papier absorbant (ou un torchon propre) pour absorber l'excédent d'huile. Déguster immédiatement ; les beignets se ramollissent en refroidissant.

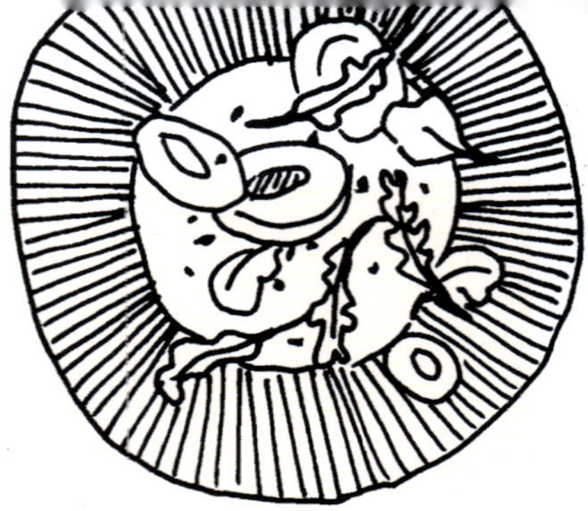

Wok de pois gourmands

Pour 2 personnes

1 oignon
1 courgette
1 poivron vert
400 g de pois gourmands
2 gousses d'ail
2 c. à s. d'huile de coco
1 c. à c. d'huile de sésame toasté
½ c. à c. de coriandre moulue
200 g de tofu ferme
1 c. à s. de tamari
Coriandre fraîche
Poivre du moulin

Couper l'oignon, la courgette et le poivron en lamelles. Équeuter les pois gourmands et émincer l'ail. Dans un wok ou une grande poêle, verser les huiles et porter à feu vif. Poivrer généreusement et ajouter la coriandre moulue. Ajouter tous les légumes sauf l'ail. Faire revenir 5 minutes, en remuant régulièrement. Ajouter l'ail et le tofu coupé en dés, laisser revenir quelques minutes. Verser le tamari, bien remuer pendant 1 minute et servir. Parsemer de coriandre fraîche hachée.

À déguster tel quel ou accompagné de nouilles ou vermicelles asiatiques.

Médaillons de céleri-rave rôtis au thym

Pour 4 personnes

1 gros céleri-rave
Huile d'olive
5 ou 6 branches de thym
2 gousses d'ail
Sel, poivre

Éplucher le céleri au couteau et le découper en 4 grosses tranches. Verser un fond d'huile d'olive dans un plat, y déposer les tranches de céleri, saler et poivrer. Jeter les feuilles des branches de thym dans le plat et bien mélanger avec les mains pour que le céleri en soit parfaitement enduit. Faire un trou au centre de chaque médaillon de céleri avec la pointe d'un couteau et y piquer ½ gousse d'ail. Cuire au four à 180 °C (th. 6) pendant 40 minutes environ, en retournant les médaillons à mi-cuisson.

Artichauts farcis

Pour 4 personnes

2 citrons
4 gros artichauts
500 ml d'eau
1 cube de bouillon de légumes
6 feuilles de laurier
75 g de chapelure
125 g de tofu ferme
4 c. à s. d'huile d'olive
3 c. à s. de persil frisé haché
2 gousses d'ail réduites en purée
Sel, poivre

Couper les citrons en deux. Presser une moitié de citron et verser le jus dans un petit saladier rempli d'eau. Couper une autre moitié en rondelles. Casser la queue des artichauts puis les laver ; casser également les feuilles du bas et, à l'aide d'un gros couteau, couper les artichauts à mi-hauteur. Passer immédiatement un demi-citron sur l'artichaut pour qu'il ne noircisse pas. À l'aide d'une cuillère à soupe, enlever le foin pour libérer le cœur de l'artichaut. Poser 1 rondelle de citron sur le cœur et réserver dans l'eau citronnée. Préparer le bouillon : mélanger l'eau bouillante avec le cube de bouillon et les feuilles de laurier. Verser dans une grande cocotte et y déposer les artichauts. Cuire à feu moyen pendant 35 minutes. Préparer la farce : mélanger à la fourchette, dans un grand bol, la chapelure, le tofu finement émietté, l'huile d'olive, le persil et l'ail. Saler et poivrer selon le goût. Farcir les artichauts. Les mettre dans un plat, puis les passer 20 minutes au four à 180 °C (th. 6). La farce doit dorer légèrement.

Tartelettes crues aux fruits roug

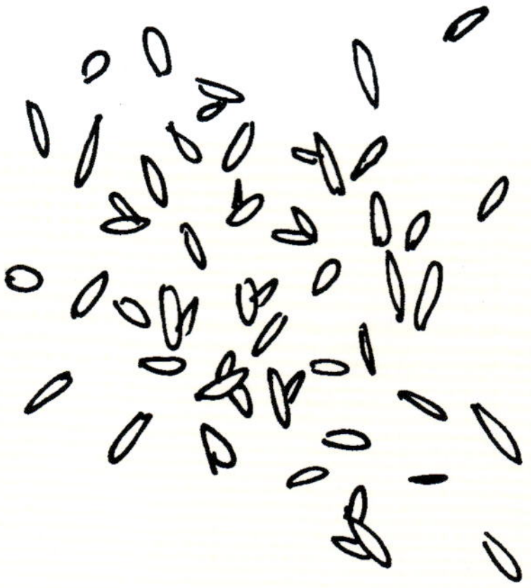

RECETTES CRUES

Chips de kale « fromagées »

Pour 1 saladier

1 saladier de chou kale cru
Pour la marinade
3 c. à s. de purée de noix de cajou
2 c. à s. de purée de sésame
2 c. à s. de tamari
2 c. à s. d'huile d'olive
2 c. à s. de levure maltée
2 c. à s. de gomasio
2 c. à s. d'eau

Dans un grand bol, mélanger tous les ingrédients de la marinade à la fourchette pour former une crème. Couper le chou en petits morceaux et retirer les grosses nervures. Mettre 1 poignée de morceaux de chou dans la marinade, malaxer avec les mains pour bien assouplir les feuilles puis les disposer sur un plateau du déshydrateur (ou une plaque couverte de papier cuisson). Renouveler l'opération jusqu'à épuisement du chou. Déshydrater pendant 12 à 14 heures (si l'on n'a pas de déshydrateur, on peut utiliser le four pour déshydrater à 40 °C, th. 1-2). Conserver dans une boîte hermétique.

***Infos** : la levure maltée, le tamari et le gomasio ne sont pas des ingrédients crus. Personnellement, cela ne me pose pas de problème d'inclure quelques condiments non crus dans mes recettes crues (de nombreux chefs « raw » le font d'ailleurs), mais on peut les remplacer par du sésame blond grossièrement moulu et un peu de sel.*

Tartelettes crues aux fruits rouges

Pour 6 tartelettes

Environ 200 g d'un mélange de framboises, myrtilles et groseilles fraîches
Pour les fonds de tartelettes
70 g de poudre d'amande
50 g de *mulberries* (mûres blanches séchées)
40 g de poudre de noisette
2 c. à s. de sirop d'agave
2 c. à s. d'huile de coco
Pour la sauce aux fraises
85 g de fraises équeutées
1 c. à s. de graines de chia

Mixer ensemble tous les ingrédients des fonds de tartes. Sur une plaque couverte de papier cuisson, déposer un petit cercle à pâtisserie en métal. Prélever un peu de pâte, bien la tasser dans le cercle et former les bords avec les doigts pour qu'ils soient bien réguliers. Retirer délicatement le cercle et renouveler l'opération jusqu'à épuisement de la pâte. Placer la plaque au frais pour 15 à 30 minutes. Mixer les fraises avec les graines de chia, puis laisser épaissir pendant 15 à 30 minutes. À l'aide d'une spatule, décoller les fonds de tartelettes de la feuille, puis les déposer sur un plat ou des assiettes, les remplir de sauce aux fraises et garnir de fruits frais.

Tagliatelles de carottes au sésame

Pour 2 personnes

3 carottes
2 c. à c. d'huile de sésame
½ c. à c. de graines de sésame noir
½ c. à c. de coriandre ciselée
Le zeste et le jus de 1 citron
Sel, poivre

Éplucher les carottes puis les détailler à la mandoline, en très fines tranches dans la longueur, pour former des tagliatelles. Dans un saladier, mélanger les carottes avec l'huile de sésame, les graines de sésame noir, la coriandre, le zeste et le jus de citron. Bien mélanger. Assaisonner selon le goût. Placer au frais pour 10 minutes avant de servir.

Terrine de légumes crus au gingemb

Terrine de légumes crus au gingembre

Pour 4 personnes

85 g de noix de cajou blanches
2 tomates
1 petite carotte
1 c. à c. de gingembre en petits morceaux
1 gousse d'ail
1 c. à s. de graines de lin doré moulues
50 g d'huile de coco vierge
½ courgette
Sel, poivre

Faire tremper les noix de cajou pendant 30 minutes à 1 heure. Dans le bol d'un mixeur, mélanger les tomates coupées en dés avec la carotte râpée, les noix de cajou, le gingembre, l'ail émincé, les graines de lin et l'huile de coco préalablement liquéfiée au bain-marie. Mixer. Ajouter la courgette râpée, assaisonner et mélanger. Verser dans un petit moule ou un plat.

Glace crue banane-myrtille-fraise

Pour 1 personne

1 banane
65 g de fraises
25 g de myrtilles
1 c. à c. de sirop d'agave

Couper les fruits en morceaux puis les placer au congélateur pour quelques heures. Mixer avec le sirop d'agave. Servir sans attendre.

Soupe glacée melon-fraise-concombre

Pour 4 personnes

1 concombre
½ melon
100 g de fraises
Poivre, sauce pimentée

Éplucher et épépiner le concombre, puis le couper en dés, de même que le melon. Équeuter les fraises. Mixer ensemble jusqu'à obtenir une soupe homogène ; ajouter un peu d'eau si nécessaire. Poivrer. Servir glacé dans des verres et accompagner de 1 ou 2 gouttes de sauce pimentée si on le souhaite, pour encore plus de pep.

Porridge de graines de chia

Pour 1 personne

15 g de noix
15 g de noisettes
2 c. à s. de graines de chia
200 ml de lait d'amande (ou de noix de cajou) maison
1 c. à s. de sirop d'érable (ou d'agave)

Concasser les noix et les noisettes au mixeur. Les mélanger avec les graines de chia dans un bol. Ajouter le lait, mélanger et laisser gonfler 15 minutes. Sucrer avec le sirop et déguster.

***Variantes :** ajouter des fruits frais de saison en dés (fraises, mangue, poire...), ou remplacer le sirop par 1 poignée de raisins secs.*

Taboulé cru de chou-fleur

Pour 4 personnes

1 chou-fleur
2 bouquets de persil plat
2 grosses tomates
½ concombre
1 bouquet de menthe
4 c. à s. d'huile d'olive
Le jus de 1 citron
Sel, poivre

Émincer le chou-fleur, puis le passer au robot pour le réduire en fine semoule. Hacher très finement le persil au couteau. Détailler les tomates et le concombre en petits dés. Hacher la menthe au couteau. Mélanger le tout dans un saladier, avec l'huile d'olive, le jus de citron, du sel et du poivre au goût. Placer au frais avant de servir.

Crackers crus saveur pizza

Pour une quinzaine de crackers

150 g de noix de cajou non grillées
150 ml d'eau
2 c. à s. de graines de lin doré
6 tomates séchées à l'huile et aux aromates
2 c. à c. d'huile des tomates
½ gousse d'ail
1 c. à s. de basilic ciselé
Sel, poivre

Faire tremper les noix de cajou dans l'eau pendant 30 minutes. Mixer avec les graines de lin, les tomates séchées, leur huile, l'ail et le basilic. Assaisonner selon le goût et étaler en fine couche sur une feuille antiadhésive pour déshydrateurs. Déshydrater pendant environ 10 heures, puis couper en petits morceaux. Replacer pour 2 heures environ au déshydrateur. Les crackers doivent être croustillants.

Tartare de courgette aux olives vertes

Pour 2 personnes

1 grosse courgette
1 poignée d'olives vertes dénoyautées
1 tomate
1 c. à s. de câpres
Une dizaine de feuilles de basilic
Huile d'olive
Jus de citron
Sel, poivre

Râper la courgette à l'aide d'une grosse râpe. Émincer les olives, la tomate et les câpres. Hacher les feuilles de basilic. Mélanger le tout dans un bol. Assaisonner d'un filet d'huile, d'un filet de jus de citron, de sel et de poivre. Bien mélanger à nouveau. Sur 2 petites assiettes, dresser 2 cercles à pâtisserie, puis bien y tasser le tartare et décercler.

Spaghettis de courgettes et sauce tomate crémeuse

Pour 2 personnes

30 g de noix de cajou
2 grosses tomates bien mûres
2 c. à s. de pignons de pin + un peu pour décorer
1 gousse d'ail
½ c. à c. d'origan frais (ou séché) + un peu pour décorer
½ c. à s. de jus de citron frais
Piment d'Espelette
4 petites courgettes
Huile d'olive
Sel, poivre

Faire tremper les noix de cajou pendant 30 minutes. Retirer le pédoncule des tomates puis les couper en gros dés. Les mettre dans le bol d'un mixeur, avec les noix de cajou égouttées, les pignons, l'ail, l'origan et le jus de citron. Mixer pour obtenir une sauce épaisse. Assaisonner au goût avec du piment, du sel et du poivre. À l'aide d'un découpeur en spirale, former des spaghettis de courgettes. À défaut, utiliser un rasoir à légumes pour former des tagliatelles. Répartir les courgettes sur 2 assiettes, napper de sauce tomate crémeuse, arroser d'un filet d'huile d'olive, décorer avec quelques pignons de pin et feuilles d'origan.

oulé cru de chou-fleur, tartare de courgette aux olives vertes et crackers crus saveur pizza

Boulettes crues aux lentilles germées

Pour 4 personnes

200 g de lentilles germées
25 g de graines de tournesol
4 tomates séchées aux aromates
1 petite gousse d'ail
20 g de noix
1 c. à s. de sirop d'agave
1 c. à s. de persil haché
60 g de poudre d'amande
Sel, poivre

Mixer les lentilles germées avec les graines de tournesol. Ajouter les tomates séchées coupées en petits morceaux, l'ail émincé, les noix et le sirop d'agave. Mixer à nouveau. Dans un bol, mélanger avec le persil et la poudre d'amande. Assaisonner. Former des boulettes avec les mains et les déposer sur une assiette.

À utiliser avec des spaghettis de courgettes (voir p. 208), avec une salade ou comme des falafels.

Smoothie orange-gingembre-carotte-pomme

Pour 1 grand verre

Le jus de 2 oranges
1 pomme
1 carotte
½ c. à c. de gingembre frais en purée
1 c. à c. de sirop d'agave

Dans le bol d'un mixeur, mélanger le jus d'orange avec la pomme épluchée en morceaux, la carotte épluchée en petits morceaux, le gingembre et le sirop d'agave. Bien mixer et boire rapidement.

Biscuits crus coco-citron-amande

Pour 15 biscuits environ

85 g de noix de coco râpée
75 g d'amandes
50 ml d'eau
4 c. à s. de sirop d'agave
Le jus de 1 citron
Le zeste d'½ citron

Dans un petit saladier, mélanger tous les ingrédients. Former des petites boules et les aplatir pour obtenir des petits biscuits ronds. Les répartir sur le plateau d'un déshydrateur (ou une plaque de cuisson si le four permet de cuire à 40 °C, th. 1-2). Déshydrater pendant 12 heures environ. Les biscuits doivent être bien secs à l'extérieur et moelleux à l'intérieur. Conserver dans une boîte hermétique ou un bocal.

Lasagnes crues

Pour 2 personnes

1 grosse courgette
2 tomates
30 g de noix
1 gousse d'ail
2 c. à c. d'huile d'olive
2 c. à s. de basilic ciselé
Sel, poivre
<u>Pour la béchamel crue</u>
100 g de noix de cajou
100 ml d'eau
Noix de muscade moulue
Sel, poivre

Faire tremper les noix de cajou pendant 1 heure dans un bol d'eau. Découper la courgette en fines tranches. Émincer les tomates, puis les mélanger avec les noix concassées, l'ail émincé, l'huile d'olive et le basilic. Assaisonner. Égoutter les noix de cajou puis les mixer avec l'eau. Assaisonner de sel, poivre et noix de muscade. Monter les lasagnes en alternant une couche de courgette, une couche de sauce aux tomates et une couche de béchamel crue.

Pâtes bicolores et crème avocat-courg

Pâtes bicolores et crème avocat-courgette

Pour 2 à 4 enfants

175 g de spaghettis
1 c. à c. de curcuma moulu
½ betterave crue
1 avocat
1 petite courgette
2 c. à c. d'huile d'olive
1 c. à s. de jus de citron
1 c. à s. de purée de noix de cajou
1 pincée de sel

Cuire la moitié des pâtes dans une casserole remplie d'eau bouillante, avec le curcuma. Égoutter et réserver au chaud. Cuire l'autre moitié normalement et égoutter. Mixer la betterave avec 100 ml d'eau. Filtrer et verser dans un grand bol. Y plonger les pâtes cuites sans le curcuma pour quelques minutes, puis égoutter. Mixer l'avocat avec la courgette en morceaux, l'huile d'olive, le jus de citron et la purée de noix de cajou. Ajouter le sel. Mélanger les pâtes (facultatif) et servir avec la crème verte.

Mousseline de carottes et patates douces

Pour 4 enfants

200 g de patates douces épluchées
200 g de carottes épluchées
1 c. à s. de purée de noix de cajou
100 ml de crème de soja
½ c. à c. de sel

Couper les patates douces en morceaux moyens et les carottes en petits morceaux. Cuire environ 20 minutes à l'eau. Les légumes doivent être fondants. Égoutter et mixer. Dans un saladier, fouetter la purée de noix de cajou avec la crème de soja et le sel. Incorporer petit à petit la purée de légumes au fouet.

Crème de chou-fleur

Pour 1 bol

½ chou-fleur
1 verre de lait de soja
1 c. à s. de purée de noix de cajou
1 c. à c. d'huile d'olive
1 c. à c. de levure maltée
Sel, poivre

Cuire à la vapeur le chou-fleur découpé en fleurettes. Mixer avec le lait de soja, la purée de noix de cajou, l'huile d'olive et la levure maltée. Verser dans une casserole et chauffer à feu moyen pour réduire et obtenir une crème onctueuse. Assaisonner légèrement.

Une crème à tout faire : accompagner des légumes, tartiner, remplacer une béchamel ou une crème fromagère...

Beignets de courgettes

Pour 2 à 4 personnes

75 g de farine de blé
150 ml de lait de soja
1 c. à c. de curry
2 petites courgettes
Huile végétale pour la cuisson
Sel, poivre

Dans un bol, mélanger la farine avec le lait de soja. Ajouter le curry et assaisonner. Couper les courgettes en rondelles. Faire chauffer une poêle sur feu vif, avec un peu d'huile végétale. Tremper une rondelle de courgette dans la pâte et la faire cuire dans la poêle, 1 à 2 minutes de chaque côté. Faire de même pour toutes les rondelles de courgettes. Éponger sur un torchon propre ou du papier absorbant pour retirer l'excès de matière grasse. Manger sans attendre.

Servir avec une sauce au yaourt.

Wraps d'houmous, boulettes de pois chiche et nems aux légum

Boulettes de pois chiches, amandes et épinards

Pour une quinzaine de boulettes

300 g de pois chiches cuits
75 g d'amandes entières
1 c. à s. de purée d'amande
1 c. à s. de jus de citron
3 c. à s. d'eau
4 c. à s. d'épinards frais hachés
1 petit bol de chapelure
Huile bio pour friture
Sel, poivre

Mixer la moitié des pois chiches avec les amandes, la purée d'amande, le jus de citron et l'eau. Écraser le reste des pois chiches à la fourchette et les mélanger avec la préparation mixée. Ajouter les épinards, assaisonner et former une quinzaine de boulettes. Les rouler dans la chapelure, puis les faire frire quelques minutes pour qu'elles soient bien dorées.

***Variantes** : remplacer les épinards par un mélange d'herbes fraîches (ciboulette, coriandre, persil et menthe). Les boulettes peuvent être cuites au four à 180 °C (th. 6), dans un plat huilé, pendant 20 minutes, mais elles seront moins croustillantes.*

Wraps d'houmous au curry et crudités

Pour 4 wraps

1 grosse tomate
1 avocat
1 carotte
Feuilles de laitue
4 galettes de blé (ou de maïs)
Graines au choix (tournesol, chanvre, chia, courge...)
<u>Pour l'houmous</u>
200 g de pois chiches cuits
2 c. à s. de purée de sésame blanc
2 c. à s. de jus de citron frais
1 c. à s. d'huile d'olive
1 c. à s. d'eau
1 c. à c. de curry moulu
Sel

Mixer ensemble tous les ingrédients de l'houmous. Couper les crudités en lamelles. Réchauffer les galettes quelques minutes au four. Étaler de l'houmous sur chaque galette, garnir de crudités au centre, parsemer de graines et replier le bas de la galette, puis les côtés. Servir sans attendre.

Croques tofu, basilic et tomate

Pour 4 croques

½ c. à s. de moutarde
4 c. à s. de crème de soja
¼ de c. à c. d'herbes de Provence
8 tranches de pain de mie complet
200 g de tofu au basilic
1 grosse tomate
4 tomates séchées
Sel, poivre

Mélanger la moutarde avec la crème de soja et les herbes. Assaisonner. Étaler une très fine couche de ce mélange sur chacune des tranches de pain. Couper le tofu en fines lamelles et les répartir sur 4 tranches de pain. Couper la tomate en 8 tranches et en déposer deux sur chaque croque. Enfin, couper les tomates séchées en petits morceaux et les répartir sur les tranches de pain restantes. Fermer en sandwich et cuire 2 à 3 minutes de chaque côté dans une poêle chaude non huilée, sous le gril du four ou dans un appareil à croques.

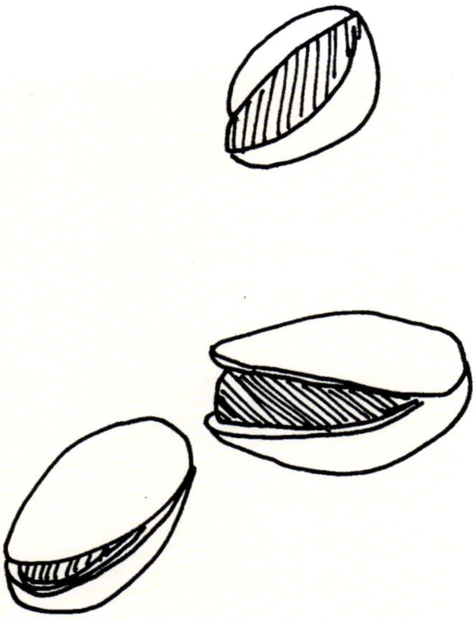

Nems aux légumes et tofu

Pour 10 nems

2 carottes épluchées
1 courgette
2 gousses d'ail
½ oignon
100 g de tofu
2 c. à s. d'huile d'olive
1 c. à c. de cinq-épices
1 c. à s. de tamari
10 feuilles de riz
Huile végétale pour la cuisson

Râper finement les carottes et la courgette. Émincer l'ail et l'oignon. Couper le tofu en très petits dés. Faire revenir l'ensemble dans une sauteuse, avec l'huile d'olive. Ajouter les épices et cuire 5 minutes environ à feu vif. Verser le tamari, bien mélanger, cuire encore 1 à 2 minutes et réserver. Préparer un récipient rempli d'eau bien chaude. Y tremper une feuille de riz, puis la poser sur un torchon humide et déposer au centre un peu de farce, dans la longueur. Replier les côtés puis rouler le nem sur lui-même. Renouveler l'opération avec le reste des ingrédients. Cuire les nems dans une poêle avec un fond d'huile ou les huiler au pinceau et les faire dorer au four à 180 °C (th. 6).

Polenta aux petits légumes

Pour 4 à 6 personnes

1 petite carotte
1 petite courgette
2 c. à s. d'huile d'olive + un peu pour la poêle
500 ml de lait végétal
150 g de polenta
Sel, poivre

Râper la carotte et la courgette. Dans une petite casserole, faire chauffer l'huile d'olive, puis faire revenir les légumes à feu moyen pendant 5 minutes. Ajouter le lait, saler et poivrer légèrement. Quand le lait est bien chaud, ajouter la polenta en pluie. Cuire en mélangeant sans arrêt jusqu'à ce que la polenta forme une purée très épaisse et collante. L'étaler à la spatule sur une plaque couverte de papier cuisson. Laisser refroidir et placer au frais pour 1 heure. Découper la polenta (pourquoi pas à l'aide d'emporte-pièces en forme d'animaux !) et la faire dorer quelques minutes à la poêle, dans un filet d'huile d'olive.

***Astuces :** ne pas hésiter à varier les légumes. Si les enfants n'aiment pas trop les morceaux de légumes râpés, les mixer avec le lait végétal avant de verser la polenta. Parfait pour les jeunes enfants qui découvrent la nourriture solide et aiment manger avec les doigts.*

Frites de légumes vapeur

Pour 6 enfants

2 grosses carottes
2 pommes de terre moyennes
½ butternut
2 c. à s. d'huile d'olive
Sel

Éplucher les légumes, puis les couper en frites. Cuire les légumes séparément à la vapeur jusqu'à ce qu'ils soient tendres, puis les disposer délicatement dans un grand plat avec un couvercle. Arroser d'huile d'olive et ajouter 1 pincée de sel.

***Idée repas :** accompagner de ketchup rose à la betterave (voir p. 275), d'étoiles de tofu au beurre de cacahuète (voir p. 275) ou d'un autre plat en sauce.*

Brochettes de crudités et sauce pour tremper

Pour 6 brochettes

12 tomates cerise
¼ de concombre
1 avocat
Le jus d'½ citron

Pour la sauce
1 yaourt de soja
1 c. à c. de moutarde
2 c. à s. d'huile végétale neutre
1 c. à s. de ketchup
Sel, poivre

Dans un petit bol, mélanger le yaourt de soja avec la moutarde. Incorporer l'huile en battant à la fourchette, comme pour une mayonnaise. Ajouter le ketchup et assaisonner modérément. Couper les tomates cerise en deux. Laver le concombre et le couper en dés. Éplucher l'avocat, le couper en dés et les arroser de jus de citron. Former les brochettes en alternant tomates, concombre et avocat. Présenter avec des coupelles de sauce individuelles.

Friands aux légumes et mozza végétale

Pour 10 friands

1 courgette
100 g de brocoli en fleurettes
1 c. à s. d'huile d'olive
2 pâtes feuilletées
100 g de mozzarella végétale maison (voir p. 128) ou du commerce

Couper la courgette en très petits dés. Hacher le brocoli très finement. Faire revenir les légumes dans une poêle sur feu vif, avec l'huile d'olive, pendant 5 bonnes minutes ; les courgettes doivent commencer à devenir fondantes. Dérouler une pâte feuilletée, y déposer des petits tas de légumes en forme de rectangle et les couvrir de morceaux de mozzarella. Dérouler la deuxième pâte feuilletée et la déposer par-dessus. Découper les friands en forme de rectangles. Souder les bords en appuyant dessus avec les dents d'une fourchette. Déposer sur une plaque couverte de papier cuisson et cuire 25 minutes au four à 180 °C (th. 6).

Gratin de pâtes aux légumes façon pizza

Pour 4 à 6 enfants

165 g de coquillettes
Huile d'olive
250 ml de coulis de tomates
½ courgette
1 tomate
100 g de tofu fumé
3 c. à s. de maïs doux
Herbes fraîches (basilic, ciboulette, origan...)
Sel, poivre

Cuire les pâtes à l'eau puis les égoutter. Huiler un moule à tarte, puis bien y tasser les pâtes pour former une couche dense. Étaler dessus le coulis de tomates. Râper la courgette et répartir sur le coulis. Couper la tomate en dés et le tofu en fines lamelles, puis répartir sur le coulis, avec le maïs. Ajouter quelques herbes fraîches et arroser d'un filet d'huile d'olive. Assaisonner légèrement. Cuire environ 20 minutes au four à 180 °C (th. 6).

Minitourtes à la butternut et au tofu

Pour 6 minitourtes

250 g de butternut
1 oignon
2 c. à s. d'huile d'olive + un peu pour les moules
100 g de tofu
2 c. à s. de beurre de cacahuète
100 ml de crème d'avoine
1 pincée de noix de muscade
¼ de c. à c. d'ail moulu
1 pâte brisée (voir p. 244)
Sel, poivre

Couper la butternut en très petits dés (garder la peau) et émincer l'oignon. Les faire revenir dans une poêle sur feu moyen, avec l'huile d'olive, pendant une dizaine de minutes. Ajouter le tofu émietté, le beurre de cacahuète et la crème d'avoine. Bien mélanger. Ajouter les épices et assaisonner légèrement. Découper 6 cercles dans la pâte brisée, puis les disposer dans 6 moules à muffins légèrement huilés (la pâte doit arriver jusqu'en haut du moule). Remplir avec la farce. Découper 6 disques de pâte plus petits pour fermer les minitourtes. Bien sceller les bords et pratiquer 4 trous au couteau au milieu des tourtes. Cuire environ 15 minutes à 190 °C (th. 6-7) ; les tourtes doivent être bien dorées. À manger chaud, tiède ou froid.

Minigalettes de légumes à manger avec les doigts

Pour environ 12 minigalettes

75 g de courgette râpée
75 g de carotte râpée
75 g de chou blanc râpé
75 g de farine de pois chiche
2 c. à s. d'arrow-root
100 ml de lait de soja
50 g de farine de maïs
Huile d'olive pour la cuisson
Sel, poivre

Pour la sauce minute

1 yaourt de soja
2 c. à c. de sirop d'érable
½ c. à c. de curry moulu

Dans un saladier, mélanger les légumes râpés. Ajouter la farine de pois chiche et l'arrow-root, mélanger avec les mains. Ajouter le lait de soja, mélanger, puis ajouter la farine de maïs, assaisonner légèrement et mélanger à nouveau. Faire chauffer une petite poêle sur feu moyen, avec un peu d'huile d'olive. Former une petite boule de pâte, l'aplatir légèrement entre les mains et la mettre à cuire dans la poêle. Former progressivement d'autres galettes et les cuire quelques minutes de chaque côté. Les déposer ensuite sur une assiette couverte de papier absorbant et laisser tiédir. Mélanger les ingrédients de la sauce pour tremper dans un petit bol. Servir les galettes tièdes ou froides avec cette sauce.

***Astuces :** avec cette recette, on peut confectionner des burgers aux légumes ; il suffit de former de plus grosses galettes et de les cuire un peu plus longtemps. Ne pas hésiter à utiliser d'autres légumes râpés, pour préparer par exemple des galettes poireaux-pommes de terre, ou patate douce et potimarron.*

Chutney de pêches

Pour 1 pot

4 pêches jaunes
1 oignon jaune
2 gousses d'ail
1 c. à s. de gingembre émincé
2 c. à c. de piment vert émincé
100 ml de vinaigre de cidre
5 c. à s. de sucre de canne
½ c. à c. de sel
Poivre

Éplucher les pêches et les couper en dés. Émincer l'oignon et l'ail, puis les mélanger avec le gingembre et le piment vert. Dans une casserole, verser le vinaigre de cidre et ajouter le sucre. Porter à feu vif, laisser frémir puis ajouter le mélange à l'oignon et le sel. Poivrer généreusement. Laisser frémir 1 à 2 minutes, puis ajouter les pêches en morceaux. Baisser à feu moyen et laisser cuire 30 minutes.

Chutney de tomates cerise

Pour 1 pot

1 oignon
4 gousses d'ail
500 g de tomates cerise
2 c. à s. d'huile d'olive
2 c. à c. de gingembre pelé et haché
3 c. à s. de coriandre moulue
½ c. à c. de cannelle moulue
½ c. à c. de noix de muscade moulue
⅛ de c. à c. de clou de girofle moulu
6 c. à s. de vinaigre de cidre
100 g de sucre de canne
1 c. à c. de sel

Émincer l'oignon et l'ail. Couper les tomates cerise en quatre. Dans une petite casserole, faire chauffer l'huile d'olive, puis faire revenir les légumes. Ajouter les épices. Verser le vinaigre, le sucre et le sel, et cuire 10 minutes à feu moyen.

Tartines fromagères au confit de cerises

Pour 6 personnes

200 g de cerises dénoyautées
1 gros oignon
1 c. à s. d'huile d'olive
2 c. à s. de vinaigre balsamique
5 c. à s. de sucre de canne
½ c. à c. de sel
200 g de fromage vegan fondant au choix
6 grandes tranches de pain
Poivre

Hacher grossièrement les cerises et émincer l'oignon. Dans une petite casserole, faire chauffer l'huile d'olive, puis faire revenir l'oignon et les cerises. Ajouter le vinaigre, le sucre, le sel et du poivre. Laisser réduire et confire à feu moyen pendant 15 minutes environ. Découper le fromage vegan en fines tranches et les disposer sur les tranches de pain. Passer pour 5 minutes environ sous le gril pour griller le pain et faire fondre le fromage, déposer le confit de cerises dessus et servir. Effet bluffant garanti pour les non-initiés au fromage végétal !

rtines fromagères au confit de cerises et chutney de tomates cerise

Makis dessert mangue-coco

Pour environ 20 makis

200 g de riz rond blanc
400 ml de lait de coco
200 ml d'eau
75 g de sucre de canne blond
½ mangue
1 bol de coulis de framboises (voir p. 244)

Cuire le riz avec le lait de coco, l'eau et le sucre, à feu moyen, pendant environ 30 minutes, en mélangeant sans arrêt à la cuillère. Transvaser dans un grand bol et laisser refroidir. Préparer une natte de bambou et la couvrir de film alimentaire. Couper la mangue en fins bâtonnets. Étaler la moitié du riz sur le film alimentaire. Garnir de bâtonnets de mangue, puis rouler. Confectionner un deuxième rouleau. Placer au frais pour 30 minutes. Découper les rouleaux en makis avant de retirer le film. Servir sur un plat, accompagné de coulis de framboises pour y tremper les makis.

Pudding d'avocat au kiwi

Pour 4 personnes

2 kiwis
3 avocats
Le jus d'½ citron
2 à 3 c. à s. de sirop d'agave

Éplucher les kiwis et les avocats. Mixer avec le jus de citron et ajouter le sirop d'agave. Répartir dans 4 ramequins et placer au frais avant de servir. Consommer le jour même.

Seitan à l'ananas

Pour 4 personnes

Seitan classique (voir p. 96)
1 ananas
1 petit poivron vert
1 oignon
2 gousses d'ail
2 c. à s. d'huile d'olive
2 c. à c. d'huile de sésame toasté
4 c. à s. de sauce Worcester vegan
1 c. à s. de sucre de canne blond
1 c. à s. de coriandre hachée

Couper le seitan en morceaux de taille moyenne. Parer l'ananas et le couper en morceaux moyens. Couper le poivron et l'oignon en dés. Émincer l'ail. Faire revenir le tout à feu vif dans une grande poêle, avec l'huile d'olive et l'huile de sésame, pendant 5 minutes environ. Baisser à feu moyen, ajouter la sauce Worcester et le sucre, et laisser cuire quelques minutes. Ajouter la coriandre et servir.

Parfait avec un riz parfumé ou des nouilles sautées.

Curd orange-gingembre

Pour 1 pot

200 ml de jus d'orange frais
1 c. à s. d'arrow-root
2 c. à c. de zeste d'orange
½ c. à c. de gingembre en purée
4 c. à s. de purée de noix de cajou
125 g de sucre de canne blond
100 ml de lait végétal

Dans une petite casserole, mélanger le jus d'orange avec l'arrow-root, le zeste et le gingembre. Faire chauffer à feu moyen. Incorporer la purée de noix de cajou et le sucre quand le mélange commence à chauffer, puis le lait végétal. Bien mélanger au fouet. Porter sur feu vif pour quelques minutes afin que le mélange épaississe et devienne une crème onctueuse. Verser dans un pot en verre, laisser refroidir, fermer le pot et conserver au frais.

À tartiner, pour garnir des crêpes...

Salade aux abricots rôtis

Pour 4 personnes

4 abricots
30 g d'amandes entières
100 g de roquette
70 g de mâche
3 branches de basilic
Huile d'olive
Crème de balsamique
Fleur de sel, poivre

Couper les abricots en 8 quartiers. Huiler une feuille de papier cuisson puis la poser sur une plaque. Retourner les abricots sur le papier cuisson pour qu'ils s'imprègnent de l'huile, puis les poser sur la peau, tranche vers le haut. Poivrer et cuire 10 minutes au four à 200 °C (th. 6-7). Hacher grossièrement les amandes, puis les griller à sec dans une poêle. Laver les salades, les égoutter, puis les mélanger dans un saladier avec le basilic ciselé. Ajouter un filet d'huile d'olive et bien mélanger. Sur chaque assiette, déposer un nid de salade, garnir d'abricots rôtis et d'amandes grillées, puis arroser d'un filet de crème de balsamique, ajouter 1 pincée de fleur de sel et poivrer.

Salade aux figues et feta végét

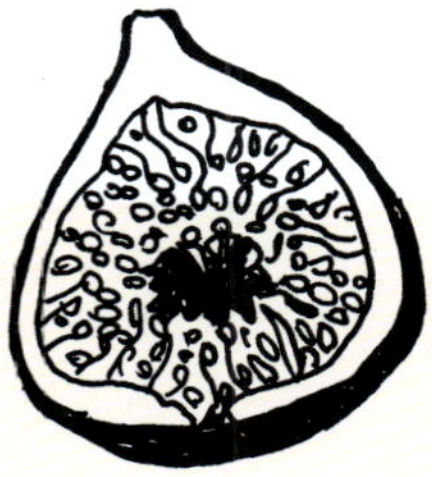

Salade aux figues et feta végétale

Pour 6 personnes

3 sucrines
6 figues noires
200 g de feta végétale (ou de tofu lactofermenté au tamari)
2 c. à s. de graines de tournesol
Huile d'olive
Crème de balsamique
Sel, poivre

Laver les sucrines, puis en couper la base et détacher les feuilles. Les disposer sur un plat ou dans un saladier. Couper les figues en quartiers et la feta en dés, puis les ajouter à la salade, avec les graines de tournesol. Arroser d'un généreux filet d'huile d'olive, saler et poivrer. Ajouter un filet de crème de balsamique dans l'assiette.

Tempeh poêlé à la mangue

Pour 2 personnes

200 g de tempeh
1 mangue
2 gousses d'ail
2 c. à s. d'huile d'olive
2 c. à s. de shoyu
1 c. à s. de coriandre ciselée
Poivre

Couper le tempeh en grosses lamelles. Détailler la mangue en dés. Émincer l'ail. Dans une poêle, verser l'huile d'olive puis faire revenir le tempeh à feu vif, pour le dorer légèrement. Baisser à feu moyen, ajouter la mangue et l'ail, poivrer et cuire 5 minutes, en remuant régulièrement. Couper le feu mais laisser la poêle dessus. Ajouter le soyu et bien mélanger pendant 1 minute. Ôter du feu, ajouter la coriandre et servir.

RECETTES GOURMANDES

-- CRÈMES ET ENTREMETS --

-- GOÛTERS À PARTAGER --

-- DESSERTS GOURMANDS POUR TOUS LES JOURS --

-- TARTES ET GÂTEAUX AUX FRUITS --

-- AU CHOCOLAT ! --

-- LÉGER ET GOURMAND --

Crèmes brûlées aux pêches rôties et au thym

Pour 4 personnes

Pour la crème brûlée
400 g de tofu soyeux
150 ml de crème de soja
3 c. à s. de purée de noix de cajou
3 c. à s. de sucre de canne blond
½ c. à c. d'agar-agar
¼ de c. à c. de vanille moulue
Pour les pêches
2 pêches jaunes
½ c. à s. de margarine bio végétale
1 c. à s. de sucre de canne blond + pour caraméliser
1 branche de thym frais

Dans le bol d'un mixeur, verser tous les ingrédients de la crème brûlée et mixer pour obtenir une crème bien lisse. Éplucher les pêches et les couper en fins quartiers, puis les faire revenir dans la margarine, dans une poêle sur feu vif. Ajouter le sucre et les feuilles de la branche de thym. Cuire quelques minutes en remuant bien pour que les pêches dorent mais n'attachent pas. Quand elles sont dorées, les répartir dans le fond de 4 ramequins. Verser l'appareil à crème brûlée dans une casserole et porter à ébullition tout en mélangeant avec une cuillère en bois (la crème a tendance à attacher). Lorsque le mélange commence à bouillonner, remuer constamment pendant 1 à 2 minutes, puis ôter du feu et répartir dans les ramequins. Laisser revenir à température ambiante et placer pour 1 à 2 heures au frais. Juste avant de servir, saupoudrer de sucre de canne et faire caraméliser au chalumeau.

Panna cotta matcha-framboise

Pour 4 personnes

Pour les panna cotta
250 ml de crème de soja
250 ml de lait d'avoine
3 c. à s. de sucre de canne blond
3 c. à c. de thé matcha
½ c. à s. de purée de noix de cajou
½ c. à c. d'agar-agar
Pour le coulis de framboises
125 g de framboises
100 ml d'eau
50 g de sucre de canne blond

Mélanger au fouet tous les ingrédients des panna cotta dans une casserole et porter à ébullition. Remuer au fouet pendant 2 minutes, puis verser dans 4 moules, ramequins ou verrines. Laisser refroidir et réserver au frais pendant 2 heures. Dans une petite casserole, mélanger les framboises avec l'eau et le sucre. Porter à ébullition. Cuire 5 minutes, puis mixer, filtrer et remettre sur feu moyen pour 5 minutes. Servir les panna cotta avec le coulis de framboises froid.

Crème pâtissière au thé Earl Grey et à l'épeautre

Pour 1 tarte

1 c. à s. de thé Earl Grey
500 ml de lait de soja
10 c. à s. de sucre de canne blond
1 c. à s. de fécule de maïs
4 c. à s. de farine d'épeautre
3 c. à s. de purée de noix de cajou
3 c. à s. d'eau
Margarine

Dans une casserole sur feu moyen, faire diffuser le thé dans le lait pendant 5 minutes. Dans une autre casserole, mélanger le sucre avec la fécule et la farine. Ajouter la purée de noix de cajou et l'eau, bien mélanger pour obtenir une préparation homogène. Filtrer le lait à travers une très fine passoire (éventuellement couverte d'une étamine). Ajouter progressivement le lait chaud au mélange précédent, en fouettant bien. Porter à petits bouillons sur feu moyen et fouetter quelques minutes pour obtenir une crème épaisse et onctueuse. Verser dans un grand bol et passer un petit morceau de margarine sur le dessus de la crème pour éviter qu'une peau se forme.

Pour garnir des gâteaux ou des tartes aux fruits. Parfait dans une tarte aux poires et copeaux de chocolat.

nna cotta matcha-framboise

Flans au caram

Flans au caramel

Pour 4 à 6 personnes

60 g de sucre de canne blond
500 ml de lait de soja
3 c. à s. de sucre
1 c. à s. de purée de noix de cajou
1 c. à c. d'agar-agar
1 c. à c. d'arrow-root
¼ de c. à c. de vanille

Mettre le sucre de canne dans une petite casserole sur feu moyen pour préparer le caramel : ne pas mélanger, juste faire tourner la casserole en la tenant par le manche. Verser le caramel dans des minimoules à flan ou des ramequins. Mélanger tous les autres ingrédients dans une casserole moyenne et porter à ébullition en fouettant. Cuire 2 minutes, puis verser dans les moules. Laisser refroidir, puis placer pour 2 heures au frais avant de démouler.

Mousse de framboises à la vanille

Pour 4 personnes

400 g de tofu soyeux
2 tasses de framboises (fraîches ou surgelées)
6 c. à s. de sucre de canne blond
3 ou 4 gouttes d'extrait de vanille

Mettre tous les ingrédients dans le bol d'un mixeur et mixer pendant 5 bonnes minutes. Répartir dans des ramequins puis laisser reposer 1 nuit au réfrigérateur.

Entremets rose et pistache

Pour 4 personnes

600 ml de lait d'avoine
4 c. à s. de sucre de canne blond
2 c. à s. de purée de pistache
2 c. à c. d'eau de rose
1 c. à c. d'agar-agar en poudre
4 c. à c. de pistaches concassées

Mélanger au fouet tous les ingrédients sauf les pistaches dans une casserole. Porter à ébullition et cuire 2 minutes en mélangeant constamment au fouet. Répartir dans 4 ramequins, puis laisser refroidir et placer pour 2 heures au frais. Parsemer de pistaches concassées avant de servir.

Petits pots de crème amande et rhubarbe

Pour 4 personnes

150 g de rhubarbe
75 g de sucre de canne
4 c. à s. de purée d'amande blanche
200 ml de crème de soja (ou d'une autre crème végétale)
1 pointe de couteau de cannelle moulue

Dans une casserole, cuire à feu moyen la rhubarbe et le sucre avec un fond d'eau, en remuant de temps en temps. Quand la rhubarbe est bien fondante, ajouter la purée d'amande et la crème de soja, et mixer au mixeur plongeant. Ajouter la cannelle, bien mélanger et verser dans 4 pots à yaourts en verre ou 4 ramequins.

Pour un dessert encore plus gourmand, disposer sur les crèmes 1 ou 2 c. à s. de compote de rhubarbe et terminer par des amandes effilées grillées.

Blanc-manger au coco

Pour 6 à 8 personnes

400 ml de lait de coco
250 ml de lait végétal
175 g de sucre de canne blond
60 g de noix de coco râpée + pour la déco
Le zeste de 1 citron vert + pour la déco
1 c. à c. d'agar-agar
¼ de c. à c. de vanille moulue

Mélanger tous les ingrédients dans une casserole sur feu moyen pour bien faire fondre le lait de coco et le sucre. Porter à ébullition pour 2 minutes, en mélangeant constamment au fouet. Verser dans un moule à flan cannelé, laisser refroidir, puis laisser au frais pour 6 à 8 heures. Démouler sur un plat rond puis parsemer de noix de coco râpée et de zeste de citron vert.

GOÛTERS À PARTAGER

Pains au lait à la fleur d'oranger

Pour 8 pains au lait

500 g de farine
1 c. à c. de sel
60 g de sucre de canne blond
200 ml de lait de soja + 2 c. à s. pour dorer
1,5 sachet (15 g) de levure de boulanger
2 c. à s. de purée de noix de cajou
2 c. à s. d'eau de fleur d'oranger
90 ml d'huile d'olive
Sucre perlé
1 c. à s. de sirop d'agave

Dans un grand saladier, mélanger la farine avec le sel et le sucre. Mélanger 200 ml de lait de soja tiédi avec la levure et laisser reposer 5 minutes. Verser sur la farine, avec la purée de noix de cajou, l'eau de fleur d'oranger et l'huile d'olive, mélanger vigoureusement à la fourchette puis pétrir pendant 10 minutes pour obtenir une pâte bien souple et homogène. Si la pâte est trop sèche, rajouter un peu de lait ; si elle est trop collante, rajouter un peu de farine. Laisser reposer la pâte en boule dans le saladier, sous un torchon, pendant 1 heure à 20 à 25 °C. Diviser la pâte en petites boules, former des navettes, puis les déposer sur une plaque couverte de papier cuisson et laisser lever pendant 1 h 30 dans le four éteint. Inciser à l'aide de ciseaux ou d'un couteau et déposer un peu de sucre perlé sur chaque navette. Mélanger 2 c. à s. de lait de soja avec le sirop d'agave pour badigeonner chaque navette. Cuire 10 à 15 minutes au four à 200 °C (th. 6-7).

Gâteau citron-amande-vanille

Pour 6 à 8 personnes

150 ml de yaourt de soja
170 g de sucre
65 g de poudre d'amande complète
Le zeste de 1 citron
2 c. à s. de jus de citron frais
½ c. à c. de vanille
4 c. à s. d'huile végétale neutre
1 sachet (7 g) de poudre à lever
1 c. à c. de bicarbonate de soude
200 g de farine d'épeautre T70

Dans un saladier, mélanger le yaourt et le sucre au fouet. Ajouter la poudre d'amande, puis le zeste et le jus de citron ainsi que la vanille et bien mélanger. Verser l'huile et fouetter pour l'incorporer. Ajouter la poudre à lever et le bicarbonate, mélanger. Incorporer petit à petit la farine en la tamisant. Graisser un moule à manqué avec de la margarine ou de l'huile, puis bien y répartir la pâte. Cuire à 180 °C (th. 6) pendant 30 minutes.

Gaufres à la noisette

Pour 6 à 8 gaufres

3 c. à s. d'huile végétale neutre
3 c. à s. de purée de noisette
60 g de sucre de canne blond
250 ml de lait de soja (ou d'un lait végétal au choix)
1 sachet de poudre à lever
200 g de farine de blé T55

Dans un saladier, mélanger au fouet l'huile avec la purée de noisette et le sucre. Ajouter le lait de soja, puis la poudre à lever. Incorporer enfin la farine. Faire chauffer un moule ou un appareil à gaufres, puis répartir la pâte sur les plaques, fermer et laisser cuire environ 5 minutes. Huiler les plaques entre chaque fournée de gaufres. Si l'appareil est muni d'un voyant lumineux, bien attendre que celui-ci soit éteint avant d'ouvrir pour retirer les gaufres. Servir tiède.

Ces gaufres gourmandes seront parfaites avec du chocolat fondu et des rondelles de bananes.

ins au lait à la fleur d'oranger

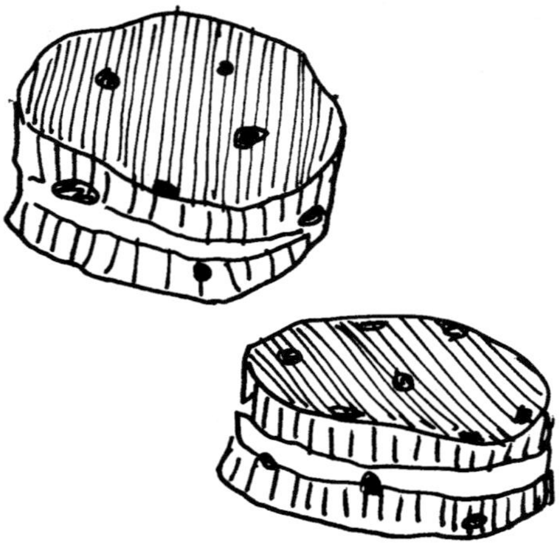

Cookies avoine-choco-pécan

Pour environ 15 cookies

200 g de farine de blé
150 g de petits flocons d'avoine précuits
½ c. à c. de sel
1 c. à c. de poudre à lever
½ c. à c. de bicarbonate de soude
100 ml d'huile végétale neutre
4 c. à s. de purée de noix de cajou
150 g de sucre de canne blond
100 ml de lait d'avoine
½ c. à c. de vanille moulue
2 c. à s. de pépites de chocolat noir + pour la déco
40 g de noix de pécan + pour la déco

Dans un petit saladier, mélanger la farine avec les flocons d'avoine, le sel, la poudre à lever et le bicarbonate. Dans un saladier moyen, mélanger au fouet l'huile avec la purée de cajou, le sucre, le lait d'avoine et la vanille pour obtenir un mélange crémeux. Incorporer doucement le mélange farine-flocons à la cuillère. Ajouter les pépites de chocolat et les noix de pécan concassées. Mélanger. Former des petites boules entre les mains mouillées (la pâte est très collante), puis les aplatir et les déposer sur une plaque couverte de papier cuisson, en les espaçant bien (les cookies vont lever et s'étaler). Déposer quelques pépites de chocolat et des brisures de noix de pécan sur les cookies. Cuire à 180 °C (th. 6) pendant 12 à 15 minutes : les cookies doivent être juste dorés sur les bords. Sortir la plaque du four, laisser reposer quelques minutes puis faire refroidir sur une grille. Deux fournées seront probablement nécessaires.

Minipalmiers à la fraise

Pour environ 15 palmiers

1 pâte feuilletée bio vegan
4 c. à s. de confiture de fraises
Cannelle moulue
Vanille moulue

Dérouler la pâte feuilletée et la découper en bandes d'environ 1 cm de large dans toute la largeur. Y étaler la confiture de fraises, saupoudrer d'un peu de cannelle et de vanille, puis rouler les bandes symétriquement des deux côtés pour former des palmiers. Les déposer sur une plaque couverte de papier cuisson et cuire 15 minutes à 180 °C (th. 6). Décoller les palmiers à l'aide d'une spatule et laisser refroidir sur une plaque.

Scones framboise-coco

Pour 6 gros scones

250 g de farine de blé
5 c. à s. de sucre
3 c. à c. de poudre à lever
¼ de c. à c. de sel
50 g d'huile de coco
175 ml de lait d'avoine
1 c. à s. de noix de coco râpée
3 poignées de framboises fraîches ou surgelées

Dans un saladier, mélanger tous les ingrédients secs. Ajouter l'huile de coco et mélanger du bout des doigts, comme pour faire un crumble. Ajouter le lait d'avoine et mélanger à la fourchette. Ajouter la noix de coco et les framboises, mélanger délicatement. Avec les mains mouillées, former 6 scones de forme triangulaire et les déposer sur une plaque couverte de papier cuisson. Cuire 15 minutes à 200 °C (th. 6-7).

okies avoine-choco-pécan, minipalmiers à la fraise et scones framboise-coco

Fraises à la crème et pesto menthe-ba

DESSERTS GOURMANDS POUR TOUS LES JOURS

Parfait banane-spéculoos

Pour 4 personnes

3 bananes
100 g de spéculoos + 2 spéculoos pour garnir
500 g de yaourt de soja
¼ de c. à c. de vanille moulue
4 c. à s. de sucre de canne blond

Mixer les bananes avec les spéculoos émiettés. Battre le yaourt de soja avec la vanille et le sucre. Dans 4 verrines, alterner 2 c. à s. de yaourt avec 1 c. à s. de crème banane-spéculoos. Parsemer chaque verrine d'½ spéculoos émietté. Placer au frais pour 10 à 30 minutes avant de servir.

Muffins à la patate douce

Pour 6 muffins

100 g de sucre de canne blond
65 ml d'huile d'olive
100 ml de lait d'amande
10 g de poudre à lever
½ c. à c. de vanille
¼ de c. à c. de mélange d'épices pour pain d'épice
1 pincée de sel
200 g de farine de blé
75 g de patate douce râpée

Dans un saladier, mélanger le sucre et l'huile au fouet. Ajouter le lait d'amande puis la poudre à lever et bien fouetter. Le mélange doit être blanc et mousseux. Ajouter les épices et le sel, bien fouetter. Incorporer la farine petit à petit à la spatule, puis la patate douce. Disposer des caissettes dans des moules à muffins, ou les huiler, et y répartir la pâte. Cuire 25 à 30 minutes à 180 °C (th. 6).

Fraises à la crème et pesto menthe-basilic

Pour 4 personnes

600 g de fraises
200 ml de crème végétale
2 c. à s. de sucre de canne blond

Pour le pesto

15 g de feuilles de basilic
15 g de feuilles de menthe
65 ml d'huile d'olive
50 g de noix de cajou grillées
Le jus de 1 citron
1 c. à s. de sucre de canne blond

Laver, équeuter et couper les fraises, puis les mettre dans un plat de service. Mélanger dans un petit bol la crème avec le sucre. Mélanger délicatement les fraises et la crème. Préparer le pesto : mixer les feuilles de basilic et de menthe avec l'huile d'olive. Ajouter les noix de cajou, puis le jus de citron et le sucre. Bien mixer. Conserver le pesto dans un pot hermétique. Servir les fraises accompagnées d'une cuillerée de pesto.

Smoothies glacés *tutti frutti*

Pour 6 glaces

200 ml de jus d'ananas
100 g de fraises
1 pomme granny
2 c. à s. de sirop d'agave

Mixer tous les ingrédients au blender. Répartir dans des moules à bâtonnets et placer pour 12 heures au congélateur.

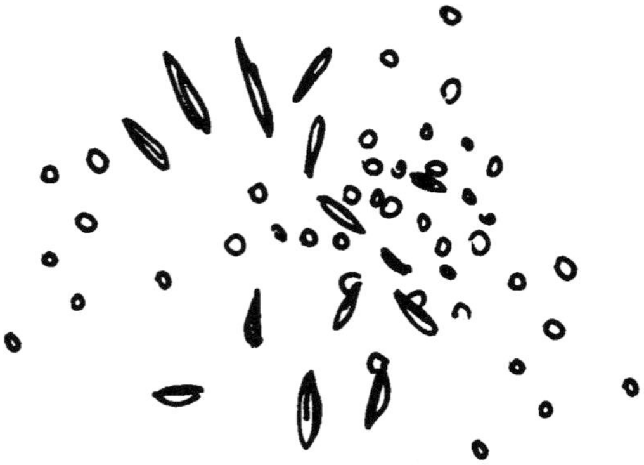

Gâteau de semoule à l'orange

Pour 6 à 8 personnes

750 ml de lait de soja
125 g de sucre de canne blond
1 c. à s. de purée de noix de cajou
½ c. à s. de fécule de maïs
¼ de c. à c. de vanille moulue
3 gouttes d'huile essentielle d'orange douce
125 g de semoule de blé moyenne

Mélanger au fouet tous les ingrédients, sauf la semoule, dans une grande casserole. Porter sur feu vif. Aux premiers bouillons, verser la semoule, mélanger avec une cuillère en bois et baisser à feu moyen. Cuire en remuant sans arrêt pendant 7 à 8 minutes, jusqu'à ce que le mélange prenne la texture d'une purée épaisse et commence à coller au fond de la casserole. Verser dans un plat huilé et cuire au four à 180 °C (th. 6) pendant 30 minutes. Laisser refroidir complètement et démouler.

Servir accompagné de caramel ou d'un coulis de chocolat maison.

Crèmes pralinées express

Pour 4 personnes

400 g de tofu soyeux
4 c. à s. de sirop d'agave
3 c. à s. de purée de noisette (grillée si possible)

Verser tous les ingrédients dans le bol d'un mixeur, bien mixer pendant quelques minutes, puis répartir dans 4 ramequins et placer au frais pour 1 à 6 heures.

Ces délicieuses petites crèmes maison font passer l'envie d'acheter des crèmes industrielles !

Salade de pastèque et noix de coco à la menthe

Pour 2 personnes

300 g de pastèque sans la peau
10 feuilles de menthe
1 c. à s. de fins copeaux de noix de coco séchée
1 c. à s. de graines de chia
Le jus d'½ citron

Couper la pastèque en dés. Ciseler la menthe. Les mettre dans petit saladier, ajouter les copeaux de coco et les graines de chia, arroser de jus de citron et bien mélanger. Servir immédiatement.

Un mélange de saveurs étonnant !

Riz au lait à la rose

Pour 2 personnes

500 ml de lait végétal
100 g de riz blanc rond
2 c. à s. de sucre de canne blond
2 c. à c. d'eau de rose

Mélanger tous les ingrédients dans une casserole, porter à feu moyen et cuire 30 à 40 minutes, en mélangeant régulièrement, jusqu'à ce que le riz soit tendre et collant. Répartir dans 2 ramequins et laisser refroidir. Garder au frais avant de consommer.

Parfait avec un coulis de fruits rouges.

teau de semoule à l'orange

Verrines à la crème de marrons

Pour 2 personnes

120 g de tofu soyeux
1 yaourt de soja
9 c. à s. de crème de marrons
2 c. à s. de pralin

Mixer le tofu avec le yaourt et 3 c. à s. de crème de marrons. Déposer 3 c. à s. de crème de marrons dans 2 verrines. Verser dessus la crème mixée et placer pour 1 heure au frais. Garnir chaque verrine de 1 c. à s. de pralin avant de servir.

Yaourt pomme-vanille et crumble de fruits secs

Pour 4 personnes

20 g de noix de pécan
20 g de *mulberries*
1 c. à s. de poudre d'amande
1 c. à s. de sirop d'agave
1 pincée de cannelle moulue
1 pomme granny
500 g de yaourt de soja
1 pincée de vanille moulue

Préparer le crumble : hacher très finement les noix de pécan et les *mulberries* au couteau, puis les mélanger avec la poudre d'amande et le sirop d'agave. Ajouter la cannelle. Éplucher la pomme, retirer la partie centrale et couper en dés. Mélanger la pomme et le yaourt avec la vanille, répartir dans 4 verres ou ramequins et couvrir de crumble.

Pudding de tapioca au lait de coco

Pour 2 personnes

150 ml de lait de coco
250 ml de lait de soja
4 c. à s. de sucre de canne blond
4 c. à s. de tapioca
2 c. à s. de noix de coco râpée

Dans une casserole, mélanger le lait de coco avec le lait de soja et le sucre. Porter sur feu moyen. Quand le sucre est dissous, ajouter le tapioca et la noix de coco, et mélanger. Laisser cuire et épaissir le tapioca. Répartir dans 2 ramequins. Peut se manger tiède ou froid.

Pour un dessert avec plus de pep, ajouter quelques morceaux de fruit frais (mangue, kiwi, orange, physalis...) au moment de servir.

dding de tapioca au lait de coco

TARTES
ET GÂTEAUX AUX FRUITS

Gâteau renversé à la rhubarbe

Pour 6 à 8 personnes

350 g de rhubarbe
2 c. à s. de sucre de canne blond + 200 g + pour le moule
125 ml d'huile de pépin de raisin
2 yaourts de soja
2 c. à c. de vinaigre de cidre
2 c. à c. de poudre à lever
½ c. à c. de vanille moulue
350 g de farine de blé
Huile pour le moule

Peler la rhubarbe puis la couper en tronçons d'environ 1,5 cm. Placer les morceaux dans une passoire, saupoudrer de 2 c. à s. de sucre et laisser dégorger pendant 30 minutes Dans un saladier, mélanger l'huile avec les yaourts et le vinaigre de cidre. Ajouter la poudre à lever et la vanille, bien mélanger. Ajouter 200 g de sucre puis incorporer la farine petit à petit, en mélangeant bien. Huiler un moule à charnière d'environ 25 cm de diamètre, saupoudrer le fond de sucre de canne, puis y disposer les morceaux de rhubarbe côte à côte (les faire se chevaucher pour ne plus voir le fond du plat). Verser la pâte. Cuire à 170 °C (th. 5-6) pendant 1 heure. Laisser refroidir dans le plat. Pour démouler, passer la lame d'un couteau le long du pourtour du gâteau, puis ouvrir la charnière et retourner le moule sur une grande assiette.

Crumble de pêches minute

Pour 4 personnes

3 c. à s. de sucre de coco
2 c. à s. d'huile de coco
2 c. à s. de poudre d'amande
5 c. à s. de farine de blé
1 pincée de vanille moulue
1 pincée de cannelle moulue
4 grosses pêches jaunes
1 c. à s. de margarine (ou d'huile végétale)

Dans un bol, mélanger du bout des doigts le sucre avec l'huile de coco coupée en petits morceaux, la poudre d'amande et la farine. Ajouter les épices. Verser dans une poêle et cuire quelques minutes à feu vif, en mélangeant constamment. Réserver dans un bol. Couper les pêches en morceaux et les faire revenir quelques minutes avec la margarine dans la poêle sur feu vif. Répartir les morceaux de pêches dans 4 ramequins et couvrir de crumble. Servir sans attendre.

Tartelettes abricots-pistache

Pour 8 tartelettes

1 pâte à tarte biscuitée (voir p. 243)
25 g de pistaches concassées
100 ml de crème d'avoine
2 c. à s. de sucre de canne blond
1 c. à c. de fécule de maïs
4 abricots

Découper 8 disques de pâte d'environ 15 cm de diamètre. Foncer 8 moules à tartelettes légèrement huilés ou déposer les disques de pâte sur une plaque couverte de papier cuisson et replier les bords pour former des galettes rustiques. À l'aide d'un minihachoir ou d'un robot, réduire les pistaches en poudre. Dans un bol, mélanger la poudre de pistache avec la crème d'avoine, le sucre et la fécule. Répartir cette crème sur les fonds de tartes. Couper les abricots en fines lamelles et les disposer sur les fonds de tartes garnis. Cuire 10 à 15 minutes à 200 °C (th. 6-7). Les bords des tartelettes doivent être bien dorés.

Chaussons pomme-framboise

Pour 5 chaussons

1 pâte feuilletée bio vegan
5 c. à s. de compote de pommes
1 poignée de framboises
Cannelle moulue
Sucre de canne
Lait de soja

À l'aide d'un petit bol et d'un couteau, découper 4 disques d'environ 10 cm dans la pâte feuilletée. Former une boule avec les chutes. L'étaler au rouleau et découper un cinquième disque. Déposer les disques de pâte sur une plaque couverte de papier cuisson. Déposer sur la moitié de chaque disque 1 c. à s. de compote, quelques framboises écrasées, 1 pincée de cannelle et du sucre. Fermer en chaussons et bien sceller les bords à l'aide d'une fourchette, en appuyant les dents sur tout le pourtour. Badigeonner de lait de soja. Cuire 20 minutes à 180 °C (th. 6). Les chaussons doivent être bien dorés.

Pour un résultat encore plus fondant et gourmand, accompagner d'un coulis de framboises.

Tarte pommes-caramel-amande

Pour 6 à 8 personnes

550 g de pommes épluchées
2 c. à s. de margarine (ou d'huile végétale)
40 g de sucre
1 pâte sablée ou biscuitée (voir p. 243)
25 g de poudre d'amande

Pour la crème caramel-amande

150 g de sucre de canne blond
3 c. à s. d'eau
500 ml de crème de soja
½ c. à c. de sel
1 c. à s. de fécule de maïs
100 g de poudre d'amande

Préparer la crème : mettre le sucre et l'eau dans une casserole moyenne. Porter sur feu vif et laisser le caramel se former sans mélanger. Quand il a atteint la texture et la couleur souhaitées, verser dessus la crème chaude. Bien mélanger. Si le caramel se fige, le laisser fondre à feu moyen dans la crème en mélangeant. Ajouter le sel. Laisser la crème refroidir puis ajouter la fécule et la poudre d'amande. Bien mélanger. Réserver. Couper les pommes en dés, puis les faire revenir dans une grande poêle, dans la margarine. Ajouter le sucre et cuire quelques minutes à feu vif. Foncer un moule à tarte avec la pâte, puis la piquer et la cuire à blanc 8 minutes à 90 °C (th. 3). Saupoudrer le fond de tarte de poudre d'amande, puis y répartir les pommes et verser la crème caramel-amande. Cuire 20 minutes à 190 °C (th. 6-7).

Pour une tarte encore plus gourmande, préparer un caramel avec 75 g de sucre et 2 c. à s. d'eau. Verser quelques traits de caramel sur chaque part de tarte au moment de servir.

Pâte à tarte biscuitée

Pour 1 tarte

150 g de farine de blé
50 g de sucre de canne blond
30 g de poudre d'amande tamisée
¼ de c. à c. de poudre à lever
1 pincée de sel
3 c. à s. d'huile de pépin de raisin
5 c. à s. de lait de soja
1 pointe de couteau de vanille moulue

Tamiser la farine au-dessus d'un saladier. Mélanger avec le sucre, la poudre d'amande, la poudre à lever et le sel. Ajouter l'huile de pépin de raisin et mélanger à la fourchette. Verser le lait de soja et la vanille, bien mélanger. Pétrir à la main jusqu'à obtenir une texture homogène. Abaisser au rouleau sur un plan de travail fariné.

Pâte brisée

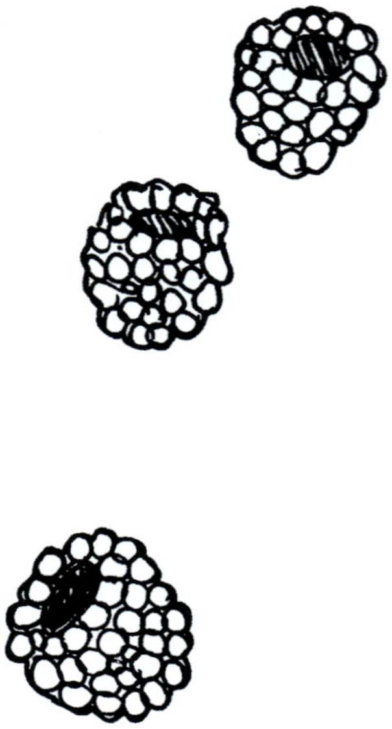

Pour 1 tarte

250 g de farine de blé
¼ de c. à c. de sel
85 ml d'huile végétale
80 ml d'eau

Dans un petit saladier, mélanger la farine et le sel. Ajouter l'huile et mélanger avec une cuillère ou une fourchette. Verser l'eau, mélanger à la cuillère puis pétrir juste assez pour amalgamer la pâte. Filmer ou couvrir et placer au frais pour 30 minutes. Abaisser au rouleau sur un plan de travail fariné.

Bavarois rose-framboise

Pour 8 personnes

Framboises fraîches pour le décor
Pour la génoise
200 g de sucre de canne blond
¼ de c. à c. de vanille moulue
½ c. à c. de sel
3 c. à c. de poudre à lever
2 c. à s. de purée d'amande
150 ml d'huile végétale neutre
250 ml de lait de soja
50 g de fécule de maïs
250 g de farine de blé T55
Pour la mousse rose-framboise
480 g de tofu soyeux
200 ml de crème de soja
150 g de framboises
100 g de sucre de canne blond
2 c. à s. d'eau de rose
2 c. à c. d'agar-agar
1 pointe de couteau de vanille moulue
Pour le coulis gélifié
200 ml d'eau
100 g de framboises
35 g de sucre
1 c. à c. d'agar-agar

Préparer la génoise : dans un saladier, mélanger le sucre avec la vanille, le sel, la poudre à lever, la purée d'amande et l'huile. Ajouter le lait de soja et mélanger au fouet. Ajouter la fécule, puis incorporer la farine en 3 fois. Bien mélanger pour éviter les grumeaux. Chemiser un moule de 20 × 30 cm puis y verser la pâte. Cuire 25 à 30 minutes au four à 180 °C (th. 6) : la génoise doit être bien dorée. Laisser refroidir. Découper un disque de génoise de la taille du moule à charnière. Si la génoise n'est pas bien plate ou est trop épaisse, la couper à l'aide d'une lyre à génoise (ou à défaut, d'un grand couteau chef) pour obtenir une épaisseur maximale de 2 cm. Découper un disque de papier cuisson de même taille. Placer ce dernier, puis le disque de génoise dans le moule à charnière chemisé d'une bande de papier cuisson sur les côtés qui rendra le démoulage plus facile.

Préparer la mousse : mixer tous les ingrédients dans une casserole. Porter à ébullition en mélangeant constamment au fouet. Cuire pendant 2 minutes à ébullition, en mélangeant vigoureusement. Laisser tiédir quelques minutes et verser sur la génoise. Laisser prendre au frais ou à température ambiante pendant 2 à 3 heures.

Préparer le coulis : mixer ensemble tous les ingrédients, puis passer à travers une passoire fine pour éliminer les pépins. Porter à ébullition dans une petite casserole, en mélangeant constamment à la cuillère. Cuire 1 minute à ébullition. Verser sur la mousse bien prise et laisser prendre au frais ou à température ambiante pendant environ 1 heure.

Démouler en ouvrant la charnière, déposer sur un plat, puis retirer le papier cuisson autour du bavarois et sous la génoise. Découper proprement le tour au besoin. Décorer avec quelques framboises fraîches.

Muffins tout chocolat, fondants au chocolat et fruits rouges et tarte poire-choco-amand

AU CHOCOLAT !

Tarte poire-choco-amande

Pour 6 personnes

1 pâte brisée, biscuitée ou sablée (voir p. 243)
200 g de chocolat noir
200 ml de crème végétale
35 g de poudre d'amande
65 g de sucre de canne
75 ml de lait végétal
2 c. à s. de fécule de maïs
3 poires
1 grosse poignée d'amandes effilées

Foncer un moule à tarte avec la pâte. Faire fondre le chocolat au bain-marie, puis le mélanger avec la crème, la poudre d'amande, le sucre, le lait végétal et la fécule. Verser sur le fond de tarte. Éplucher les poires, les couper en lamelles, puis les disposer sur la crème au chocolat. Répartir dessus les amandes effilées. Cuire au four à 180 °C (th. 6) pendant 30 à 40 minutes.

Fondants au chocolat et fruits rouges

Pour 4 personnes

200 g de chocolat noir
100 g de sucre de canne
200 ml de crème de soja
50 ml d'huile végétale neutre
100 g de farine de blé
1 barquette de framboises
1 barquette de myrtilles

Faire fondre le chocolat au bain-marie, puis le mélanger avec le sucre, la crème de soja, l'huile et la farine. Déposer les fruits rouges dans 4 ramequins, puis y répartir la pâte et déposer quelques fruits sur le dessus. Cuire au four à 180 °C (th. 6) pendant environ 20 minutes. Servir tiède.

Muffins tout chocolat

Pour 5 gros ou 10 petits muffins

160 g de sucre de canne
100 ml d'huile végétale
1/8 de c. à c. de vanille
125 ml de lait végétal
3 c. à c. de poudre à lever
1/4 de c. à c. de sel
3 c. à s. de poudre de cacao maigre
200 g de farine de blé
50 g de chocolat noir

Dans un saladier, mélanger le sucre avec l'huile et la vanille. Ajouter le lait végétal, la poudre à lever et le sel, et mélanger au fouet. Incorporer le cacao, puis la farine. Hacher le chocolat en petits morceaux au couteau, puis les incorporer à la pâte. Chemiser des moules à muffins de caissettes en papier puis les remplir de pâte. Cuire environ 25 minutes à 180 °C (th. 6).

Tablette de chocolat bergamote-pamplemousse

Pour 1 tablette

135 g de chocolat noir à 70 % de cacao
1 citron bergamote
1 pamplemousse

Faire fondre tout doucement le chocolat au bain-marie. Zester le citron bergamote et la moitié du pamplemousse. Ajouter 1 c. à c. de chaque zeste dans le chocolat. Bien mélanger. Verser dans une empreinte à tablette et parsemer d'½ c. à c. de chaque zeste. Laisser revenir à température ambiante. Mettre au frais quelques minutes s'il fait trop chaud pour que le chocolat durcisse.

***À noter :** il est très important de choisir des agrumes bio car en agriculture conventionnelle, les peaux sont traitées et souvent impropres à la consommation.*

Mendiants pistaches et pralin

Pour 12 mendiants

150 g de chocolat noir
2 c. à s. de pralin
1 c. à s. de pistaches concassées

Faire fondre le chocolat au bain-marie. Mélanger le pralin et les pistaches concassées. Sur une plaque couverte de papier cuisson, former des petits disques de chocolat en le faisant couler à l'aide d'une cuillère. Parsemer de pralin et de pistaches. Laisser refroidir et faire prendre au frais au besoin.

Muffins banane-noisette et pépites de chocolat

Pour environ 12 muffins

2 bananes bien mûres
4 c. à s. de purée de noisette grillée
150 ml de lait de châtaigne
80 ml d'huile végétale neutre
200 g de farine de blé
150 g de sucre de canne blond
1,5 c. à c. de poudre à lever
¼ de c. à c. de sel
½ c. à c. de bicarbonate de soude
4 c. à s. de pépites de chocolat noir
1 poignée de noisettes

Mixer les bananes avec la purée de noisette. Ajouter le lait de châtaigne et l'huile, mixer à nouveau. Dans un saladier, mélanger la farine avec le sucre, la poudre à lever, le sel et le bicarbonate. Former un puits et verser la préparation à la banane. Bien mélanger, ajouter les pépites de chocolat et remplir aux trois quarts des moules à muffins garnis de caissettes en papier. Hacher les noisettes au couteau et en parsemer les muffins. Cuire 25 minutes environ (5 minutes de plus si on utilise des grands moules à muffins) au four à 180 °C (th. 6). Laisser refroidir sur une grille avant de déguster.

Mousse au chocolat à l'orange et pistaches

Pour 4 personnes

1 boîte de lait de coco
240 g de tofu soyeux
200 g de chocolat noir
60 g de sucre glace
2 gouttes d'huile essentielle d'orange douce
4 c. à s. de pistaches concassées
1 c. à s. de sucre

Placer la boîte de lait de coco et le tofu soyeux au réfrigérateur pour qu'ils soient bien frais. Faire fondre le chocolat au bain-marie. Mixer le tofu soyeux avec le chocolat et le sucre glace pendant quelques secondes, puis verser dans un saladier. Ouvrir la boîte de lait de coco, récupérer la partie crémeuse sur le dessus, ajouter dans le saladier et battre 5 minutes avec un batteur électrique. Ajouter l'huile essentielle et battre encore pour obtenir la texture d'une crème fouettée épaisse. Répartir dans 4 verrines ou ramequins et placer pour 2 à 6 heures au frais. Mettre les pistaches et le sucre dans une petite poêle et les cuire quelques minutes pour caraméliser. Répartir les pistaches sur les mousses au chocolat et servir.

Coulis de chocolat minute pour fruits frais

Pour 4 personnes

200 ml de lait végétal
3 c. à s. de sucre de canne blond
2 c. à s. de purée de noix de cajou
1 pointe de couteau de vanille
8 c. à s. de chocolat en poudre

Faire chauffer le lait à feu doux dans une petite casserole. Y faire fondre le sucre, y délayer la purée de noix de cajou, ajouter la vanille et incorporer petit à petit le chocolat en fouettant. Cuire quelques minutes, ajouter un peu d'eau si nécessaire et couper le feu.

Pour napper des fruits frais ou servir de fondue au chocolat express.

LÉGER ET GOURMAND

Frozen yogurt aux fruits rouges

Pour 1 personne

50 g de fraises surgelées
10 g de myrtilles surgelées
125 g de yaourt de soja
1 c. à s. de sirop d'agave

Couper les fraises en morceaux si elles sont trop grosses. Mettre tous les ingrédients dans le bol d'un mixeur ou d'un robot et mixer juste ce qu'il faut pour obtenir une crème glacée épaisse. Attention, s'il est mixé trop longtemps, le mélange va chauffer. Servir immédiatement.

Popsicle pêche-mangue

Pour 6 à 8 glaces

250 g de mangue mûre (1 belle mangue)
250 g de pêches jaunes (2 à 3 pêches)
2 c. à s. de jus de citron
3 c. à s. de sirop d'agave

Mixer les fruits épluchés et coupés en morceaux avec le jus de citron et le sirop d'agave. Répartir dans des moules à bâtonnets glacés et faire prendre au congélateur pendant quelques heures.

Une recette très simple, mais délicieuse.

Pudding de fruits rouges aux graines de chia

Pour 4 personnes

100 g de fraises
100 g de framboises
400 ml de lait d'avoine (ou d'amande)
4 c. à s. de sirop d'agave
8 c. à s. de graines de chia

Mixer les fruits avec le lait et le sirop d'agave. Mélanger à la cuillère les graines de chia avec ce liquide. Répartir dans 4 petits bols et laisser gonfler pendant 1 heure avant de déguster.

Ce pudding est parfait pour un petit déjeuner, additionné de tranches de banane et d'amandes hachées.

Salade de poires tièdes au gingembre confit et copeaux de chocolat

Pour 4 personnes

1,25 l d'eau
50 g de sucre de canne blond
¼ de c. à c. de vanille
4 poires
50 g de gingembre confit
35 g de chocolat noir

Dans une grande casserole, porter à ébullition l'eau avec le sucre et la vanille. Éplucher les poires en laissant la queue. Les évider par le dessous à l'aide d'une cuillère parisienne. Faire pocher les poires dans le liquide pendant 20 à 30 minutes. Égoutter. Couper les poires en fines tranches et les répartir délicatement sur 4 petites assiettes. Couper le gingembre confit en fines tranches et les intercaler entre les tranches de poires. Couper le chocolat en copeaux à l'aide d'un économe. Parsemer les poires de copeaux de chocolat au dernier moment : ils vont fondre délicatement sur les tranches de poires tièdes.

psicle pêche-mangue

Tartelettes 100 % fruits pomme-framboi

Gelée fraîche de melon au gingembre

Pour 4 personnes

350 ml d'eau
1 c. à c. d'agar-agar
500 g de melon
½ c. à c. de gingembre haché
3 c. à s. de sirop d'agave

Dans une casserole, mélanger l'eau avec l'agar-agar. Porter à ébullition pour 2 minutes. Mixer avec 350 g de melon en dés, le gingembre et le sirop d'agave. Répartir dans 4 verrines et placer au réfrigérateur pour 2 heures. Au moment de servir, détailler les 150 g de melon restants en petits dés et les répartir sur les gelées.

Soupe glacée de fruits d'été au thé vert

Pour 4 à 6 personnes

700 ml d'eau
1 c. à s. de thé vert sencha
1 mangue
80 g de fraises
80 g de framboises
2 c. à s. de jus de citron
3 c. à s. de sirop d'agave
100 g de groseilles
Feuilles de menthe

Faire chauffer l'eau à 75 °C environ, puis y faire infuser le thé. Filtrer, laisser refroidir et placer au frais. Peler et couper la mangue en morceaux. La mixer avec les fraises, les framboises et le thé glacé. Ajouter le jus de citron et le sirop d'agave, mélanger. Servir dans des assiettes creuses, parsemé de groseilles et de feuilles de menthe.

Granité de fraise

Pour 6 à 8 personnes

600 ml de jus de fraise (ou de smoothie de fraises maison)
60 ml de sirop d'agave
Le jus de 1 citron

Mixer ensemble les ingrédients. Verser dans une boîte hermétique. Placer au congélateur pour 1 heure, puis mélanger à la fourchette. Renouveler l'opération, en grattant bien les bords, toutes les demi-heures, jusqu'à ce que le granité soit pris (il le sera en 4 à 5 heures).

Ne pas hésiter à agrémenter ce granité de feuilles de menthe ciselées ou à l'utiliser comme base d'un cocktail frappé avec ou sans alcool.

Tartelettes 100 % fruits pomme-framboise

Pour 6 petites tartelettes

2 pommes
250 ml d'eau
1 c. à c. d'agar-agar
3 c. à s. de sirop d'agave
1 pointe de couteau de vanille
1 pointe de couteau de cannelle
250 g de framboises fraîches
1 c. à s. de sirop d'agave

Éplucher les pommes et couper leur chair en dés. Mixer avec l'eau, puis verser dans une casserole de taille moyenne. Ajouter l'agar-agar, le sirop d'agave et les épices, mélanger au fouet. Porter à ébullition pour 2 minutes, en mélangeant constamment au fouet. Répartir dans 6 petits moules à tartelettes (ou 4 moules normaux), laisser revenir à température ambiante, puis placer pour 2 heures au réfrigérateur. Démouler délicatement les fonds de tarte à la pomme et les déposer sur un plat de service. Tracer un cercle avec la pointe d'un couteau à environ 5 mm du bord et creuser très légèrement avec une petite cuillère. Écraser 80 g de framboises à la fourchette et y mélanger le sirop d'agave. Garnir les tartelettes de ce mélange et répartir ensuite les framboises fraîches restantes. Servir sans attendre.

Astuce : Sur le même principe, réaliser des tartelettes mangues et kiwi, orange et fraises...

CUISINER POUR TOUTES LES OCCASIONS

-- LES DÎNERS ENTRE AMIS --

-- APÉROS DÎNATOIRES --

-- RECEVOIR LA FAMILLE --

-- RECEVOIR UNE TRIBU D'ENFANTS --

-- DESSERTS DE FÊTE --

-- RÉVEILLONNER VEGAN --

-- BARBECUES ET PIQUE-NIQUES --

-- JE BRUNCHE VEGAN --

California makis tofu et avocat

Pour 24 makis

1 verre de riz rond blanc
80 ml de vinaigre de riz (ou de cidre)
1 c. à c. de sel
1,5 c. à c. de sucre de canne blond
100 g de tofu ferme
1 c. à c. d'huile de sésame
1 petit avocat
Graines de sésame noir
1,5 feuille de yaki nori
1,5 bol de veganaise (voir p. 163)

Mettre le riz dans un petit saladier, couvrir d'eau et mélanger avec les mains pour le nettoyer. Jeter l'eau. Recommencer 3 fois. Mettre le riz et 2,5 verres d'eau dans une casserole, porter à ébullition puis baisser à feu moyen-doux. Couvrir et cuire jusqu'à ce que le riz ait absorbé toute l'eau. Dans une petite casserole, mélanger le vinaigre avec le sel et le sucre, puis porter à feu vif. Laisser le sel et le sucre se dissoudre, puis ôter du feu et laisser refroidir. Quand le riz est cuit, le transvaser dans un saladier et verser le vinaigre dessus. Couvrir d'un torchon humide et laisser refroidir. Détailler le tofu en longues lamelles et les faire dorer dans une petite poêle, avec l'huile de sésame. Couper l'avocat en lamelles. Placer un morceau de film alimentaire sur une natte en bambou et le parsemer de sésame noir. Y étaler un tiers du riz avec les mains, puis déposer ½ feuille de nori et napper d'un peu de veganaise. Aligner des lamelles de tofu et d'avocat par-dessus, puis rouler le maki sur lui-même et enfin, l'enrouler dans le film. Renouveler l'opération avec le reste des ingrédients. Placer les rouleaux au frais si on ne les mange pas tout de suite. Retirer le film et couper les rouleaux en makis à l'aide d'un couteau mouillé. On peut les découper avec le film si c'est plus simple et déballer ensuite chaque maki.

Servir avec de la sauce soja, du wasabi et du gingembre mariné.

Curry de légumes thaï

Pour 4 à 6 personnes

2 patates douces
2 gros oignons
2 poivrons rouges
2 poivrons verts
3 gousses d'ail
2 c. à s. d'huile de sésame toasté
4 tomates
2 c. à s. de sauce soja
500 ml de lait de coco
1 c. à s. de beurre de cacahuète avec morceaux
2 à 3 c. à s. de pâte de curry rouge thaï
2 c. à s. de coriandre hachée

Couper les patates douces en petits dés. Couper les oignons et poivrons en morceaux de taille moyenne. Émincer l'ail. Dans une sauteuse ou un faitout, faire chauffer l'huile de sésame, puis faire revenir les oignons, les poivrons et les patates douces à feu vif pendant 10 minutes. Monder les tomates, les couper en dés, puis les ajouter avec l'ail et la sauce soja. Baisser à feu moyen. Cuire 10 minutes. Mélanger au fouet le lait de coco avec le beurre de cacahuète et la pâte de curry, puis ajouter aux légumes. Cuire encore 10 minutes. Ajouter la coriandre et servir avec du riz thaï nature.

Soupe glacée avocat-maïs-piment

Pour 1 à 2 personnes

150 ml d'eau
125 g de maïs doux
1 avocat
1 petit morceau de piment vert
Le jus de 1 citron vert
1 c. à c. de coriandre ciselée
Sel, poivre

Mixer tous les ingrédients et réserver au frais.

Servir avec des galettes de maïs grillées quelques minutes au four ou des chips de maïs.

lifornia makis tofu et avocat

Salade vitamir

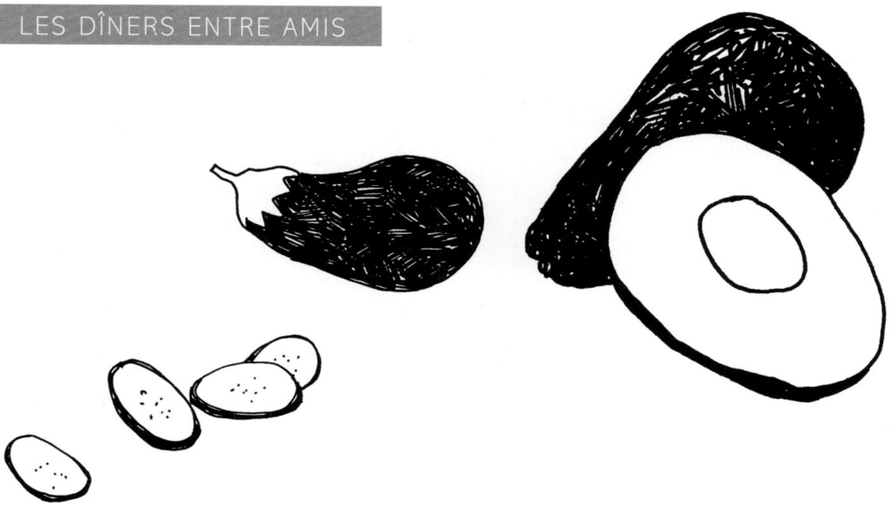

Salade vitaminée

Pour 4 personnes

150 ml de vinaigre balsamique
150 g de jeunes pousses d'épinards
250 g de fraises
1 avocat
2 oranges
Huile d'olive
Amandes caramélisées au tamari (voir p. 191)
Sel, poivre

Verser le vinaigre balsamique dans une casserole et porter à feu vif pour quelques minutes afin de le faire réduire : il doit avoir une consistance crémeuse mais liquide. Verser dans un ramequin pour le refroidir. Laver et essorer les jeunes pousses d'épinards. Laver, équeuter et couper les fraises en quatre. Couper l'avocat en dés. Zester 1 orange et prélever les suprêmes des 2 oranges. Disposer 1 poignée de pousses d'épinards sur 4 assiettes, répartir dessus les dés d'avocat et les fruits, puis ajouter un filet d'huile d'olive, les amandes caramélisées et un filet de réduction de balsamique. Assaisonner.

Courgettes farcies à la provençale

Pour 2 à 4 personnes

2 grosses courgettes vertes
150 g de tofu ferme
1 c. à c. d'herbes de Provence
1 c. à s. d'huile d'olive + pour dorer
1 gousse d'ail
8 c. à c. de chapelure
Sel, poivre

Laver les courgettes puis les couper en deux dans la longueur et les évider à l'aide d'une cuillère à café. Émietter le tofu, ajouter les herbes, l'huile d'olive, l'ail réduit en purée, du sel et du poivre. Remplir les courgettes de tofu. Saupoudrer 2 c. à c. de chapelure sur chaque courgette, verser un léger filet d'huile d'olive et cuire 40 minutes environ au four à 200 °C (th. 6-7).

Pastillas d'aubergines

Pour 4 personnes

2 aubergines
2 petits oignons
3 gousses d'ail
3 c. à s. d'huile d'olive + pour huiler les feuilles
2 c. à c. de ras el hanout
2 c. à c. de cumin moulu
150 ml d'eau
2 c. à s. de tahin
2 c. à s. de coriandre hachée
2 c. à s. de persil plat haché
8 feuilles de brick
Sel, poivre

Couper les aubergines et les oignons en petits dés. Émincer l'ail. Dans une grande poêle, faire chauffer l'huile d'olive à feu vif, puis ajouter les épices, les aubergines et l'oignon. Bien mélanger et cuire 10 minutes à feu vif. Ajouter l'ail et cuire à nouveau 5 minutes. Mélanger l'eau avec le tahin, verser, bien mélanger et cuire 30 minutes, toujours à feu vif. Ajouter les herbes, saler et poivrer selon le goût. Les aubergines doivent être bien fondantes. Sur une grande assiette, déposer 1 feuille de brick, l'huiler légèrement au pinceau puis déposer une deuxième feuille de brick par-dessus. Déposer un quart de la farce aux aubergines au centre, huiler légèrement la feuille de brick apparente, puis la plier en quatre ou cinq. Retourner la pastilla (côté plié en dessous) sur une plaque couverte de papier cuisson. Répéter l'opération avec le reste des ingrédients. Huiler légèrement à l'huile d'olive et cuire 15 à 20 minutes à 180 °C (th. 6) : les pastillas doivent être bien dorées. Au sortir du four, déposer sur du papier absorbant pour enlever l'excès d'huile. Consommer chaud ou tiède.

Tomates farcies

Pour 4 personnes

1 cube de bouillon de légumes
2 c. à c. de miso d'orge
½ c. à c. d'ail moulu
½ c. à c. de *liquid smoke*
500 ml d'eau bouillante
50 g de très petites protéines de soja texturées
4 grosses tomates à farcir
2 gousses d'ail
3 c. à s. de persil haché
2 c. à s. d'huile d'olive
Sel, poivre

Dans un petit saladier, mettre le cube de bouillon, le miso, l'ail moulu et le *liquid smoke*. Poivrer, ajouter l'eau bouillante et mélanger au fouet. Y plonger les protéines de soja texturées, couvrir et laisser se réhydrater pendant 30 minutes. Laver les tomates, puis couper leur chapeau et le réserver. Les évider (conserver leur chair pour préparer un coulis ou pour ajouter dans une soupe) puis les placer dans un plat à four. Égoutter les protéines de soja puis les remettre dans le saladier. À l'aide d'un minihachoir ou d'un robot ménager, mixer l'ail avec le persil et l'huile d'olive, puis mélanger avec les protéines de soja. Saler et poivrer. Farcir les tomates en tassant. Déposer les chapeaux des tomates sur le côté du plat, à la verticale. Cuire 15 minutes à 180 °C (th. 6), puis déposer les chapeaux sur les tomates et cuire à nouveau 10 minutes.

Salade niçoise aux fèves

Pour 4 personnes

100 g de fèves décortiquées
4 belles tomates
1 concombre
1 poivron rouge
1 oignon rouge
70 g d'olives noires
70 g de fonds d'artichauts
3 c. à s. d'huile d'olive
10 feuilles de basilic
Sel, poivre

Cuire les fèves 3 minutes dans l'eau bouillante, puis les égoutter. Couper les tomates, le concombre et le poivron en dés de taille moyenne. Émincer l'oignon en lamelles. Mélanger le tout avec les olives et les fonds d'artichauts émincés, l'huile d'olive et les feuilles de basilic ciselées. Assaisonner et placer au frais.

Parfait avec du pain à l'ail et des tartinades de légumes comme l'artichaunade (voir p. 176) et la tartinade italienne (voir p. 32), pour un repas d'été complet et plein de saveurs.

Cheesecake salé basilic-citron et coulis de tomates grillées

Pour 4 à 6 personnes

<u>Pour la base</u>
65 g de tartines craquantes au quinoa
50 g de noix de Grenoble
1,5 c. à s. d'huile d'olive
1,5 c. à s. d'huile de coco inodore

<u>Pour la garniture</u>
240 g de *cream cheese* (voir p. 128)
140 g de tofu ferme
75 g de tofu lactofermenté
4 c. à s. de fécule de maïs
3 c. à s. de basilic haché
1 c. à s. de jus de citron
½ c. à s. de levure maltée
Le zeste d'½ citron
½ c. à c. de sel
Poivre

<u>Pour le coulis de tomates grillées</u>
6 tomates
1 oignon
1 c. à s. d'huile d'olive
Sel, poivre

Mixer ensemble les ingrédients de la base, puis étaler dans le fond d'un moule à charnière de 20 cm de diamètre environ. Tasser avec un verre. Mettre au frais pour 15 minutes. Mixer ensemble les ingrédients de la garniture, puis étaler sur le fond durci et cuire 30 minutes à 180 °C (th. 6). Laisser refroidir et réserver au frais (peut être fait la veille). Couper les tomates et l'oignon en quatre, puis les placer sur une plaque couverte de papier cuisson, arroser d'huile d'olive et enfourner pour 15 à 20 minutes sous le gril, à 275 °C (th. 9). Mixer avec du sel et du poivre. Passer au chinois si nécessaire et laisser refroidir. Servir le cheesecake démoulé bien frais, accompagné de son coulis.

esecake salé basilic-citron et coulis de tomates grillées

Brownies aux noix de pécan

Pour 6 à 8 personnes

125 g de chocolat noir pâtissier
75 ml de lait de riz
50 g de chocolat en poudre
85 g de margarine
¾ de c. à c. de sel
½ c. à c. de vanille moulue
100 g de compote de pommes
½ c. à c. de poudre à lever
200 g de sucre de canne blond
200 g de farine de blé
45 g de noix de pécan

Casser le chocolat dans un grand cul-de-poule et le faire fondre au bain-marie. Incorporer au fouet le lait de riz, puis le chocolat en poudre et la margarine en petits morceaux. Ajouter le sel, la vanille et la compote de pommes, bien mélanger et ôter du feu. Hors du bain-marie, ajouter la poudre à lever et le sucre puis, toujours au fouet, incorporer la farine petit à petit. Casser les noix de pécan en morceaux moyens et les ajouter. Mélanger à la spatule. Chemiser un moule carré d'environ 20 × 20 cm et y répartir la pâte à la spatule. Cuire à 180 °C (th. 6) pendant 35 minutes environ. Laisser refroidir dans le plat pendant 1 heure, puis démouler et laisser refroidir 30 minutes sur une grille. Couper en carrés.

APÉROS DÎNATOIRES

Houmous à la coriandre

Pour 1 bol

4 c. à s. de tahin
250 g de pois chiches cuits
4 c. à s. d'huile d'olive
1 petite gousse d'ail
4 c. à s. de jus de citron frais
6 c. à s. d'eau
1 c. à s. de coriandre hachée
Sel, poivre

Dans le bol d'un mixeur, disposer le tahin, les pois chiches, l'huile d'olive, l'ail, le jus de citron et l'eau. Mixer jusqu'à obtenir une texture crémeuse épaisse. Saler, poivrer et ajouter la coriandre. Mixer quelques secondes. Garder au frais dans un bol et servir avec un filet d'huile d'olive.

Guacamole

Pour 4 personnes

3 avocats mûrs à point
2 citrons verts
½ oignon
1 poignée de feuilles de coriandre
¼ de piment vert
1 petite tomate
Sel

Couper les avocats en quatre ; le noyau et la peau doivent se détacher facilement. Placer la chair des avocats dans un grand bol, verser le jus d'un citron vert et demi puis écraser à la fourchette pour obtenir une purée. À l'aide d'un minihachoir, mixer l'oignon avec la coriandre et le piment. Mélanger avec la purée d'avocats et saler au goût. Ajouter du jus de citron vert au besoin. Incorporer la tomate coupée en petits dés. Servir rapidement.

Dés de polenta épicés

Pour 4 personnes

400 ml de lait de soja
½ c. à c. de préparation pour bouillon de légumes (½ cube)
½ c. à c. de cumin moulu
¼ de c. à c. de piment de Cayenne moulu
1 pincée de sel
100 g de polenta précuite
2 c. à c. de coriandre ciselée
Huile d'olive

Dans une casserole, mélanger le lait de soja et les aromates. Porter à ébullition, puis verser la polenta en pluie. Cuire à feu moyen pendant 5 minutes, en mélangeant vigoureusement sans arrêt avec une cuillère en bois, puis ajouter la coriandre et ôter du feu. Huiler un petit plat carré ou une boîte hermétique et y verser la polenta. Bien tasser et laisser prendre au frais pendant 1 heure. Découper la polenta en petits dés. Huiler un plat à l'huile d'olive, y déposer les dés de polenta, bien les retourner pour les huiler puis mettre au four pour 40 minutes à 180 °C (th. 6). Déguster chaud ou froid.

Bruschettas d'aubergine, tomate et mozza

Pour 3 à 6 personnes

1 grosse aubergine
Huile d'olive
½ boule de mozzarella de soja (voir p. 128)
1 tomate
Origan séché
Feuilles de basilic
Sel, poivre

Retirer le pédoncule de l'aubergine et la couper en 6 tranches dans sa longueur. Les déposer sur une plaque couverte de papier cuisson, arroser d'un filet d'huile d'olive et cuire au four en position gril pendant quelques minutes. Retourner et cuire à nouveau quelques minutes : les tranches d'aubergine doivent être bien grillées. Couper la mozzarella en fines tranches et en couvrir les tranches d'aubergine grillées. Parsemer de dés de tomate, d'origan séché et de basilic ciselé. Ajouter un filet d'huile d'olive, saler, poivrer et enfourner à nouveau sous le gril pour quelques minutes afin de faire fondre la mozzarella et de cuire la tomate. Servir sans attendre et déguster chaud.

Granité concombre-menthe

Pour 4 à 8 personnes

1 grand concombre
100 ml d'eau
20 feuilles de menthe
3 c. à s. de sirop d'agave

Mixer tous les ingrédients, puis verser dans un petit saladier et placer au congélateur pour 1 heure. Gratter à la fourchette, puis replacer au congélateur et gratter toutes les 30 minutes jusqu'à ce que le granité soit bien pris. S'il n'est pas consommé dans les 24 heures, transvaser dans une boîte hermétique ou un sac de congélation. Se garde 3 mois.

Parfait en été, à l'apéritif en verrines ou avec un peu d'alcool pour un cocktail pour adultes.

Verrines de gaspacho garnies

Pour 6 personnes

5 grosses tomates
1 gros poivron rouge
1 petit oignon
2 gousses d'ail
½ concombre
150 ml d'eau
4 c. à s. de coulis de tomates
2 c. à s. d'huile d'olive
1 c. à s. de vinaigre balsamique
Sel, poivre

Pour la garniture

¼ de concombre
⅓ de baguette
Huile d'olive
1 tomate
Herbes fraîches
Sel, poivre

Préparer le gaspacho. Monder les tomates. Les mixer avec le poivron, l'oignon, l'ail, le concombre et l'eau. Ajouter le coulis de tomates, l'huile et le vinaigre, et mixer à nouveau. Assaisonner au goût. Couper le quart de concombre en petits dés. Couper le pain en petits dés puis les faire griller à la poêle, avec un peu d'huile d'olive, de sel et de poivre. Couper la tomate en petits dés et hacher les herbes. Répartir le gaspacho dans 6 verres. Garnir de dés de légumes crus, de croûtons et d'herbes fraîches au moment de servir.

Bouchées de fromage à la figue et au paprika

Pour 4 personnes

1 portion de fromage fondant (voir p. 135)
2 figues noires
Paprika doux
Sel, poivre

Couper le fromage en gros dés et les mettre dans un bol. Écraser grossièrement à la fourchette. Couper les figues en petits morceaux et les ajouter au fromage, avec un peu de paprika. Assaisonner légèrement. Avec les doigts, bien mélanger et former des boulettes. Disposer sur une assiette et placer au frais avant de servir.

Palmiers au pesto rosso

Pour environ 20 palmiers

50 g de noix de cajou non grillées
1 c. à c. de levure maltée
½ c. à c. de sel
80 g de tomates séchées à l'huile d'olive égouttées
5 c. à s. d'huile des tomates
4 c. à s. de basilic ciselé
1 pâte feuilletée

Mixer les noix de cajou avec la levure maltée et le sel. Ajouter les autres ingrédients du pesto et mixer pour obtenir un mélange fin et homogène. Dérouler la pâte feuilletée, étaler le pesto sur toute sa surface, rabattre les côtés en 3 fois et replier l'ensemble. Couper des tranches fines de 1 cm maximum et les placer à plat sur une plaque couverte de papier cuisson. Cuire à 180 °C (th. 6) pendant 25 minutes.

Roulés de courgettes grillées

Pour 4 personnes

2 courgettes
2 c. à c. d'huile d'olive
1 petit bol de fromage à tartiner ail et fines herbes (voir p. 133)

Couper les courgettes en fines tranches dans leur longueur, puis les faire griller avec l'huile d'olive dans une poêle. Réserver. Déposer 1 c. à c. de fromage sur le bord d'une tranche de courgette et rouler. Renouveler l'opération avec le reste des ingrédients. Si les roulés ne tiennent pas, utiliser des piques à cocktail pour les maintenir.

Samossas petits pois et coco

Pour 12 samossas

2 pommes de terre moyennes
100 g de petits pois frais ou surgelés
1 oignon
1 gousse d'ail
1 c. à s. d'huile végétale + pour la cuisson
2 c. à c. de curry moulu
150 ml de lait de coco
150 ml d'eau
3 c. à s. de farine de blé
6 feuilles de brick

Éplucher les pommes de terre, les couper en petits morceaux et les cuire 5 minutes à l'eau. Ajouter les petits pois et cuire à nouveau 5 minutes. Égoutter. Émincer l'oignon et l'ail, puis les faire revenir dans une poêle sur feu vif, avec l'huile. Ajouter le curry, les pommes de terre et les petits pois. Verser le lait de coco. Cuire à feu moyen. Écraser grossièrement les pommes de terre en mélangeant et laisser réduire. Laisser ensuite tiédir dans un bol. Dans une casserole, mélanger l'eau et la farine au fouet, puis laisser épaissir sur feu vif jusqu'à obtenir la texture d'une colle épaisse. Réserver dans un bol. Couper les feuilles de brick en deux. Former les samossas : replier la partie arrondie des feuilles de brick pour former des bandes, puis déposer 1 c. à s. de farce sur un coin des bandes et plier en triangles. Étaler un peu de « colle » sur le dernier triangle et fermer. Vérifier que les samossas sont bien hermétiques. Cuire dans un fond d'huile végétale jusqu'à ce qu'ils soient dorés. Déposer sur du papier absorbant. Servir chaud.

ulés de courgettes grillées, samossas et bouchées de fromage

Panna cotta aux myrtilles et gelée de citron safra

Panna cotta aux myrtilles et gelée de citron safranée

Pour 4 personnes

250 g de myrtilles fraîches

Pour la panna cotta

250 ml de crème de soja
250 ml de lait de soja
3 c. à s. de sucre de canne blond
¾ de c. à c. d'agar-agar
1 pointe de couteau de vanille

Pour la gelée

Le jus de 2 citrons
Le zeste de 1 citron
3 c. à s. de sucre de canne
¼ de c. à c. d'agar-agar
¼ de c. à c. de pistils de safran
1 pointe de couteau de curcuma moulu
50 ml d'eau

Mélanger au fouet tous les ingrédients de la panna cotta dans une grande casserole. Porter à ébullition et laisser cuire 1 à 2 minutes à petits bouillons, en mélangeant constamment. Garnir le fond de 4 verrines ou verres avec une couche de myrtilles. Superposer une deuxième épaisseur de myrtilles. Répartir la panna cotta dans les verrines, laisser revenir à température ambiante puis placer pour 2 heures au frais. Dans une petite casserole, mélanger le jus et le zeste de citron ainsi que le sucre. Ajouter l'agar-agar, le safran et le curcuma. Verser l'eau. Porter à ébullition et cuire 2 minutes en mélangeant constamment. Répartir sur les panna cotta prises, puis laisser refroidir. Faire prendre 1 heure au frais.

Minitourtes fraise-rhubarbe

Pour 6 personnes

200 g de rhubarbe
170 g de confiture de fraises
1 pincée de cannelle
1 pâte brisée (voir p. 244)

Cuire la rhubarbe avec un fond d'eau jusqu'à ce qu'elle forme une compote. Mélanger avec la confiture et la cannelle, et laisser réduire sur feu doux jusqu'à ce que la préparation ne soit plus trop liquide. Découper dans la pâte 6 disques de taille moyenne et 6 petits disques. Foncer des moules à muffins avec les disques de taille moyenne. Répartir le mélange fraise-rhubarbe et déposer les 6 petits disques de pâte sur le dessus. Bien sceller les bords en les retournant vers l'intérieur, appuyer sur les contours avec les dents d'une fourchette. Pratiquer 4 encoches au centre de chaque tourte avec la pointe d'un couteau. Cuire à 180 °C (th. 6) pendant 25 minutes.

Entremets vanille-chocolat

Pour 4 personnes

Pour la couche vanille

400 ml de lait de soja
4 c. à s. de sucre de canne blond
1 c. à s. de purée de noix de cajou
½ c. à c. d'agar-agar
⅛ de c. à c. de vanille

Pour la couche chocolat

100 g de chocolat noir
400 ml de lait de soja
4 c. à s. de sucre de canne blond
½ c. à c. d'agar-agar

Préparer la couche à la vanille : mixer tous les ingrédients, puis verser dans une casserole et porter à ébullition pour 1 minute, en mélangeant constamment. Répartir dans 4 verres ou verrines et laisser refroidir, puis faire prendre au frais pendant 1 heure. Faire fondre le chocolat en morceaux au bain-marie, mixer avec le reste des ingrédients de la couche au chocolat et procéder comme pour la couche vanille. Répartir sur les entremets pris dans les verrines, laisser refroidir puis faire prendre au frais pendant 1 heure.

Pour des entremets à l'aspect plus graphique, faire prendre la première couche en biais, en maintenant les verrines penchées (dans un moule à cake ou des bols par exemple).

Tapenade mixte

Pour 4 personnes

100 g d'olives vertes dénoyautées
150 g d'olives noires dénoyautées
2 c. à s. de câpres
3 c. à s. d'huile d'olive
3 c. à s. de jus de citron
1 petite gousse d'ail
Poivre

Mettre les olives dans le bol d'un mixeur. Ajouter les câpres, l'huile d'olive, le jus de citron et l'ail émincé, et mixer pour obtenir une tapenade bien fine. Poivrer au goût. Conserver au frais et consommer dans les 48 heures.

Miniglaces piña colada

Pour 8 miniglaces

300 ml de jus d'ananas
100 ml de rhum blanc
100 ml de lait de coco

Mixer tous les ingrédients et répartir dans 8 verres à liqueur. Déposer 2 bandes de Scotch côte à côte au milieu de chaque verre et y glisser un bâtonnet à glaces en bois. Placer pour au moins 3 à 4 heures au congélateur. Passer de l'eau chaude sur les verres pour démouler. Servir en apéritif.

RECEVOIR LA FAMILLE

Gratin dauphinois

Pour 4 personnes

900 g de pommes de terre à chair ferme
300 ml de lait de soja
500 ml de crème de soja
3 gousses d'ail
Noix de muscade moulue
Margarine
Sel, poivre

Éplucher et laver les pommes de terre. Les couper en rondelles. Dans une grande casserole, mélanger le lait avec 300 ml de crème et 2 gousses d'ail en purée, saler, poivrer et ajouter de la noix de muscade au goût. Ajouter les pommes de terre et porter à feu moyen. Cuire 10 minutes en remuant délicatement pour que le mélange n'attache pas. Graisser un plat avec une noix de margarine, puis l'ailler. Récupérer délicatement les pommes de terre, les disposer dans le plat et verser le lait dessus. Ajouter 200 ml de crème. Saler, poivrer et ajouter un peu de noix de muscade. Cuire au four à 180 °C (th. 6) pendant 45 minutes à 1 heure. Surveiller la cuisson.

Choisir un plat assez haut pour éviter que la crème ne déborde en cuisant.

Haricots verts persillade

Pour 4 personnes

2 c. à s. d'huile d'olive
4 gousses d'ail
500 g de haricots verts frais cuits à la vapeur
1 botte de persil frisé
Sel, poivre

Dans une grande poêle, faire chauffer l'huile d'olive à feu moyen, puis faire revenir l'ail écrasé et les haricots. Ajouter le persil finement haché et cuire environ 10 minutes : les haricots doivent être fermes et à peine dorés. Saler, poivrer et servir.

Escalopes de seitan, sauce au vin blanc, tomates et olives

Pour 4 personnes

350 ml de bouillon de légumes
1 c. à s. de miso blanc
150 ml de vin blanc
200 ml de crème de soja (ou d'avoine)
1 c. à s. de fécule
1 c. à s. d'huile d'olive
100 ml de coulis de tomates
30 g d'olives vertes dénoyautées
2 c. à s. de margarine bio vegan
4 escalopes de seitanfu (voir p. 98)
Sel, poivre

Dans une casserole, mélanger le bouillon chaud avec le miso, puis ajouter le vin. Porter à feu vif et faire réduire en mélangeant régulièrement pendant 10 minutes. Ajouter la crème et baisser à feu moyen. Ajouter la fécule et mélanger au fouet. Assaisonner, ajouter l'huile d'olive, le coulis de tomates et les olives émincées. Cuire encore 5 minutes à feu doux. Faire chauffer la margarine dans une grande poêle puis y faire dorer les escalopes de seitan des deux côtés. Servir les escalopes nappées de sauce.

Blanquette de soja

Pour 4 personnes

60 g de protéines de soja texturées (grosses bouchées)
2 c. à s. de miso blanc
1 c. à s. de miso d'orge
3 c. à s. d'huile végétale
300 g de carottes épluchées
½ oignon
3 c. à s. de margarine végétale
4 c. à s. de farine de blé
100 ml de crème de soja
1 c. à s. de jus de citron
Sel, poivre
Pour le bouillon
1 c. à s. d'huile végétale
½ oignon
1 bouquet garni
1 poireau
1 cube de bouillon de légumes
1,5 l d'eau

Préparer le bouillon : dans une grande casserole, faire chauffer l'huile, puis faire revenir l'oignon émincé. Ajouter le bouquet garni, le poireau émincé, le cube de bouillon et l'eau. Cuire à feu moyen pendant 1 heure. Dans un petit saladier, réhydrater les protéines de soja avec les deux misos et de l'eau bouillante pendant 30 minutes, puis égoutter. Dans une cocotte, faire chauffer l'huile à feu vif, puis ajouter les protéines de soja, les carottes en rondelles et l'oignon émincé. Baisser à feu moyen, faire revenir 10 minutes environ, ajouter 1 louchée de bouillon et cuire environ 20 minutes. Filtrer le bouillon. Dans une casserole moyenne, faire fondre la margarine. Mélanger avec la farine pour former un roux. Verser progressivement 750 ml de bouillon, bien mélanger au fouet, ajouter la crème de soja et le jus de citron, assaisonner et laisser réduire 5 minutes. Verser sur la blanquette et laisser cuire 5 à 10 minutes à feu doux.

Servir avec des pommes de terre.

Pommes de terre farcies

Pour 4 personnes

4 très grosses pommes de terre à chair ferme
2 échalotes
1 c. à c. d'huile d'olive
125 g de tofu fumé
2 c. à s. de purée de noix de cajou
1 c. à s. de flocons de levure
100 ml de crème végétale
Noix de muscade fraîchement râpée
2 c. à s. de chapelure
Margarine ou huile d'olive
Sel, poivre

Laver les pommes de terre, puis les plonger dans une casserole remplie d'eau et cuire 20 à 30 minutes après ébullition. Les pommes de terre ne doivent pas être complètement cuites et doivent rester bien fermes. Les creuser pour pouvoir les farcir généreusement, mais pas trop afin qu'il reste de la chair. Faire dorer les échalotes émincées avec l'huile d'olive. Dans un petit saladier, mélanger un tiers de la chair des pommes de terre avec le tofu fumé émietté, les échalotes, la purée de noix de cajou et la levure. Ajouter la crème végétale pour lier le tout. Assaisonner et ajouter de la noix de muscade au goût. Farcir les pommes de terre, puis les disposer dans un plat. Saupoudrer de chapelure. Déposer un morceau de margarine ou un filet d'huile d'olive sur chaque pomme de terre et cuire 45 minutes environ, au four à 180 °C (th. 6).

Salade poires, mozza et roquette

Pour 4 personnes

125 g de roquette
½ boule de mozzarella de soja (voir p. 128)
2 belles poires bien mûres
1 poignée de noisettes
Huile d'olive
Vinaigre balsamique blanc
Poivre, fleur de sel

Sur un plat, disposer la roquette lavée et égouttée. Ajouter la mozzarella coupée en fines tranches, les poires coupées en fins quartiers et les noisettes grossièrement concassées. Arroser d'un filet d'huile d'olive et d'un filet de vinaigre balsamique blanc, saler et poivrer. À préparer juste avant de servir.

Tarte oignon, échalote et ciboulette

Pour 4 à 6 personnes

5 gros oignons
3 échalotes
2 c. à s. d'huile d'olive
2 c. à s. de sucre de canne
200 ml de crème de soja
½ c. à c. de sel
1 c. à s. de fécule de maïs
Noix de muscade
4 c. à s. de ciboulette hachée
1 pâte feuilletée
Poivre

Émincer les oignons et les échalotes en lamelles, puis les faire dorer à feu moyen dans l'huile d'olive, avec le sucre. Dans un bol, mélanger la crème avec le sel et la fécule, poivrer, ajouter de la noix de muscade au goût et la ciboulette. Foncer un moule avec la pâte feuilletée (laisser le papier cuisson qui l'accompagne), piquer la pâte, étaler dessus la crème à la ciboulette et y répartir les oignons, puis rouler les bords de la pâte. Cuire au four à 180 °C (th. 6) pendant 30 minutes.

nmes de terre farcies

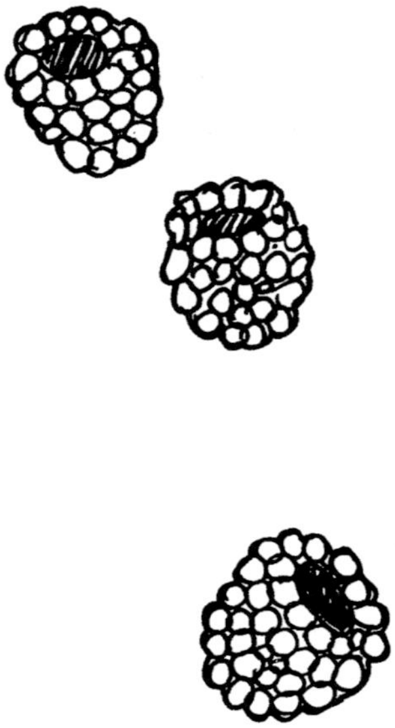

Mousses au chocolat liégeoises

Pour 4 personnes

170 g de chocolat noir
1 c. à s. d'huile de coco
50 g de sucre glace
400 g de tofu soyeux
Chantilly de coco (voir p. 143)

Faire fondre le chocolat au bain-marie. Ôter du feu, mélanger avec l'huile de coco et le sucre glace, puis avec le tofu soyeux bien frais. Mixer à l'aide d'un mixeur plongeant pendant 5 bonnes minutes pour incorporer de l'air à la préparation. Répartir dans 4 verrines et placer au frais pour 4 heures. Couvrir de chantilly de coco au moment de servir.

Pour décorer, penser aux copeaux de chocolat et aux petits fruits rouges si c'est la saison !

Salade Waldorf

Pour 4 à 6 personnes

240 g de tofu soyeux
2 c. à s. de moutarde de Dijon
4 c. à s. d'huile végétale neutre
2 pommes granny
250 g de céleri branche
100 g de cerneaux de noix de Grenoble
50 g de raisins secs
200 g de cœur de laitue

Mixer le tofu soyeux avec la moutarde et l'huile végétale pour former une mayonnaise. Verser dans un bol et placer au frais. Hacher les pommes en fines allumettes, émincer le céleri et concasser grossièrement les cerneaux de noix. Mélanger l'ensemble dans un saladier, ajouter les raisins secs et la mayonnaise, et garder au frais. Servir sur un lit de feuilles de cœur de laitue sur les assiettes, ou mélanger la laitue avec la salade au dernier moment.

Crèmes brûlées aux framboises

Pour 4 crèmes brûlées

400 g de tofu soyeux
200 ml de crème de soja
50 g de sucre de canne blond + 8 c. à s. pour caraméliser
2 c. à c. de purée de pistache
½ c. à c. d'agar-agar
⅛ de c. à c. de vanille moulue
1 pointe de couteau de cannelle moulue
100 g de framboises

Mettre tous les ingrédients sauf les framboises dans le bol d'un mixeur et mixer. Verser dans une casserole, porter sur feu vif et mélanger régulièrement au fouet, puis quand le mélange arrive à petits bouillons, fouetter sans arrêt pendant 2 minutes. Répartir dans 4 ramequins. Couper les framboises en deux et les répartir dans les crèmes (appuyer dessus avec le doit ou une cuillère). Laisser refroidir, puis placer au frais pour 2 heures. Au moment de servir, saupoudrer chaque crème de 2 c. à s. de sucre de canne puis caraméliser au chalumeau (indispensable pour cette étape : ne pas passer les crèmes au four).

ousses au chocolat liégeoises

Étoiles de tofu et ketchup rc

Bouillon de tomate aux vermicelles

Pour 4 enfants

1,5 cube de bouillon de légumes
5 c. à s. de double concentré de tomate
1 c. à c. d'ail moulu
1 c. à c. de basilic séché
1,5 l d'eau bouillante
80 g de vermicelles

Mettre tous les ingrédients sauf l'eau et les vermicelles dans une grande casserole. Verser un peu d'eau bouillante pour bien délayer, puis ajouter le reste de l'eau et porter à ébullition. Ajouter les vermicelles. Cuire jusqu'à ce qu'ils soient tendres et servir immédiatement.

Purée de pommes de terre

Pour 6 à 8 enfants

1,3 kg de pommes de terre épluchées
300 ml de lait de soja
3 c. à s. d'huile d'olive
Noix de muscade moulue
Sel

Cuire les pommes de terre à l'eau, puis les passer au presse-purée. Ajouter le lait de soja tiède et l'huile d'olive, mélanger vigoureusement au fouet. Saler, ajouter de la noix de muscade au goût et bien mélanger à la cuillère en bois. Servir immédiatement.

Ketchup rose à la betterave

Pour 1 petite bouteille

135 g de sucre de canne
60 ml de vinaigre de cidre
½ c. à c. de sel
¼ de c. à c. de cinq-épices
¼ de c. à c. de coriandre moulue
¼ de c. à c. d'ail moulu
300 ml de coulis de tomates
1 petite betterave

Dans une casserole, mélanger le sucre avec le vinaigre, le sel et les épices. Porter sur feu vif. Mixer le coulis de tomates avec la betterave épluchée et coupée en morceaux. Quand le mélange commence à bouillonner dans la casserole, y verser le coulis de tomates à la betterave et mélanger. Baisser à feu moyen et cuire 10 minutes. Verser dans une petite bouteille en verre et laisser refroidir. Utiliser comme un ketchup classique. Se conserve 1 semaine au frais.

Étoiles de tofu au beurre de cacahuète

Pour 4 enfants

2 blocs de 125 g de tofu
4 c. à s. de beurre de cacahuète
100 ml d'eau
1 c. à s. de jus de citron
1 c. à c. de tamari
¼ de c. à c. de coriandre moulue
¼ de c. à c. de cardamome moulue
1 c. à s. d'huile d'olive

Couper les blocs de tofu en deux dans l'épaisseur et y découper 4 étoiles à l'aide d'un emporte-pièce (garder des chutes de tofu pour une farce ou un plat). Mixer le beurre de cacahuète avec l'eau, le jus de citron, le tamari et les épices. Faire dorer les étoiles de tofu à la poêle, dans l'huile d'olive, puis verser la crème au beurre de cacahuète. Laisser cuire quelques minutes et servir.

Parfait avec des pâtes accompagnées de légumes.

Parmentier de tofu

Pour 4 à 6 enfants

600 g de pommes de terre épluchées
1 oignon
2 c. à s. d'huile d'olive
200 g de tofu fumé moelleux
250 ml de lait d'avoine
1 c. à s. d'huile d'olive
8 c. à s. de crème de soja
4 c. à s. de flocons de levure maltée

Couper les pommes de terre puis les cuire à l'eau. Dans une poêle sur feu vif, faire revenir l'oignon émincé dans l'huile d'olive. Ajouter le tofu fumé émietté et cuire quelques minutes. Baisser à feu moyen et laisser dorer 5 bonnes minutes. Répartir dans 4 petits moules individuels, bien tasser. Passer les pommes de terre au presse-purée, puis les mélanger avec le lait d'avoine tiédi et l'huile d'olive. Répartir sur les moules. Sur chacun, ajouter 2 c. à s. de crème et 1 c. à s. de levure maltée. Cuire 10 minutes au four à 250 °C (th. 8-9), en position gril.

Couscous minute au tofu

Pour 4 à 6 enfants

1 courgette
1 petit oignon
1 petite pomme de terre
1 petite carotte
3 c. à s. d'huile d'olive
125 g de tofu ferme
1,5 c. à c. de ras el hanout
400 ml d'eau
4 c. à s. de pois chiches cuits
Sel
Pour la semoule
250 g de semoule moyenne
300 ml d'eau bouillante
1 c. à s. d'huile d'olive

Éplucher les légumes (sauf la courgette) puis les émincer. Les faire revenir dans une casserole moyenne sur feu vif, avec l'huile d'olive. Ajouter le tofu coupé en petits dés et le ras el hanout. Faire revenir quelques minutes en mélangeant, ajouter l'eau et cuire environ 15 minutes : les légumes doivent être fondants. Ajouter les pois chiches et couper le feu. Saler légèrement. Mettre la semoule dans un petit saladier, verser l'eau bouillante et couvrir d'une assiette. Laisser gonfler quelques minutes, puis ajouter l'huile d'olive et égrainer à la fourchette. Servir la semoule accompagnée de tofu aux légumes et de jus.

Sauce crémeuse à la tomate et au thym

Pour 2 enfants

½ oignon
2 c. à c. d'huile d'olive
½ c. à c. de thym
150 ml de coulis de tomates
3 c. à s. de crème épaisse de soja lactofermenté
1 c. à s. de purée de noix de cajou
1 c. à c. de tamari

À l'aide d'une grosse râpe ou d'un mixeur, réduire l'oignon en purée. Le faire revenir dans une petite casserole sur feu moyen, dans l'huile d'olive avec le thym, pendant quelques minutes en mélangeant. Verser le coulis de tomates et cuire 5 bonnes minutes en mélangeant constamment. Couper le feu et ajouter la crème de soja. Mélanger au fouet pour bien l'incorporer. Ajouter la purée de noix de cajou et le tamari (facultatif pour les jeunes enfants), mélanger.

Parfait avec des pâtes, du riz, des légumes, du tofu, bref à peu près tout ce qui a juste besoin d'une sauce pour composer un plat express et gourmand.

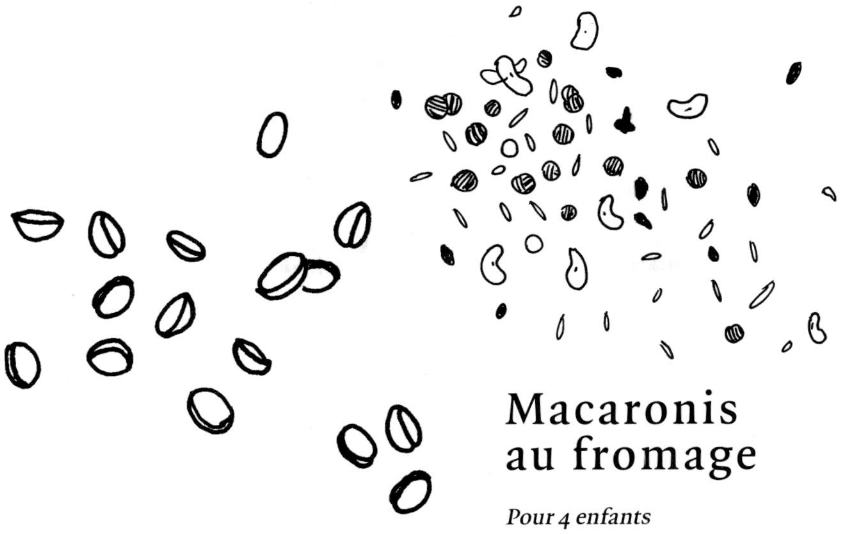

Bananes glacées au chocolat

Pour 4 enfants

50 g de chocolat noir
2 bananes
40 g de noisettes

Faire fondre le chocolat au bain-marie. Éplucher les bananes puis les couper en deux. Hacher finement les noisettes au couteau. Piquer chaque demi-banane sur un bâtonnet à glace, puis l'enduire de chocolat fondu et parsemer de noisettes hachées de façon à couvrir la banane. Déposer les bananes sur une assiette et placer pour 2 heures au congélateur. Sortir 15 minutes avant de manger.

Si les enfants sont petits, couper 2 demi-bananes en deux dans la longueur pour obtenir 4 glaces.

Peanut butter cups

Pour 10 à 12 bouchées

100 g de chocolat noir
2 c. à s. de sucre glace
2 c. à s. de beurre de cacahuète

Faire fondre le chocolat au bain-marie, puis le mélanger avec 1 c. à s. de sucre glace tamisé. Mélanger le beurre de cacahuète avec 1 c. à s. de sucre glace. Déposer environ 1 c. à c. de chocolat fondu dans 10 à 12 minicaissettes en papier. Former des petites boules de beurre de cacahuète avec les doigts, les aplatir et des déposer au cœur du chocolat dans les caissettes. Couvrir d'environ 1 c. à c. de chocolat. Faire prendre au frais pendant 1 heure.

Macaronis au fromage

Pour 4 enfants

200 g de macaronis (ou de coquillettes)
50 g de tofu lactofermenté au tamari
300 ml de crème de soja
3 c. à s. de purée de noix de cajou
2 c. à s. de flocons de levure
1 c. à s. de miso blanc
1 c. à s. de jus de citron
½ c. à c. de sel
½ c. à c. d'ail moulu

Cuire les macaronis à l'eau. Râper le tofu avec une grosse râpe. Dans une petite casserole, mélanger tous les autres ingrédients et porter à feu moyen pour 5 minutes. Égoutter les pâtes, les remettre dans leur casserole puis verser la sauce. Ajouter le tofu râpé et bien mélanger. Servir sans attendre

---

Gâteau au yaourt

Pour 6 personnes

2 pots de 125 g de yaourt de soja
2 pots de sucre de canne blond
3 c. à c. de poudre à lever
¼ de c. à c. de vanille moulue
½ pot d'huile d'olive
3 pots de farine de blé T55
Margarine ou huile pour le moule

Dans un saladier, battre au fouet le yaourt avec le sucre. Incorporer la poudre à lever et la vanille. Ajouter l'huile et bien fouetter. Le mélange doit être légèrement mousseux. Incorporer la farine petit à petit. Graisser un moule à manqué avec un peu de margarine ou d'huile et y verser la pâte. Cuire 30 minutes à 180 °C (th. 6). Laisser refroidir avant de démouler.

Gelée de fruits tricolore

Pour 8 enfants

Couche 1
200 ml d'eau
85 g de myrtilles
3 c. à s. de sucre de canne
1 c. à c. d'agar-agar
Couche 2
200 ml d'eau
100 g de fraises
4 c. à s. de sucre de canne
1 c. à c. d'agar-agar
Couche 3
450 ml de jus d'orange
5 c. à s. de sucre de canne
1 c. à c. d'agar-agar

Préparer la première couche : mixer ensemble les ingrédients puis verser dans une casserole. Porter à ébullition en mélangeant au fouet, laisser cuire 2 minutes puis répartir dans 8 verres transparents ou verrines. Laisser refroidir jusqu'à ce que la gelée soit prise. Préparer la deuxième couche selon le même principe et verser sur la première couche. Mélanger les ingrédients de la troisième couche directement dans la casserole puis procéder de la même manière. Laisser la gelée prendre 2 heures au frais avant de servir.

Pour un dessert encore plus gourmand, garnir de petits fruits frais et/ou de coulis de chocolat.

Cookies tout chocolat

Pour 12 à 15 cookies

5 c. à s. de margarine bio vegan
100 g de sucre de canne blond
85 g de chocolat noir fondu au bain-marie
½ c. à c. de poudre à lever
½ c. à c. de bicarbonate de soude
¼ de c. à c. de sel marin
¼ de c. à c. de vanille moulue
75 ml de lait de soja
160 g de farine de blé
65 g de pépites de chocolat noir

Dans un saladier, mélanger la margarine en pommade avec le sucre. Ajouter le chocolat, la poudre à lever, le bicarbonate, le sel et la vanille, et bien mélanger à la spatule. Incorporer le lait de soja. Tamiser la farine et bien la mélanger avec la préparation. Ajouter les pépites de chocolat. Avec les mains légèrement mouillées, former des petites boules de pâte et les déposer sur une plaque couverte de papier cuisson, bien espacées. Les aplatir légèrement. Cuire 12 à 15 minutes à 180 °C (th. 6). Laisser refroidir sur une volette.

Whoopies au chocolat

Pour 12 whoopies

90 ml d'huile végétale neutre
200 g de sucre de canne blond
⅛ de c. à c. de vanille
250 ml de lait d'amande
175 g de farine de blé
50 g de cacao maigre en poudre
40 g de fécule
1 c. à c. de poudre à lever
½ c. à c. de bicarbonate de soude
¼ de c. à c. de sel
Pour la ganache
200 g de chocolat noir
50 g de sucre glace
5 c. à s. de crème végétale

Dans un saladier, mélanger l'huile avec le sucre, la vanille et le lait d'amande. Mélanger les ingrédients secs dans un autre saladier, puis les incorporer au mélange humide. Bien fouetter, puis verser dans une poche à douille. Former des petits disques de pâte sur une plaque couverte de papier cuisson, puis cuire 10 minutes à 180 °C (th. 6). Préparer la ganache : faire fondre le chocolat au bain-marie, puis le mélanger avec le sucre glace tamisé et la crème. Laisser refroidir puis verser dans une poche munie d'une douille en étoile. Garnir les whoopies d'un peu de ganache.

Pizza au chocolat et fruits rouges

Pour 8 parts

1 pâte à pizza (voir p. 194)
00 g de chocolat noir
5 c. à s. de crème végétale
250 g de fruits rouges au choix (fraises, framboises, groseilles, myrtilles, mûres...)

Étaler la pâte à pizza sur une feuille de papier cuisson puis la piquer à l'aide d'une fourchette. Cuire à blanc 10 minutes au four à 180 °C (th. 6), sans couvrir de papier ni de billes de cuisson. Laisser refroidir. Faire fondre le chocolat au bain-marie et ajouter la crème, une cuillerée à la fois, pour former une ganache. Retourner la pâte à pizza, étaler la ganache dessus et la couper en 8 parts. Laver et couper les fruits au besoin, puis les répartir sur les parts.

***Idée :** cette recette très ludique et facile à réaliser est parfaite pour un atelier cuisine avec les enfants. On peut confectionner des minipizzas sur le même modèle, ou varier les plaisirs avec une pizza aux fruits jaunes (pêche, mangue, abricot...) ou aux fruits d'hiver (orange, banane, kiwi...).*

zza au chocolat et fruits rouges

Pink velvet cheesecake

Pour 8 personnes

Pour le biscuit

200 g de cookies tout chocolat (voir p. 278)
3 c. à s. d'huile de coco fondue

Pour l'appareil

125 g de fraises équeutées
125 g de framboises
4 c. à s. de crème d'avoine
1 betterave crue
400 g de tofu ferme
150 g de tofu soyeux
90 g de sucre de canne blond
6 c. à s. de purée de noix de cajou
6 c. à s. de fécule de maïs

Pour le coulis gélifié

250 g de fraises équeutées
100 ml d'eau
½ c. à c. d'agar-agar
3 c. à s. de sucre de canne blond

Préparer le biscuit : écraser les cookies puis les mélanger à la fourchette avec l'huile de coco. Étaler dans le fond d'un moule à charnière de 25 cm de diamètre et tasser avec un verre. Mettre au frais pour 15 minutes.

Préparer l'appareil : mixer les fraises et les framboises avec la crème d'avoine, puis filtrer à travers un chinois pour éliminer les pépins. Mixer la betterave avec un peu d'eau et filtrer pour récupérer le jus. En prélever 8 c. à s. Mettre tous les ingrédients dans le bol du mixeur et mixer. Verser sur le biscuit et enfourner pour 45 minutes environ à 180 °C (th. 6). Le cheesecake doit être ferme en surface. Laisser revenir à température ambiante.

Préparer le coulis : mixer les fraises avec l'eau, puis filtrer à travers un chinois pour éliminer les pépins. Verser dans une petite casserole, avec l'agar-agar et le sucre, et bien mélanger. Porter à ébullition et mélanger pendant 2 minutes. Verser sur le cheesecake. Laisser refroidir puis placer pour 2 heures au frais. Démouler délicatement juste avant de servir. Se conserve sans problème 48 heures au frais.

Mon conseil : *préparer ce cheesecake la veille pour être tranquille le jour J.*

Cupcakes poire-chocolat

Pour 12 cupcakes

100 g de sucre de canne blond
4 c. à s. d'huile végétale neutre
2 c. à s. de purée d'amande
2,5 c. à c. de poudre à lever
¼ de c. à c. de sel
6 c. à s. de crème de soja
4 c. à s. de poudre d'amande
200 ml de lait d'amande
⅛ de c. à c. de fève tonka moulue
200 g de farine de blé T55
1 poire

Pour la ganache

400 g de chocolat
2 c. à s. de margarine
200 ml de crème de soja

Dans un saladier, mélanger le sucre et l'huile au fouet. Ajouter les autres ingrédients un par un, dans l'ordre, en mélangeant bien entre chaque ajout. Ajouter la farine en 2 fois. Éplucher la poire et la couper en très petits dés. Disposer 12 caissettes en papier dans des moules à muffins et y répartir la pâte. Déposer dessus un peu de poire, enfoncer les dés à l'aide d'un couteau et mélanger délicatement pour que la pâte les couvre bien. Cuire 25 minutes à 180 °C (th. 6). Préparer la ganache : faire fondre le chocolat au bain-marie. Ajouter la margarine, puis la crème de soja et laisser refroidir. Fouetter la ganache quelques secondes puis la mettre dans une poche munie d'une douille étoilée très large. Attendre que les cupcakes aient bien refroidi pour dresser le topping avec la poche à douille. Ne pas placer au frais.

nk velvet cheesecake

Layer cake choco-spéculoos

Pour 10 à 12 personnes

Pour chaque couche de gâteau
80 g de sucre de canne blond
50 g d'huile végétale neutre
75 g de chocolat noir
75 ml de lait de soja
1 pincée de vanille moulue
1 c. à c. de poudre à lever
100 g de farine de blé
Pour la crème aux spéculoos
200 g de spéculoos vegan
200 ml de crème de soja
3 c. à s. d'huile de coco vierge
Pour la déco
Morceaux de spéculoos
Copeaux de chocolat

Mélanger le sucre avec l'huile, puis ajouter le chocolat fondu au bain-marie. Incorporer le lait de soja, la vanille et la poudre à lever. Bien mélanger au fouet. Incorporer la farine. Découper un disque de papier cuisson de 25 cm de diamètre et le déposer au fond d'un moule à charnière de même diamètre. Verser la pâte et cuire 25 minutes au four à 180 °C (th. 6). Laisser tiédir, puis ouvrir la charnière, retourner le gâteau sur une assiette et retirer le papier cuisson. Préparer 2 autres gâteaux de la même façon. Bien laisser refroidir. Mixer ensemble les ingrédients de la crème (ne pas faire fondre l'huile de coco). Assembler le layer cake : étaler un tiers de la crème sur un gâteau, couvrir d'un autre gâteau, y étaler à nouveau un tiers de la crème, puis couvrir du troisième gâteau et étaler le reste de la crème. Décorer de morceaux de spéculoos et de copeaux de chocolat.

Crème glacée coco et éclats de mangue

Pour 4 personnes

250 ml de lait de coco
200 ml de lait de soja
100 ml de crème de soja
60 ml de sirop d'agave
70 g de noix de coco finement râpée
50 g de sucre de canne blond
1 mangue

Mixer tous les ingrédients sauf la mangue et placer en sorbetière. Quand la glace commence à être prise et devient ferme, ajouter la mangue coupée en petits morceaux. Mélanger, puis placer dans un récipient hermétique au congélateur. À défaut de sorbetière, verser le mélange sans la mangue dans une boîte hermétique, puis la fermer et la placer au congélateur. Au bout de 1 heure, sortir la boîte et mélanger à la fourchette. Ajouter la mangue coupée en petits morceaux. Remettre au congélateur. Sortir à nouveau la boîte au bout de 1 heure et mélanger. Renouveler l'opération pendant les 2 ou 3 heures suivantes.

Nougat glacé à la fleur d'oranger

Pour 6 à 8 personnes

250 ml de lait de soja
200 ml de crème de soja
2 sachets de préparation en poudre bio pour chantilly
150 g de sucre de canne
50 g de poudre d'amande
2 c. à s. d'eau de fleur d'oranger
30 g de pistaches concassées + un peu pour parsemer
30 g de pralin + un peu pour parsemer
30 g d'amandes complètes

Dans un saladier, mélanger le lait de soja et la crème au fouet. Ajouter la préparation pour chantilly et fouetter vigoureusement pendant 2 minutes. Ajouter le sucre, fouetter quelques minutes, puis ajouter la poudre d'amande et l'eau de fleur d'oranger. Fouetter à nouveau, mais plus délicatement : le mélange doit être mousseux et aéré. Ajouter les pistaches concassées et fouetter. Verser le pralin et fouetter encore. Enfin, ajouter les amandes et fouetter délicatement. Dans le fond d'un moule à cake, parsemer un peu de pralin et de pistaches concassées, puis verser délicatement la préparation dessus. Placer au congélateur pour 1 nuit. Sortir 5 minutes avant de servir. Si possible, démouler et servir sur un plat, éventuellement avec un coulis de framboises.

yer cake *choco-spéculoos*

Bûche chocolat-praliné-co

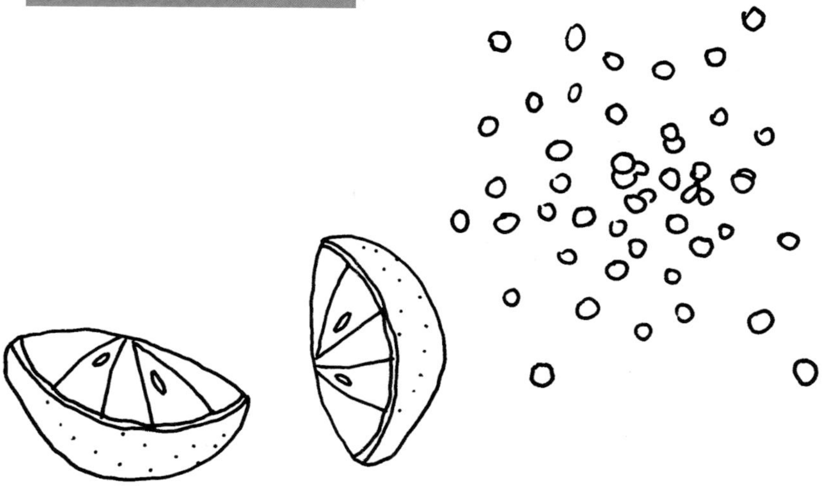

Bûche chocolat-praliné-coco

Pour 8 personnes

60 ml d'huile végétale neutre
100 g de sucre de canne blond
200 ml de crème végétale
50 g de poudre de noisette
¼ de c. à c. de vanille moulue
1,5 c. à c. de poudre à lever
¼ de c. à c. de sel
160 g de farine de blé T55
200 g de chocolat noir
2 c. à s. d'huile de coco
3 c. à s. de purée de noisette
50 g de sucre glace
400 g de tofu soyeux
60 g de pralin
20 g de noix de coco râpée

Mélanger l'huile avec le sucre. Ajouter la crème végétale, la poudre de noisette et la vanille, puis la poudre à lever et le sel. Incorporer la farine. Couvrir une plaque de papier cuisson, puis y étaler la pâte à gâteau. Cuire au four à 180 °C (th. 6) pendant 15 minutes et laisser refroidir complètement. Préparer la crème : faire fondre le chocolat au bain-marie, puis ajouter l'huile de coco et la purée de noisette. Incorporer le sucre glace. Ajouter le tofu soyeux, mixer au mixeur plongeant, puis placer au congélateur pour 15 minutes. Découper 3 rectangles de même taille dans le gâteau. Monter la bûche : sur un plat de service, étaler un peu de crème bien froide. Déposer dessus un rectangle de gâteau, couvrir de crème et parsemer de pralin. Superposer à nouveau gâteau, crème et pralin, puis couvrir du dernier rectangle de gâteau. Enfin, étaler de la crème sur toute la surface de la bûche. Mélanger le reste du pralin avec la noix de coco râpée et en couvrir la bûche. Placer au frais avant de servir.

Verrines de tiramisu choco-châtaigne

Pour 4 personnes

Cacao en poudre
Pour la génoise
1 c. à s. de purée d'amande
60 ml d'huile d'olive
100 g de sucre de canne blond
¼ de c. à c. de vanille moulue
1,5 c. à c. de poudre à lever sans phosphates
125 ml de lait de soja
75 g de farine de blé T55
50 g de farine de châtaigne
Pour la crème
250 ml de chantilly vegan (voir p. 144)
8 c. à s. de purée de marrons sans sucre
1 à 2 c. à s. de sirop d'agave (facultatif)

Mélanger les ingrédients de la génoise un à un, dans l'ordre. Graisser ou huiler un moule de taille moyenne et y verser la pâte. Cuire 30 minutes au four préchauffé à 180 °C (th. 6). Laisser refroidir. Préparer la crème en incorporant petit à petit la purée de marrons à la chantilly, en fouettant, puis en ajoutant éventuellement le sirop d'agave. Démouler la génoise et la découper en larges bandes. Dans une assiette creuse, mélanger 1 c. à c. de cacao en poudre avec 150 ml d'eau bouillante. Y tremper les morceaux de génoise et retirer immédiatement. Les déposer délicatement sur une assiette plate. Déposer une couche de génoise au fond des verrines, couvrir de crème, déposer une nouvelle couche de génoise, puis de crème et conserver au frais. Saupoudrer de cacao juste avant de servir.

***Astuce :** utiliser un petit chinois ou une passoire fine pour saupoudrer le cacao et obtenir une poudre fine et homogène.*

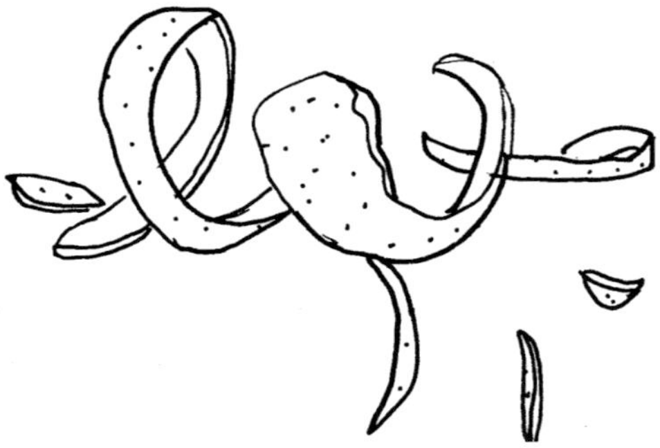

Bûche marrons et oranges confites

Pour 8 personnes

35 g d'écorces d'orange confites hachées
Pour l'insert à la crème de marrons
125 g de crème de marrons
2 c. à c. d'agar-agar
150 ml d'eau
Pour la génoise
70 ml d'huile végétale
100 g de sucre de canne blond
¼ de c. à c. de vanille
¼ de c. à c. de sel
1 c. à s. de purée de noix de cajou
125 ml de lait de soja
1,5 c. à c. de poudre à lever
50 g de fécule de maïs
125 g de farine de blé T55
Pour la crème aux marrons
250 g de crème de marrons
240 g de tofu soyeux
200 ml de crème végétale
100 ml de lait végétal
2 c. à c. d'agar-agar

Préparer l'insert : mélanger au fouet la crème de marrons avec l'agar-agar et l'eau dans une petite casserole. Porter à ébullition, en mélangeant constamment, pour 1 minute. Verser dans le fond d'un moule à cake chemisé de papier cuisson, puis laisser refroidir et placer au frais pour 30 minutes. Démouler délicatement, découper une bande de 5 cm de large et réserver.
Préparer la génoise : mélanger l'huile avec le sucre, la vanille et le sel. Ajouter la purée de noix de cajou, le lait de soja et la poudre à lever. Incorporer la fécule au fouet, puis la farine petit à petit. Étaler la pâte sur une plaque couverte de papier cuisson et cuire 15 minutes à 180 °C (th. 6). Laisser refroidir.

Mixer ensemble les ingrédients de la crème, puis verser la moitié du mélange dans une petite casserole. Porter à ébullition pour 1 minute en remuant. Couler la crème dans une gouttière à bûches (éventuellement chemisée de Rhodoïd ou de film alimentaire pour un démoulage facile) et laisser prendre jusqu'à ce qu'elle soit assez solide pour y déposer l'insert, mais pas trop afin que le reste de la crème puisse bien se mélanger avec et y adhérer. Déposer l'insert au milieu de la crème. Porter le reste de la crème à ébullition, puis couler dans la gouttière. Répartir les écorces d'orange confites sur la crème. Découper un morceau de génoise de la taille de la base de la gouttière et le déposer dessus. Bien appuyer. Laisser la bûche refroidir pendant 1 heure. Garder au frais avant de démouler et de servir.

Pour décorer la bûche, on peut saupoudrer la surface de cacao ou de sucre glace et y déposer des brisures de marrons glacés ainsi que des zestes d'oranges.

Galette des Rois

Pour 6 à 8 personnes

130 g de poudre d'amande
100 g de sucre de canne
85 g de margarine
2 c. à s. de purée d'amande blanche
2 pâtes feuilletées bio sans beurre
2 c. à s. de crème de soja
½ c. à s. d'huile végétale neutre
½ c. à s. de sirop d'agave

Mélanger à la fourchette la poudre d'amande avec le sucre, la margarine et la purée d'amande. Dérouler 1 pâte feuilletée sur une plaque, en laissant son papier cuisson. Étaler dessus la frangipane et couvrir de la deuxième pâte. Sceller les bords en appuyant avec les dents d'une fourchette, puis dessiner des motifs à l'aide de la pointe d'un couteau. Mélanger la crème de soja avec l'huile et le sirop d'agave, puis étaler au pinceau sur la galette. Cuire 40 minutes au four à 180 °C (th. 6).

che marrons et oranges confites

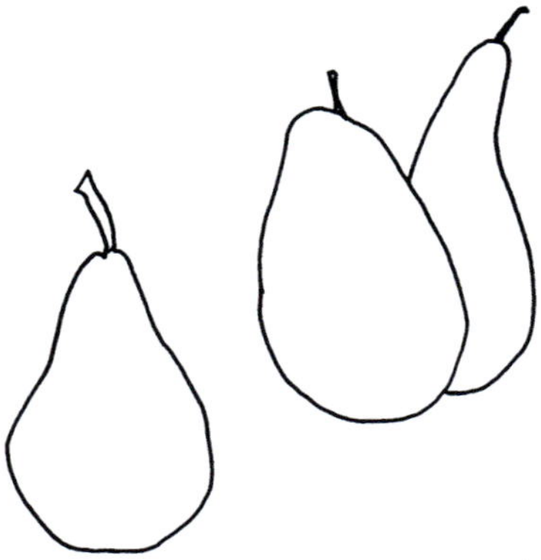

Poires pochées et crumble d'avoine au pralin

Pour 4 à 8 personnes

1 l d'eau
225 g de sucre
¼ de c. à c. de vanille moulue
1 c. à s. de jus de citron
4 poires
50 g de chocolat noir

Pour le crumble

40 g de petits flocons d'avoine
40 g de sucre de canne
40 g de margarine
1 c. à s. de pralin

Verser l'eau dans une casserole. Ajouter le sucre, la vanille et le jus de citron, puis porter à feu moyen. Éplucher les poires en laissant le pédoncule. Les évider pour enlever les pépins, avec une cuillère parisienne, en passant par le dessous du fruit. Cuire les poires dans le sirop pendant 40 minutes à feu moyen, puis les laisser dans leur jus de cuisson jusqu'au moment de servir afin qu'elles restent bien tendres. Préparer le crumble : mélanger du bout des doigts les flocons d'avoine avec le sucre, la margarine et le pralin. Répartir sur une plaque couverte de papier cuisson et cuire environ 10 minutes à 180 °C (th. 6) : le crumble doit être parfaitement doré, ni trop clair ni trop coloré. Laisser tiédir. Faire fondre le chocolat au bain-marie. Servir ½ ou 1 poire sur chaque assiette, verser quelques traits de chocolat fondu à la cuillère et parsemer de crumble.

Truffes pralinées

Pour 15 truffes environ

200 g de chocolat noir
2 c. à s. d'huile de noisette
2 c. à s. de lait d'avoine
1 c. à s. de purée de noisette
2 c. à s. de sucre glace
30 g de noisettes hachées

Faire fondre le chocolat au bain-marie. Incorporer l'huile de noisette, puis le lait d'avoine chaud. Laisser refroidir la ganache afin qu'elle soit assez solide pour être travaillée sans fondre (la passer quelques minutes au réfrigérateur au besoin). Mélanger la purée de noisette et le sucre glace dans un ramequin. Hacher finement les noisettes au couteau, puis les répartir sur une petite assiette. Pour former les truffes, prélever une petite boule de ganache, y faire un trou avec le doigt, déposer une petite quantité de crème de noisette à l'intérieur, refermer avec de la ganache, puis rouler et passer dans les éclats de noisettes. Placer chaque truffe dans une minicaissette en papier.

RÉVEILLONNER VEGAN

Pain d'épices à la farine de châtaigne et écorces d'orange

Pour 1 pain d'épices

175 g de farine de petit épeautre
75 g de farine de châtaigne
50 g de sucre de canne
7 c. à c. de mélange d'épices pour pain d'épices
1 c. à c. de poudre à lever
1 c. à c. de bicarbonate de soude
200 ml de lait végétal
200 ml d'édulcorant liquide (sirop d'agave, sirop de riz, sucre de canne liquide...)
1 c. à s. de mélasse noire
40 g d'écorces d'orange confites en petits dés

Dans un saladier, mélanger les ingrédients secs sauf les écorces d'orange. Mélanger les ingrédients humides au fouet, puis les incorporer au mélange sec. Ajouter les écorces d'orange et mélanger à la cuillère. Graisser un moule à cake avec de la margarine ou de l'huile, ou le chemiser de papier cuisson. Verser l'appareil et cuire 30 minutes au four à 180 °C (th. 6).

Feuilleté aux mille saveurs

Pour 8 personnes

30 g de petites protéines de soja texturées
2 c. à s. de miso
2 c. à s. de tamari
1 c. à c. de thym séché
½ c. à c. d'ail moulu
150 g de potimarron
100 g de patate douce épluchée
100 g de marrons au naturel
2 gousses d'ail
1 oignon
2 c. à s. d'huile d'olive
2 c. à c. de cinq-épices
125 g de tofu fumé
1 c. à s. de purée de noisette
2 pâtes feuilletées bio vegan
Lait de soja
Huile végétale
Poivre

Mettre les protéines de soja dans un bol avec le miso, le tamari, le thym et l'ail moulu. Couvrir d'eau bouillante. Poivrer généreusement. Bien mélanger et laisser gonfler pendant 20 minutes. Couper le potimarron et la patate douce en petits dés, hacher les marrons, émincer l'ail et l'oignon. Dans une grande poêle ou une sauteuse, faire chauffer l'huile d'olive à feu vif puis faire revenir les légumes 5 minutes, avec le cinq-épices, en remuant régulièrement. Égoutter les protéines de soja et réserver le jus. Les ajouter aux légumes, avec le tofu émietté. Baisser à feu moyen et cuire quelques minutes en mélangeant bien. Délayer la purée de noisette avec le jus réservé puis ajouter dans la poêle. Baisser à feu très doux et mélanger. Laisser cuire quelques minutes. Dérouler 1 pâte feuilletée avec son papier sur une plaque de cuisson. Rabattre les deux côtés pour bien marquer les tiers et les rouvrir. Sur les deux tiers extérieurs, couper des franges d'environ 1 cm. Déposer la moitié de la farce sur la partie ce ntrale, rabattre le haut et le bas de la pâte, puis rabattre les franges vers le milieu, en alternant gauche et droite, un peu comme pour tresser, afin de fermer le feuilleté : la farce ne doit pas être apparente. Dans un ramequin, mélanger un fond de lait de soja avec un peu d'huile végétale, puis en badigeonner le feuilleté au pinceau. Confectionner un deuxième feuilleté sur le même principe. Cuire 20 à 25 minutes à 180 °C (th. 6).

Chutney de pommes aux oignons

Pour 1 petit bocal

3 oignons moyens
3 gousses d'ail
3 petites pommes
1 c. à s. d'huile végétale
1 c. à c. de cinq-épices
1 c. à c. de graines de coriandre
1 c. à c. de graines de fenouil
½ c. à c. de sel
125 ml de vinaigre de cidre
8 c. à s. de sucre de canne
Poivre noir

Émincer les oignons, l'ail et les pommes. Faire revenir quelques minutes les oignons avec l'huile dans une petite casserole sur feu vif. Ajouter les épices, assaisonner et bien mélanger. Verser le vinaigre, ajouter les pommes, l'ail et le sucre, et couvrir. Cuire 10 minutes à feu moyen, puis découvrir et laisser réduire 5 à 10 minutes. Ajouter un peu d'eau si nécessaire. Verser dans un bocal et laisser refroidir. Conserver 1 semaine au frais.

Rôti de seitan farci aux marrons

Pour 6 à 8 personnes

Sauce gravy (voir p. 103)

Pour la farce

1 c. à s. d'huile d'olive
2 échalotes
200 g de marrons cuits
1 c. à c. de sauge séchée
1 c. à c. d'ail des ours séché
½ c. à c. de coriandre moulue
100 ml d'eau
1 c. à s. de tamari

Pour le seitan

175 g de gluten
75 g de farine de maïs (ou de riz)
1 c. à c. d'ail moulu
¼ de c. à c. de poivre noir moulu
250 ml de bouillon de légumes
5 c. à s. de tamari

Pour le bouillon de cuisson

3 l d'eau
3 cubes de bouillon de légumes
2 c. à s. de miso brun

Préparer la farce : dans une poêle, faire chauffer l'huile d'olive, puis faire revenir les échalotes émincées. Ajouter les marrons cuits hachés, les herbes séchées et la coriandre. Cuire quelques minutes. Ajouter l'eau et le tamari, laisser réduire. Réserver. Préparer le seitan : dans un saladier, mélanger le gluten avec la farine et les aromates. Verser le bouillon et le tamari, puis pétrir. Sur une planche, disposer une étamine ou un morceau de coton. Y étaler le seitan et répartir la farce au milieu. Rouler le seitan pour bien entourer la farce. Enrouler le rôti dans l'étamine et saucissonner avec de la ficelle, sans serrer (à la cuisson, le seitan va gonfler). Préparer le bouillon de cuisson et y plonger le seitan dans son étamine. Cuire 40 minutes. Retirer l'étamine, mettre le seitan dans un plat et couvrir de sauce gravy. Faire rôtir pendant 10 minutes au four à 180 °C (th. 6). Servir avec le reste de la sauce.

Risotto à la truffe

Pour 2 à 4 personnes

2 c. à s. d'huile d'olive
1 oignon
200 g de riz rond blanc
1 verre de vin blanc
½ cube de bouillon de légumes
2 c. à s. de miso blanc
1 l d'eau bouillante
1 bocal de 80 g de tranches de truffes noires d'été à l'huile
Poivre noir

Dans une grande casserole, faire chauffer l'huile d'olive. Y faire revenir l'oignon émincé à feu vif, puis ajouter le riz. Quand le riz devient translucide, verser le vin blanc. Laisser absorber. Délayer le demi-cube de bouillon et le miso avec l'eau bouillante. Quand le vin est absorbé, couvrir de bouillon. Laisser absorber et couvrir à nouveau de bouillon. Sortir les truffes du bocal, réserver 8 fines tranches et hacher le reste au couteau. Couvrir à nouveau de bouillon et ajouter les truffes hachées. Enfin, ajouter le reste du bouillon et l'huile du bocal. Poivrer. Bien mélanger encore quelques minutes. Servir et déposer les tranches de truffes réservées sur le dessus.

***Info :** les truffes noires du Périgord ne sont malheureusement pas encore de saison à Noël, c'est pourquoi cette recette est proposée avec des truffes d'été vendues en bocal, que l'on trouve facilement à la période des fêtes de fin d'année (environ 30 euros pour un bocal, oui, c'est une recette de luxe !). Leur saveur est très proche, mais moins prononcée. Évidemment, la recette peut être préparée avec de la truffe fraîche quand elle est disponible : compter alors 40 à 50 g de truffe.*

ôti de seitan farci aux marrons

Caviar végétal sur blinis au sarrasin

Blinis au sarrasin

Pour 4 personnes

100 g de farine de sarrasin intégral
50 g de farine de blé
1 c. à s. de sucre de canne blond
1 c. à c. d'arrow-root
1 c. à c. de poudre à lever sans phosphates
½ c. à c. de levure de boulanger déshydratée
⅛ de c. à c. de sel
150 ml de crème de soja
100 ml de lait de soja
1 c. à s. d'huile d'olive

Dans un saladier, mélanger les ingrédients secs. Ajouter la crème, puis le lait en mélangeant au fouet. Ajouter enfin l'huile. Laisser reposer 30 minutes. Dans une poêle chaude huilée sur feu moyen, déposer 1 c. à s. de pâte et laisser cuire 1 minute environ. Dès que des bulles apparaissent, retourner le blini et laisser cuire à nouveau environ 1 minute. Renouveler l'opération avec le reste des ingrédients. Les blinis doivent être à peine dorés.

Caviar végétal

Pour 2 à 4 personnes

5 g d'algue kombu
5 g d'algue wakamé
250 ml d'eau + 150 ml
1 feuille de yaki nori
1 c. à s. de tamari
250 ml d'huile de colza
2 g d'agar-agar

Préparer un bouillon d'algues : laver les algues, puis les mettre dans une casserole avec 250 ml d'eau, porter à ébullition et cuire 2 minutes. Filtrer et laisser refroidir. Couper la feuille de yaki nori en petits morceaux, puis mixer avec 150 ml d'eau, le tamari et 1 c. à s. du bouillon d'algues. Filtrer pour récupérer le liquide. Verser l'huile dans un grand verre et le placer au réfrigérateur pour 1 heure. Mélanger le liquide récupéré et l'agar-agar, puis porter à ébullition et cuire 2 minutes en mélangeant. Mixer au mixeur plongeant pour bien homogénéiser la préparation, puis verser dans une seringue. Sortir le bain d'huile du réfrigérateur. Avec la seringue, faire tomber des petites gouttes de préparation dans le bain d'huile pour former des billes. Laisser refroidir 15 minutes, puis prélever les billes à l'aide d'une cuillère et les plonger dans un bain d'eau. L'huile va alors remonter : verser le liquide sur une petite passoire pour récupérer les billes, puis les mettre dans un petit bocal ou récipient au choix. Servir avec des blinis au sarrasin (voir ci-contre), de la crème fraîche de soja maison (voir p. 143) et du citron.

Une recette étonnante et très simple, mais qui demande une certaine précision dans l'exécution et de la rapidité, puisqu'il faut confectionner les billes avant que le liquide à l'agar-agar ne se fige dans la casserole ou dans la seringue en refroidissant.

Pommes de terre rôties à la sauge et au piment d'Espelette

Pour 6 personnes

800 g de pommes de terre épluchées
1 oignon
4 c. à s. d'huile végétale neutre
2 c. à s. de ciboulette ciselée
1 c. à s. de sauge séchée
1,5 c. à c. d'ail moulu
¼ de c. à c. de piment d'Espelette
Fleur de sel, poivre

Couper les pommes de terre en dés de taille moyenne puis les mettre dans un grand plat. Couper l'oignon en morceaux moyens et bien les détacher. Ajouter l'oignon, l'huile et les aromates aux pommes de terre, et bien mélanger le tout. Cuire au four à 180 °C (th. 6) pendant 1 h 15, en mélangeant toutes les 10 minutes. Saler avec la fleur de sel au moment de servir.

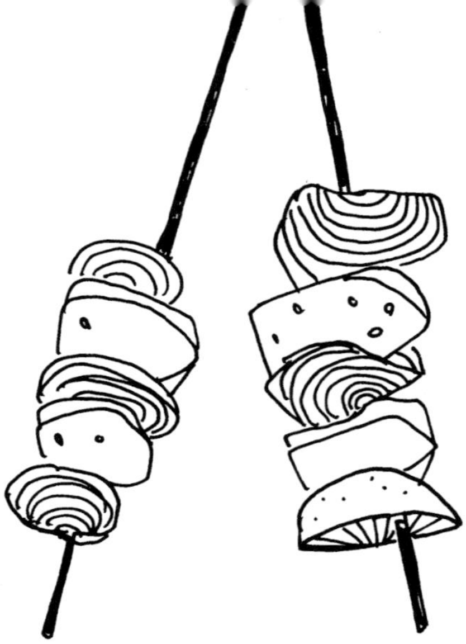

Brochettes de tofu mariné

Pour 4 personnes

250 g de tofu ferme
1 poivron rouge
1 oignon
Pour la marinade
10 g de gingembre frais en dés
1 citron
4 c. à s. de shoyu
4 c. à s. de sirop d'érable
1 c. à s. d'huile de tournesol
Piment de Cayenne moulu
Poivre

Mélanger les ingrédients de la marinade (ajuster le piment et le poivre au goût). Couper le tofu en dés et les faire mariner pendant 12 heures au frais. Couper le poivron en morceaux moyens. Couper l'oignon en quatre et séparer les morceaux. Assembler des brochettes en alternant poivron, tofu et oignon. Faire griller quelques minutes de chaque côté au barbecue.

Yakitori de légumes

Pour 6 brochettes

5 c. à s. de tamari
2 c. à s. de sirop d'agave
½ courgette
1 petit oignon
3 champignons de Paris

Dans un bol, mélanger le tamari et le sirop d'agave. Couper les légumes en grosses lamelles, puis les faire mariner dans le bol pendant 30 minutes à 1 heure. Assembler 6 brochettes en alternant les légumes. Faire griller au barbecue, quelques minutes de chaque côté.

Salade de penne au pistou

Pour 4 à 6 personnes

250 g de penne rigate
2 c. à s. d'huile d'olive + pour l'eau des pâtes
1 grosse tomate
½ poivron rouge
20 g de roquette
2 c. à s. de graines de tournesol
Sel, poivre
Pour le pistou
2 bouquets de basilic
50 ml d'huile d'olive
50 g de noix de cajou blanches
1 c. à s. de jus de citron

Cuire les penne dans une grande casserole remplie d'eau bouillante, avec un filet d'huile d'olive et 1 pincée de gros sel. Égoutter et rincer à l'eau froide pour les refroidir. Mixer ensemble les ingrédients du pistou. Mélanger les pâtes et le pistou dans un saladier. Ajouter l'huile d'olive. Couper la tomate et le poivron en petits dés, hacher la roquette et les ajouter aux pâtes, avec les graines de tournesol. Assaisonner et bien mélanger. Garder au frais.

Salade de riz à l'indienne

Pour 2 personnes

1 c. à s. d'huile d'olive
½ c. à c. de curcuma moulu
½ c. à c. de cardamome moulue
½ c. à c. de fenugrec moulu
1 verre de riz basmati
½ verre de petits pois cuits
1 poivron rouge
1 poignée de raisins secs
1 poignée de noix de cajou
Sel, poivre

Dans une casserole sur feu vif, faire chauffer l'huile d'olive et ajouter les épices. Verser le riz et mélanger. Quand le riz devient transparent, ajouter 2 verres d'eau et cuire à feu moyen jusqu'à ce que toute l'eau soit absorbée. Transvaser dans une passoire fine et rincer brièvement pour que le riz ne colle pas. Égoutter et laisser refroidir. Mélanger le riz avec les petits pois, le poivron coupé en dés, les raisins et les noix de cajou grossièrement hachées. Bien saler et poivrer.

Parfait avec du raïta au coco (voir p. 164).

Wraps du soleil

Pour 4 personnes

250 g de tofu ferme
1 courgette
1 oignon
Huile d'olive
Herbes de Provence
4 feuilles de laitue
4 galettes de blé
1 bol de caviar d'aubergines
Sel, poivre

Couper le tofu et la courgette en bâtonnets de 1 cm d'épaisseur environ. Couper l'oignon en grosses lamelles. Sur une assiette, badigeonner le tout d'huile d'olive, parsemer d'herbes de Provence, saler et poivrer. Faire griller au barbecue. Déposer 1 feuille de laitue sur chaque galette, napper de caviar d'aubergines puis garnir de tofu, courgette et oignon grillés. Replier le bas de la galette, puis les côtés.

Version pique-nique : faire griller les légumes et le tofu à la poêle, et laisser refroidir avant de garnir. Entourer chaque wrap de papier absorbant, puis de papier d'aluminium.

Brochettes de seitan façon *ribs*

Pour 4 à 8 personnes

Ingrédients secs
230 g de gluten de blé
80 g de farine de lupin
1,5 c. à c. d'ail moulu
1 c. à c. de paprika
Poivre
Pour le bouillon
1 c. à s. de miso d'orge
1 c. à s. de préparation pour bouillon de légumes (ou 2 cubes)
1 c. à s. de shoyu
1 c. à s. de vinaigre balsamique
1 c. à c. de *liquid smoke*
1 l d'eau bouillante
Pour la marinade
1 oignon
2 gousses d'ail
4 c. à s. de sauce barbecue (voir p. 300)
3 c. à s. de sirop d'érable
3 c. à s. de coulis de tomates
2 c. à s. de sauce soja
2 c. à c. de coriandre moulue
1 c. à c. de moutarde
1 c. à c. de vinaigre balsamique
Poivre

Mélanger les ingrédients secs dans un saladier. Dans une carafe, mélanger les ingrédients du bouillon pour former une pâte. Ajouter un peu d'eau bouillante pour délayer, puis verser le reste de l'eau et bien mélanger. Prélever 450 ml de bouillon, ajouter aux ingrédients secs, former une boule et l'étaler grossièrement à la main sur un plan de travail bien fariné. Fariner le pavé de seitan, puis verser le reste du bouillon dans un plat et y déposer délicatement le seitan (attention, il est très souple). Verser de l'eau pour couvrir au besoin. Cuire 45 minutes au four à 180 °C (th. 6). Jeter le bouillon, puis couvrir le seitan de papier cuisson pour qu'il ne se dessèche pas et remettre au four pour 20 minutes. Découper le seitan en 4 larges bandes. Conserver au frais pendant 1 nuit, dans une boîte hermétique. Le lendemain, préparer la marinade : mixer l'oignon et l'ail pour les réduire en purée, puis les mélanger avec le reste des ingrédients. Y faire mariner le seitan pendant 4 à 6 heures. Piquer une pique à brochettes de chaque côté des morceaux de seitan et faire griller quelques minutes sur chaque face au barbecue.

Épis de maïs épicés aux herbes

Pour 4 à 8 personnes

4 épis de maïs frais ou sous vide
Pour la marinade
5 c. à s. d'huile de tournesol
2 c. à s. de coriandre ciselée
2 c. à s. de ciboulette ciselée
2 c. à c. d'oignon semoule
1 c. à c. de cumin moulu
1 c. à c. de coriandre moulue
1 c. à c. de paprika moulu
1 c. à c. d'ail moulu
½ c. à c. de sel
Quelques gouttes de sauce pimentée

Couper les épis de maïs en deux. Mélanger tous les ingrédients de la marinade et en enduire les épis de maïs. Laisser reposer 1 heure, puis faire griller 10 minutes au barbecue, en tournant régulièrement les épis

ochettes de seitan et épis de maïs

Aubergines grillées au miso et curry

Pour 4 personnes

2 grosses aubergines
Pour la crème miso-curry
100 ml de crème de soja
1 c. à s. de miso d'orge
1 c. à c. de curry
1 c. à c. de sauce soja

Dans un bol, mélanger les ingrédients de la crème miso-curry à la fourchette. Couper les aubergines en deux dans la longueur et faire des incisions régulières dans un sens, puis dans l'autre pour qu'elles se croisent. Faire griller les aubergines au barbecue, face contre la grille, pendant 3 à 5 minutes pour qu'elles soient dorées. Les retourner peau contre la grille et étaler de la crème miso-curry dessus. Laisser cuire environ 10 minutes. Déguster chaud.

Salade fraises-melon à la vanille

Pour 4 personnes

1 gros melon
250 g de fraises
1 citron
2 c. à c. de sirop d'agave
1/8 de c. à c. de vanille moulue

Couper le melon en dés. Laver et équeuter les fraises, puis les couper en quartiers. Zester la moitié du citron. Dans un ramequin, mélanger le zeste avec le jus du citron, le sirop d'agave et la vanille. Verser ce sirop sur les fruits. Servir frais.

Pastèque glacée

Pour 8 portions

1 pastèque moyenne

Couper 2 tranches rondes dans l'épaisseur de la pastèque, puis les couper en quatre. À l'aide d'un couteau, faire une incision dans la peau au milieu, puis y glisser un bâtonnet en bois. Déposer les tranches de pastèque dans une grande boîte ou un plat, sur la tranche, puis mettre au congélateur pour 2 heures minimum. Manger comme un bâtonnet glacé.

Sauce barbecue

Pour 1 bol

1 oignon
2 c. à s. d'huile d'olive
1 gousse d'ail
2 c. à s. de vinaigre balsamique
4 c. à s. de sucre muscovado
2 c. à s. de sauce Worcester vegan
2 c. à s. de tamari
250 ml de coulis de tomates
6 c. à s. de ketchup
1 c. à c. de *liquid smoke*

Émincer l'oignon puis le faire suer sur feu vif dans l'huile d'olive, dans une petite casserole, pendant 5 minutes. Baisser à feu moyen et ajouter l'ail émincé. Cuire quelques minutes. Ajouter le vinaigre et le sucre, bien mélanger. Ajouter la sauce Worcester et le tamari, puis le coulis de tomates, le ketchup et enfin le *liquid smoke*. Bien mélanger et baisser à feu doux. Cuire 30 minutes en mélangeant régulièrement.

Tomates à la provençale

Pour 4 à 8 personnes

4 tomates
3 gousses d'ail
1 bouquet de persil frisé
50 g de chapelure fine
2 c. à s. d'huile d'olive + un filet
Sel, poivre

Laver les tomates et les couper en deux dans la largeur. Les disposer dans un plat à four. Au minihachoir ou au couteau, hacher finement l'ail et le persil (sans les tiges). Mélanger avec la chapelure dans un bol, puis ajouter l'huile d'olive, saler et poivrer. Couvrir les tomates de ce mélange, arroser d'un léger filet d'huile d'olive et cuire 20 minutes à 180 °C (th. 6) ou 5 à 10 minutes en position gril.

Marinade aux herbes pour barbecue

4 c. à s. d'huile d'olive
2 c. à s. de vinaigre balsamique
2 c. à s. de shoyu
1 c. à s. d'herbes de Provence
1 à 2 c. à c. de moutarde
Poivre

Mélanger tous les ingrédients dans une boîte hermétique. Laisser mariner de 2 heures à 24 heures selon les ingrédients (2 heures pour des champignons, 4 à 6 heures pour des légumes, 12 heures pour du tofu, 24 heures pour du seitan). Secouer la boîte régulièrement pour bien remuer la marinade.

Cette quantité de marinade convient pour 250 g de tofu, de tempeh ou de seitan, ou pour 2 courgettes, 1 aubergine ou 1 barquette de champignons de Paris.

Muffins tomate-basi

Muffins tomate-basilic

Pour 8 muffins environ

175 g de farine d'épeautre
2 c. à s. de fécule de maïs
2 c. à c. d'oignon moulu
1,5 c. à c. de poudre à lever
½ c. à c. de sel
Poivre du moulin
250 ml de lait de soja
1 c. à c. de vinaigre de cidre
50 ml d'huile d'olive
50 g de tomates séchées à l'huile bien égouttées
2 c. à s. de basilic ciselé
1 c. à s. de coulis de tomates

Dans un saladier, mélanger les ingrédients secs. Dans un autre saladier, mélanger le lait de soja et le vinaigre, et laisser cailler quelques minutes. Ajouter l'huile d'olive et fouetter jusqu'à ce que le mélange soit bien mousseux. Ajouter la moitié du mélange sec et fouetter pour éliminer les grumeaux. Ajouter le reste des ingrédients secs et fouetter. Ajouter les tomates coupées en petits dés, le basilic et le coulis de tomates. Mélanger à la cuillère. Garnir des moules à muffins de caissettes en papier et les remplir aux trois quarts de pâte. Enfourner pour 25 minutes à 170 °C (th. 5-6).

Limonade à la fraise

Pour 4 personnes

2 citrons
4 fraises
3 c. à s. de sirop d'agave
1 l d'eau pétillante

Presser les citrons. Laver et équeuter les fraises, puis les couper en morceaux. Mixer les fraises avec le jus de citron. Ajouter le sirop d'agave. Mélanger et filtrer à travers une passoire fine. Dans une carafe, verser l'eau pétillante puis ajouter le jus de fruits. Mélanger brièvement au besoin. Se conserve 24 heures au frais, dans une bouteille hermétique.

Thé vert glacé pêche-jasmin

Pour 4 personnes

1 c. à s. (ou 2 sachets) de thé vert au jasmin
1 l d'eau
1 pêche blanche
2 c. à s. de sirop d'agave

Dans une carafe au réfrigérateur, faire macérer le thé dans l'eau froide pendant 3 heures. Retirer les sachets ou filtrer le thé glacé. Dans le bol d'un mixeur, placer la pêche épluchée et coupée en morceaux, un peu de thé glacé et le sirop d'agave. Mixer. Verser dans le reste du thé glacé et bien mélanger. Conserver au frais. Jeter quelques glaçons dans la carafe ou les verres au moment de servir.

JE BRUNCHE VEGAN

Confiture de lait choco-noisette

Pour 1 pot

1 l de lait de noisette
250 g de sucre de canne blond
1,5 c. à s. de cacao en poudre

Mélanger les ingrédients au fouet dans une grande casserole. Porter à ébullition, puis cuire à feu moyen jusqu'à ce que le mélange ait bien réduit et commence à former des petits bouillons (cela peut prendre 1 à 2 heures). Il est important de mélanger régulièrement et de surveiller la confiture de lait pour éviter la formation d'une peau sur le dessus et qu'elle attache au fond de la casserole. La confiture est prête lorsqu'elle est suffisamment épaisse pour napper une cuillère. Transvaser dans un pot en verre et fermer. Laisser refroidir avant de conserver au frais. Se conserve 1 mois au réfrigérateur.

Pancakes à la rose

Pour 10 pancakes

150 g de farine de blé
60 g de sucre de canne blond
2 c. à c. de fécule de maïs
1 c. à c. de poudre à lever
½ c. à c. de bicarbonate de soude
300 ml de lait végétal
2 c. à s. d'huile végétale neutre
1 c. à s. d'eau de rose
Huile végétale pour la cuisson

Mélanger les ingrédients secs dans un saladier. Incorporer le lait végétal en fouettant, puis ajouter l'huile et enfin l'eau de rose. Cuire les pancakes dans une poêle légèrement huilée, sur feu moyen. Les retourner quand les petites bulles ont éclaté et que la surface est presque sèche.

Pâte à tartiner chocolat-spéculoos

Pour 1 pot

100 g de chocolat noir
100 g de spéculoos
6 c. à s. de lait végétal
4 c. à s. de sirop d'agave
3 c. à s. de purée de noix de cajou

Faire fondre le chocolat au bain-marie. Émietter les spéculoos puis les passer au mixeur pour les réduire en poudre fine. Ajouter le chocolat fondu et les autres ingrédients, puis mixer pour obtenir une texture homogène. Transvaser dans un pot en verre. Ne pas conserver au réfrigérateur. Consommer dans les 15 jours.

Banana bread

Pour 6 personnes

2 bananes bien mûres
80 ml d'huile végétale neutre
200 g de sucre de canne blond
2 c. à c. de poudre à lever
½ c. à c. de bicarbonate de soude
½ c. à c. de sel
250 g de farine de blé

Couper les bananes en morceaux puis les mixer. Mélanger l'huile et le sucre, puis ajouter les bananes mixées. Mélanger à part la poudre à lever avec le bicarbonate, le sel et la farine, puis incorporer petit à petit au mélange à la banane. La pâte est très épaisse : mélanger vigoureusement. Verser dans un moule à cake de taille moyenne préalablement huilé et cuire 40 à 45 minutes à 180 °C. Laisser tiédir avant de démouler.

Scones aux myrtilles et pépites de chocolat

Pour une dizaine de scones

150 g de farine de blé
150 g de farine d'épeautre
80 g de sucre de canne blond + pour saupoudrer
½ c. à c. de poudre à lever
½ c. à c. de bicarbonate de soude
½ c. à c. de vanille moulue
60 ml de lait de soja
1 c. à c. de vinaigre de cidre
50 g de margarine bio vegan
2 c. à s. de purée de noix de cajou
35 g de pépites de chocolat
50 g de myrtilles

Mélanger les ingrédients secs dans un saladier. Mélanger le lait de soja et le vinaigre dans un bol. Ajouter la margarine et la purée de noix de cajou aux ingrédients secs, puis mélanger du bout des doigts, comme pour un crumble. Verser le lait de soja et mélanger à la fourchette. Ajouter les pépites de chocolat et les myrtilles, mélanger. Sur une plaque couverte de papier cuisson, former un dizaine de scones en les espaçant (ils vont gonfler à la cuisson). Cuire 20 à 25 minutes au four à 180 °C (th. 6) : les scones doivent être bien dorés.

Madeleines salées à la polenta

Pour 10 madeleines

80 g de farine de blé
75 g de polenta précuite
½ c. à c. de poudre à lever
½ c. à c. de sel
120 g de tofu soyeux
2 c. à s. d'huile d'olive
1 c. à s. de purée de noix de cajou

Mélanger les ingrédients secs dans un saladier. Ajouter les ingrédients humides et bien mélanger à la fourchette. Huiler des moules à madeleines, puis remplir chaque empreinte à ras bord de pâte. Bien tasser et lisser avec le dos d'une cuillère mouillée. Cuire 15 minutes à 200 °C (th. 6-7).

Laisser refroidir les madeleines et des présenter couvertes d'une tartinade ainsi que de petits dés de légumes pour des bouchées plus gourmandes.

Cupcakes salés tex-mex

Pour 12 cupcakes

150 g de farine d'épeautre T70
100 g de farine de maïs
55 g de polenta précuite
2 c. à c. de poudre à lever
½ c. à c. de sel
350 ml de lait de soja
½ c. à s. de vinaigre de cidre
70 ml d'huile d'olive
Pour le topping
400 g de haricots rouges cuits
2 c. à s. d'huile d'olive
2 c. à s. de jus de citron
1 c. à s. de purée de noix de cajou
4 c. à c. de mélange d'épices chili
½ c. à c. de sel
Poivre

Dans un saladier, mélanger les ingrédients secs. Dans un bol, mélanger le lait de soja avec le vinaigre et laisser cailler 5 minutes. Ajouter l'huile d'olive et bien fouetter. Incorporer le mélange humide au mélange sec, puis répartir dans des moules à muffins chemisés de caissettes en papier. Cuire 25 minutes à 180 °C (th. 6). Laisser refroidir complètement avant de garnir. Mixer ensemble tous les ingrédients du topping. Disposer dans une poche munie d'une grosse douille en étoile, puis placer au réfrigérateur. Dresser le topping sur les cupcakes juste avant de servir afin qu'il ne se dessèche pas.

Muffins salés thym-citron

Pour 9 muffins

250 ml de lait de soja
1 c. à c. de vinaigre de cidre
200 g de farine de blé
75 g de petits flocons d'avoine précuits
1,5 c. à c. de poudre à lever
½ c. à c. de bicarbonate de soude
1 c. à c. de sel
5 c. à s. d'huile d'olive
2 c. à c. de thym séché
Le zeste de 1 citron
1 c. à s. de jus de citron frais

Dans un saladier, mélanger le lait de soja avec le vinaigre puis laisser cailler 5 à 10 minutes. Dans un autre saladier, mélanger la farine avec les flocons d'avoine, la poudre à lever, le bicarbonate et le sel. Ajouter l'huile dans le lait de soja caillé et fouetter énergiquement : le mélange doit devenir mousseux. Ajouter le thym, le zeste et le jus de citron, et fouetter à nouveau. Incorporer petit à petit le mélange sec à la fourchette. Chemiser 9 moules à muffins de caissettes en papier, puis les remplir de pâte. Cuire 25 minutes à 180 °C (th. 6).

Gaufres marbrées au chocolat

Pour 8 gaufres

75 g de sucre de canne blond
3 c. à s. d'huile végétale
3 c. à s. de purée de noix de cajou
1 sachet (10 g) de poudre à lever
75 ml de crème de soja
250 ml de lait végétal
225 g de farine de blé T55
⅛ de c. à c. de fève tonka moulue
⅛ de c. à c. de vanille
⅛ de c. à c. de cannelle moulue
2 c. à s. de chocolat en poudre

Dans un saladier, mélanger le sucre avec l'huile et la purée de noix de cajou. Ajouter la poudre à lever, la crème de soja, puis le lait végétal. Enfin, incorporer la farine. Verser la moitié de la pâte dans un autre récipient. Dans un des récipients, ajouter la fève tonka. Dans l'autre, ajouter la vanille, la cannelle et le chocolat. Faire chauffer le moule à gaufres puis, à l'aide d'une cuillère, y verser un peu de pâte chocolatée de façon non homogène (laisser des trous). Ajouter ensuite de la pâte blanche de manière à combler les trous, puis mélanger un peu les deux pâtes pour créer un effet marbré. Cuire comme des gaufres normales.

Cupcakes salés tex-mex

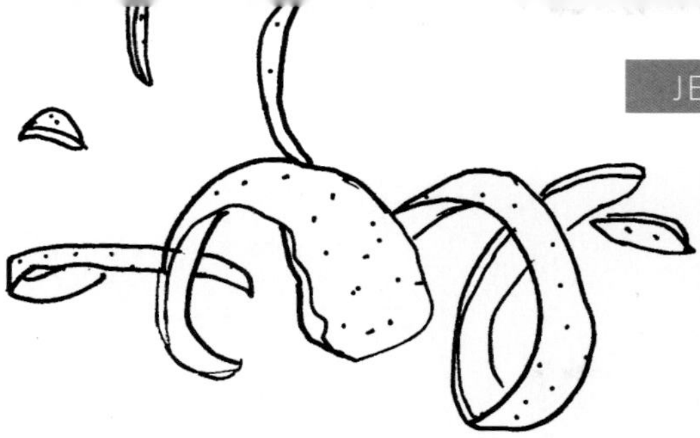

« Bacon » de seitan

Pour 4 personnes

150 g de seitan gourmet du commerce ou de seitan maison
Pour la marinade
3 c. à s. de tamari
2 c. à c. de sirop d'agave
2 c. à c. de coulis de tomates
1 c. à c. de *liquid smoke*

Couper le seitan en fines lamelles. Mélanger dans un petit plat les ingrédients de la marinade, puis y faire mariner les lamelles de seitan pendant 30 minutes à 2 heures. Faire griller les lamelles de seitan dans une poêle sur feu moyen-vif de façon que chaque côté soit doré.

Parfait avec du tofu brouillé et des pommes de terre.

Röstis de patate douce

Pour 4 à 6 personnes

125 g de pomme de terre épluchée
200 g de patate douce épluchée
1 oignon
Huile végétale pour la cuisson
Sel, poivre

Râper la pomme de terre et la patate douce au robot puis étaler sur un torchon, le rouler sur lui-même et bien essorer pour enlever l'humidité des légumes. Les mélanger dans un saladier avec l'oignon émincé en lamelles. Saler et poivrer. Déposer un petit cercle en métal (6 à 8 cm de diamètre) huilé dans une poêle légèrement huilée et y tasser un peu de mélange pour former une fine galette. Cuire quelques minutes à feu moyen-vif pour que le rösti soit bien doré en dessous, puis, à l'aide d'une spatule, retourner le cercle et appuyer délicatement sur les bords du rösti pour qu'il retombe au fond de la poêle. Cuire à nouveau quelques minutes, puis retirer le cercle et réserver le rösti sur une assiette. Cuire le reste des ingrédients de la même manière.

On peut cuire plusieurs röstis en même temps, dans une grande poêle, avec plusieurs petits cercles en métal.

Brioche aux écorces d'orange et pépites de chocolat

Pour 1 brioche moyenne

250 g de farine de blé T55
30 g de sucre de canne blond
½ c. à c. de sel
125 ml de lait de soja + pour dorer
½ sachet de levure de boulanger déshydratée
40 g d'huile végétale neutre
3 c. à s. de pépites de chocolat noir
2 c. à s. d'écorces d'orange confites

Dans un grand saladier, mélanger la farine avec le sucre et le sel. Mélanger le lait de soja tiédi avec la levure et laisser reposer quelques minutes. Verser ensuite sur la farine et mélanger à la cuillère. Ajouter l'huile, mélanger et pétrir pendant 5 à 10 minutes à la main, en repliant vigoureusement la pâte sur elle-même. Le but est d'incorporer de l'air à la pâte. Cette dernière doit être souple et lisse, sans coller. Laisser lever pendant 1 heure dans un saladier couvert d'un torchon propre, idéalement à 25 °C. Pétrir à nouveau 1 minute, puis ajouter les pépites de chocolat et les écorces d'orange. Pétrir à nouveau pour bien les répartir. Donner à la pâte la forme souhaitée : pour une brioche classique, former des boules de taille moyenne et les déposer côte à côte dans un moule à cake ou à manqué. Laisser lever pendant 2 heures dans le four éteint et fermé. Badigeonner de lait de soja au pinceau et cuire environ 30 minutes à 180 °C (th. 6). Conserver dans un torchon et consommer rapidement (la brioche rassit assez vite).

Brioche aux écorces d'orange et pépites de chocolat

Bagels

Bagels

Pour 8 bagels

550 g de farine de blé T55
1 sachet de levure de boulanger déshydratée
3 c. à s. de sucre de canne
2 c. à c. de sel
1 c. à s. d'huile d'olive
300 ml d'eau tiède
2 c. à s. de graines au choix : sésame, pavot, carvi, cumin, nigelle

Pour l'eau de cuisson

2 l d'eau
1 c. à c. de bicarbonate de soude
1 c. à c. de sel
2 c. à s. de sirop d´agave

Dans un saladier, mélanger les ingrédients secs. Ajouter l'huile d'olive et l'eau, et mélanger avec une cuillère en bois jusqu'à ce qu'une boule se forme. Pétrir à la main sur un plan de travail pendant 5 bonnes minutes. Laisser la pâte pousser dans un saladier, sous un torchon propre, pendant 1 heure. Former 8 boules de pâte et disposer la soudure en dessous. Avec les deux pouces, faire un trou dans chaque boule, puis faire tourner la boule autour des pouces pour élargir le trou jusqu'à environ 5 cm de diamètre et former un anneau. Disposer les anneaux de pâte sur une plaque couverte de papier cuisson, couvrir d'un torchon et laisser pousser à nouveau 1 heure. Dans une grande casserole, faire bouillir l'eau de cuisson avec le bicarbonate, le sel et le sirop d'agave. Y faire pocher les bagels, un par un ou deux par deux, pendant 1 minute, puis les retourner et pocher encore 30 secondes. Les éponger délicatement sur un torchon, puis les remettre sur la plaque couverte de papier cuisson, parsemer de graines et cuire au four à 220 °C (th. 7-8) pendant 15 à 20 minutes. Les bagels doivent être légèrement dorés.

Couper en deux et garnir de crème aux herbes fraîches, de salade, de tranches d'avocat, de fromage vegan, bref de ce qu'on veut !

Oatshake fraise-banane-myrtille

Pour 1 personne

1 banane
45 g de fraises
15 g de myrtilles
300 ml de lait d'avoine
Sirop d'agave au goût

Placer les fruits au congélateur pour plusieurs heures afin d'obtenir un effet bien glacé. Les mixer ensuite avec le lait d'avoine et le sirop d'agave. Servir sans attendre.

Petits pains olives vertes et oignon à l'épeautre

Pour 4 à 8 personnes

500 g de farine d'épeautre + pour fariner
1 c. à c. de sel
1 sachet de levure de boulanger
300 ml d'eau à 50 °C
1 gros oignon
1 c. à s. d'huile d'olive
75 g d'olives vertes

Dans un saladier, mélanger la farine et le sel. Mélanger la levure et l'eau, puis laisser reposer 5 minutes. Verser sur la farine. Bien mélanger puis pétrir la pâte 5 minutes sur un plan de travail fariné. Laisser lever pendant 2 heures dans le saladier, sous un linge humide, à environ 25 °C (près d'un radiateur, dans le four éteint…). Émincer l'oignon, puis le faire revenir dans l'huile d'olive, avec les olives coupées en rondelles, pendant 5 minutes, pour qu'il soit bien fondant et légèrement doré. Ajouter à la pâte à pain, puis mélanger avec les mains et former 4 boules. Disposer sur une plaque couverte de papier cuisson fariné. Cuire à 210 °C (th. 7) pendant 25 minutes.

Index alphabétique

Index par ingrédients

Tofu fumé

Tofu lactofermenté

Tofu soyeux

Tomate

Tomates séchées

Topinambours

Yaki nori

Achevé d'imprimer en mars 2015